中国会计理论研究丛书

会计史专题（2018）

KUAIJISHI ZHUANTI

中国会计学会会计史专业委员会 主编

东北财经大学出版社
Dongbei University of Finance & Economics Press
大 连

图书在版编目（CIP）数据

会计史专题（2018）/ 中国会计学会会计史专业委员会主编．—大连：东北财经大学出版社，2020.7
（中国会计理论研究丛书）
ISBN 978-7-5654-3775-5

Ⅰ．会…　Ⅱ．中…　Ⅲ．会计史-中国-学术会议-文集　Ⅳ．F23-092

中国版本图书馆CIP数据核字（2020）第022499号

东北财经大学出版社出版
（大连市黑石礁尖山街217号　邮政编码　116025）
网　址：http://www.dufep.cn
读者信箱：dufep@dufe.edu.cn
大连图腾彩色印刷有限公司印刷　东北财经大学出版社发行

幅面尺寸：185mm×260mm　字数：306千字　印张：14.75　插页：2
2020年7月第1版　2020年7月第1次印刷
责任编辑：王　莹　韩敌非　责任校对：徐　群　周　晗
封面设计：张智波　版式设计：钟福建

定价：48.00元

教学支持　售后服务　联系电话：（0411）84710309

如有印装质量问题，请联系营销部：（0411）84710711

纪念改革开放四十年：历史回顾与思考暨中国会计学会第十届会计史学术研讨会

纪念改革开放四十年：历史回顾与思考暨中国会计学会第十届会计史学术研讨会
2018.8.21

届会计史学术研讨会
纪念改革开放四十年:历史回顾与思考
暨中国会计学会第十届会计史学术研讨会
会计史

前　言

会计史是会计的一部分，会计史学是会计学的重要基础理论。了解会计发展的历史是理解和做好今天会计工作的前提；通过对会计史的研究，总结会计发展的经验教训，归纳提炼会计发展的规律，能够为会计改革提供具有借鉴意义的参考。中国会计学会自成立以来，一直十分重视会计史的研究，会计史专业委员会（早期称“会计史研究组”）是中国会计学会最早成立的专题性研究机构之一，我国著名会计学家和会计行政领导人李宝震、杨纪琬、郭道扬、余秉坚等曾长期担任会计史专业委员会的负责人。在这些前辈的引导下，我国的会计史研究取得了前所未有的成就，并在国际会计学界赢得了声誉。

历史研究的重要性是毋庸置疑的，会计史的研究同样如此。苏联著名会计学家索科洛夫在《会计发展史》一书中曾这样阐述会计史研究的意义：“历史总是受到人们的青睐。对每个人来说，知道自己祖国、自己家族以及自己专业的历史是至关重要的，人们很早就懂得了这个道理。列宁曾经写道：‘马克思主义的全部精神、它的整个体系要求人们对它的每项原理只是（a）历史地，（b）同其他原理相联系地，（c）同具体的历史经验联系起来加以考虑。’在今天这个科学技术革命的时代，这条原理变得特别重要。我们开始懂得历史学将有助于：1.揭示历史演进过程；2.指出发展过程中存在的联系和突变；3.观察实用方法的演化以及范畴的形成；4.考察基本观念、概念的替换；5.与其说是描述人类的历史，不如说是提出问题和解决问题的历史，从而为读者‘提供思想的剧本’；6.教给专家们客观地鉴定是新思想，还是冒充的新成果之方法；7.掌握科学预测的技术；8.培养自己以及同事、学生、亲属对本职业的热爱和自豪感。此外，科学史还有益于我们自身，它带来了快乐，仿佛延长了我们的寿命。即使您能活100岁，这也太短暂了。人们总是希望活得更长一些，同哥伦布相识，与苏格拉底交谈，以确定人们，尤其会计师们总的状况是变得更好了，还是更糟了。历史能够使我们做到这一点。”习近平总书记在致第22届国际历史科学大会的贺信中则指出：“历史研究是一切社会科学的基础，承‘究天人之际，通古今之变’的使命。……重视历史、研究历史、借鉴历史，可以给人类带来很多了解昨天、把握今天、开创明天的智慧。”

在中国特色社会主义新时代，会计工作在国家统筹推进“五位一体”总体布局、协调推进“四个全面”战略布局的过程中越来越显示出不可替代的重要性，这需要进一步加强会计理论建设和会计史研究，并提倡在做好已有会计史研究工作的基础上，注重对近现代和当代会计发展的研究，通过历史的研究提供有益的经验与教训，使会计工作更具理性和创造性，更好地为我国经济建设做出会计人的贡献。

为了纪念改革开放四十周年，总结会计发展的历史经验，中国会计学会会计史专业委员会于2018年8月21—22日在黑龙江农垦建三江管理局召开了“纪念改革开放四十年：历史回顾与思考暨中国会计学会第十届会计史学术研讨会”，本论文集是这次研讨会的成果之一。每次举办年后选取会议优秀论文出版论文集，是会计史专业委员会自2000年以来的传统，这有利于会计史研究成果的传播和会计史研究的推动，也能够反映我国会计史研究的发展过程。这本论文集力图为读者展示中华人民共和国成立以来行业会计的发展历程及会计史其他领域研究的新成果，并希望能够给大家“带来快乐，延长我们的寿命”。

中国会计学会会计史专业委员会

2019年5月

贺 信

值此中国会计学会会计史专业委员会第十届年会暨会计史学术研讨会隆重召开之际，作为会计史研究领域里的一位老兵，热烈祝贺这次盛会的举行，预祝此次会议取得圆满成功，载入中国会计史册！祝各位代表身体健康，生活愉快！满载研究成果而归！

这次参会的中年专家及与会的青年学者，是中国会计史研究领域里的新星，是未来财务与会计史研究的希望，是能够引领中国会计学会会计史专业委员会走向世界的一支重要力量和依托。对此，我们可以自豪而自信地讲，中国的会计史、审计史，以及现代企业财务史研究后继有人！中国这一专业领域、这一科学研究门类所从事的研究前途一片光明！

会计史研究是会计学中具有先导性意义的部分，它也是进行会计、审计和财务理论与实务研究的历史起点及进行考证性研究所必需的一门学问。它的研究对象包括了会计历史、现在与未来。所以承担这一领域的研究责任重大，意义深远。中青年一代学者一定要有担当，要满怀信心与热情，把这门学问做下去，让中国的会计史研究事业在全世界闪闪发光，走在世界的前列！

目前，国内外关注的《中国会计通史》写到了1979—2009年，仅仅写完改革的政治、经济背景，我们便深深地感到会计改革在整个经济改革开放中的地位之重要、作用之关键与贡献之突出。

一部《中国会计通史》，让我们真正感受到与体验到，会计犹如汪洋大海，它广博无垠、漫无边际，且深不可测。在会计运作原理上，经济的世界有多大，经济管理的世界便有多大，财务与会计的世界便有多大。人老了，便力不从心了，对这部书算是写下一个纲要，画下一个边框，至于后来的事，要寄希望于中青年学者了，后辈人要真情实意地把它写出来，为会计正名、正位，为全世界的财务与会计树碑立传。让不理解它的人理解它，让不懂它的人懂得它，让不体谅它的人体谅它。当今之世，地球几十亿人中，真正能理解与正确认识会计的人确实很少很少，会计学在大多数人心目中还没有名分，误读与误认它的人实在太多。所以，为财务与会计写下一部通史确实很重要，而且也很紧迫。希望中国中青年学者把这个“棒”接下来，把这个历史任务完成，我们深信“会计通史”这座长城一定会在中青年学者手中建立起来！

郭道扬

2018年8月14日于武汉

目　录

道通为一的农垦七十年财会制度史论 …… 1
改革开放四十年农业会计历史演变 …… 12
改革开放以来我国商业银行会计规范发展研究 …… 21
社会保险基金会计制度的发展过程与历史沿革探究 …… 36
市场范围拓展、资产结构变化对会计资产计价假设的影响
——基于工业革命史料的考证 …… 44
我国企业破产会计制度的演进及启示 …… 59
新中国施工企业会计制度的发展演变 …… 69
我国企业内部控制缺陷研究的热点、趋势与重点成果（1990—2014）
——基于知识图谱的研究 …… 77
行业会计制度的演变及其启示——基于政府经济管理职能的分析 …… 87
改革开放40年的中国管理会计——导入、变迁与发展 …… 100
经济改革视域下政府会计的历史借鉴 …… 116
改革开放对供销社会计核算制度的影响——以楚雄供销社为例 …… 124
会计史研究：国际文献回顾与分析 …… 131
美国GAAP演进的思考 …… 149
新中国行业会计教育的发展与变迁 …… 154
国际会计组织及中国会计教育：被动影响及主动响应 …… 164
略述改革开放以来的军队审计发展史：阮啸仙的审计思想与实践 …… 178
从先秦经典文献的记载看我国自然资源核算的渊源 …… 184
试析古代农书中的成本核算思想 …… 190
长沙尚德街东汉简牍账簿与商业问题探讨 …… 196
原始社会至秦汉时期云南会计史料研究 …… 205
超然主计制度：民国政府反腐除弊的创新探索 …… 216
改革开放四十年的回顾与思考——中国会计学会第十届会计史学术
研讨会综述 …… 223

道通为一的农垦七十年财会制度史论

刘广润　魏庆安　朱崇明

（黑龙江省农垦总局财务处）

摘　要：本文研究农垦七十年财会制度，总结了农垦财会的特色，探索农垦财会制度发展道路，归纳出具有中国特色的“会计准则（财务通则）+财会制度”农垦财会体系，以及实施“互联网+农垦财会融合制度”的新核算模式。

关键词：道通为一　黑龙江农垦　财会制度

为了参加中国会计学会第十届会计史研讨会，黑龙江省农垦总局财务处做了积极准备，安排了“农垦七十年财会制度研究”课题。从准备到全面研究，课题经两年方才结题，研究报告业已完成，由“导言、第一章至第十章、建议”共12部分、32节、130多个题目、200部（或单项）农垦财会制度、15万余字组成，获得课题黑龙江省一等奖（第一名）。本篇是课题报告概括论述要点部分，从四方面进行论述。

一、行业财会制度史研讨是一项战略安排

中国会计学会会计史专业委员会确定第十届会计史研讨会的主题是新中国行业财会制度史研讨，这是一项战略安排。从理论方面来说，财会制度是财会理论和技术的重要载体，关系到财会科学的发展和今后财会制度的战略布局。从实践方面来说，财会制度是指导财会实践的重要载体，是关系到所有单位财会的管理实践战略。

农垦行业也一样。在我国，农垦是国有农业经济的骨干和代表，是推进中国特色新型农业现代化的重要力量，农垦经济是国民经济的重要组成部分。农垦是在特定历史条件下为承担国家使命而建立的，经过70多年的艰苦创业，建设了一批现代化的国有农场和重要农产品生产基地，锤炼出“艰苦奋斗、勇于开拓”的农垦精神，为保障国家粮食安全、支援国家建设、维护边疆稳定做出了重大贡献。2016年5月25日，习近平总书记在黑龙江省考察时指出：“黑龙江农垦在屯垦戍边、发展生产、支援国家建设、保障国家粮食安全方面做出了重大贡献，形成了组织化程度高、规模化特征突出、产业体系健全的独特优势，是国家关键时刻抓得住、用得上的重要力量”，对北大荒的历史贡献和重要作用给予了充分的肯定和高度的评价。

农垦财会是一项独特的行业财会，国外没有或少有，发展和振兴农垦财会要依

靠科研、创新。农垦财会制度是体现农垦财会理论和实践的重要载体。“农垦七十年财会制度研究”课题是农垦财会的一项科学研究，是农垦财会制度的历史性战略科研，课题研究者要成为农垦财会制度的战略研究者，将通过这项战略科研，进一步强化对农垦财会制度的认知，进一步创新农垦财会制度发展道路，对今后农垦财会制度进行进一步战略布局等，特别是财权的战略安排。可见，农垦财会制度研究对未来农垦财会的发展十分重要和必要。农垦七十年财会制度研究的重要性和必要性还体现在以下几个方面：

第十届会计史研讨会是直接原因。中国会计学会（会计史专业委员会）确定于2018年8月在黑龙江垦区建三江管理局召开第十届全国会计史研讨会，以“中国改革开放与行业会计史研究——四十年回顾与展望”为主题，由黑龙江省农垦总局在大会上做主旨发言。黑龙江省农垦总局的课题主要研究黑龙江垦区从1947年创建到2017年70年来国家（部门）层面、省（部门）层面、农垦总局层面在六个阶段中所颁布的200多个（项）农垦财会制度，从概念及其孕育诞生，从时代背景、内容、特点、特征、成效和历史局限性进行总体、阶段、重点的研究，对有关问题进行深入的论述，大部分是企业财会制度，也有一部分是事业财会制度和基建财会制度。从过去的历史制度中研究总结提出对现时和今后有指导意义的农垦财会制度。研究的价值核心是探索财权和财权的分配与实施，其中财权是农垦财会制度史研究的价值与价值判断及核心问题。研究成果集中体现在黑龙江省农垦总局在第十届全国会计史研讨会主旨发言——《道通为一的农垦七十年财会制度史论》中。“道通为一”是说农垦财会的制度之道，道法自然，制度不能失道，不能背道而驰。从垦区财会制度来看，不仅仅是自然的、天道的（服从农业生物自然再生产和经济再生产交织在一起的规律，农业和土地与自然气候条件等息息相关，农业生产周期较长等），而是人文的、人道的（以农垦财会制度制定者为主导），这是制度的灵魂。制度灵魂是制度的设计、策划、制定者给予的，制度灵魂是制度的生命，是制度之道，是制度的“道通为一”。制度在于上下贯通，道通则浑然天成，“天地人”合一，和谐一体，运转自如，就是“行有道，达天下”。农垦财会制度是农垦财会人员的灵魂伴侣。黑龙江省农垦总局还以农垦70年颁发实行的主要财会制度的背景、内容、作用、特点等编辑出版了《农垦七十年财会制度史（1947—2017）》，将主旨发言论文和本课题都一并辑入该书中。

垦区开发建设70周年是历史原因。2017年是垦区开发建设70周年，研究农垦70年财会制度是对垦区开发建设70周年很好的纪念。黑龙江省农垦总局财会部门多年来进行多方位的思考，提出研究农垦行业财会制度，这不仅是对垦区及其财会工作开创70周年的历史总结，还是垦区财会管理改革40年发展需要的时代召唤，更是垦区财会制度面对未来新时期开拓前进的指向。

省委推进黑龙江农垦改革发展是农垦财会制度研究的现实导向。根据中发〔2015〕33号《中共中央　国务院关于进一步推进农垦改革发展的意见》精神，中共黑龙江省委研究制定了黑发〔2017〕26号《中共黑龙江省委　黑龙江省人民政府关于进一步推进黑龙江农垦改革发展的实施意见》，提出“要运用法治思维和法治方式推进农垦改革，加强对相关法规规章制度的调研修改完善工作，确保各项重大改革于法有据”。同时，省委对垦区改革提出20条大事项，涉及财务会计制度、财会体制有10多项。财会制度研究是省委对垦区提出“制度调研”和落实若干财会事项的现实需要，在垦区全面落实改革发展的重要关头和历史路口，将发挥重要作用。

农垦七十年财会制度研究主题宏大，“农垦七十年财会制度研究”课题有着必要性与必然性、可能性与可行性。制度很富有哲学意义。研究论述农垦财会制度70年的“归去来兮”“旧制新命”“新故相推，日生不滞”，追古溯今，返本开新，与时俱进。治财之道，在于安财、在于制度、在于财权。研究农垦70年财会制度是一项制度研究，是一个庞大的系统工程，是农垦财会人的历史自觉与制度自信的支撑，关系到今后农垦财会制度理论的创新，关系到今后农垦财会制度生命的意义。

二、以“四个自信”思想指导研究行业财会制度史

研究农垦70年财会制度的历史，在思想上要将农垦财会制度还原到当时的社会资源条件下，不能完全用当今经济社会发展的情况来分析。作为财会制度历史研究者，要思考自己现在所面对的是什么样的历史时代，这个历史时代与垦区财会制度之间有什么样的内在关联性，怎样用现时眼光看过去。要与时俱进，立足于所处的时代来回顾研究垦区财会制度史。

在我国，“道路自信、理论自信、制度自信、文化自信”的“四个自信”思想，是从毛泽东到习近平一代又一代的领导人，历经90多年发展形成的。习近平总书记明确提出“四个自信”思想，并不断赋予“四个自信”新的思想内涵，进一步将“四个自信”的思想发展完善起来。“四个自信”是研究行业财会制度的指导思想。行业财会制度研究是制度自信的支撑，是财会人在对财会制度自信的基础上研究行业财会制度。各个行业财会都形成特色有效发展的财会道路、财会理论、财会制度、财会文化。农垦财会也相应有自身的“道路、理论、制度、文化”的“四个自信”。财会制度，充分体现财会发展道路、理论、文化。我们要坚持以财会的“道路自信、理论自信、制度自信、文化自信”思想研究行业财会制度。

课题按照党的十九大会议精神，以习近平新时代中国特色社会主义思想为指导，遵照习近平总书记提出的中国特色社会主义是科学社会主义理论逻辑和中国社会发展历史逻辑的辩证统一的论断进行研究。历史逻辑是以历史时间的历时性和共时性统一为基础的概念推论，研究关于叙述史中基本概念之间的意义关系和推论规则。过去、现在和未来是历史逻辑的基本范畴，“过去—现在—未来”三段式是历史逻辑的基本公式，它是概念逻辑推论三段式“正题—反题—合题”在历史逻辑中的具体形式。历史逻辑研究的目的，是根据特定历史时段的特殊性，建构以不同时段概念为逻辑变项的历史逻辑，预见未来的发展，规划现在的实践。这些是对行业财会制度研究的理论支撑，也是坚持马克思历史唯物主义和辩证唯物主义，坚持马克思主义科学历史观，应用科学社会主义理论逻辑和中国社会发展历史逻辑的辩证

统一。以制度的基本理论和现代企业财会制度的基本理论与我国有关财会法律制度相结合，进行研究。以历史和实践选择论取代历史决定论，体现马克思主义的历史观，反映我们对这一历史观思想实质更深刻正确的把握。史学研究中非常注重史论结合，论从史出。史实和结论之间有正确的逻辑关系，历史规律作为社会现象本质的、必然的联系，绝不是预先设定思辨的固定轨迹。

按农垦财会制度跨度大、综合性强，涉及诸多领域的情况，悉数归纳研究的基本方法有如下六方面：一是坚持辩证法与历史唯物论的思想和思想方法，实事求是，从时代出发研究垦区财会制度史，找到制度发展变化的规律性及解决问题的对策。二是根据研究的目的、任务、对象、范围，调查研究农垦财会制度历史的情况，借鉴有关研究的经验，采取整体、阶段、重点三结合分析研究法，这是制度经济学在方法论方面的特点。三是召开座谈会，采取实地调查研究法、历史和现状资料分析研究法、文件文献资料分析研究法、设计构想研究法、系统分析法等方法。四是定性分析与定量分析相结合的方法。把两者密切结合起来，找出财会制度表现、变化规律和正确运行的途径。五是静态分析与动态分析相结合的方法。需要对影响和决定财会制度诸多因素和条件进行静态分析，同时还必须从动态角度分析和研究这些因素和条件的过去和未来的发展变化，对制度的价值做出判断和选择。六是微观分析与宏观分析相结合的方法，重点考虑研究总局层面的财会制度，结合基层创新的财会制度一并考虑。

制度有时间和阶段性特征。农垦70年财会制度历史划分为六个阶段进行研究：第一阶段（1947—1952年）经历了6年，中华人民共和国成立前和成立初期农垦由供给制财会制度向企业型转变。第二阶段（1953—1965年）经历了13年，计划经济建设开始后探索计划经济农垦财会制度模式。第三阶段（1966—1976年）经历了11年，“文化大革命”时期农垦财会制度管理工作在混乱中运行。第四阶段（1977—1991年）经历了15年，改革开放初期启动探索适应经济体制改革的农垦财会制度模式。第五阶段（1992—2006年）经历了15年，构建市场经济农垦财会制度模式并逐步向其转轨。第六阶段（2007年至今）在执行准则通则并向国际趋同迈进中探索农垦财会制度新模式。

三、农垦70年财会制度获得历史性卓越成就

农垦整个经济管理工作都离不开财会和财会制度，农垦财会制度是农垦经济运营和管理的重要手段。70年农垦财会制度平稳运行，上下有效通达，财会制度正确运行产生了很多成效。农垦70年财会制度取得的成绩来之不易，积累的经验弥足珍贵。本篇“史论”是概括不全的。从课题报告看，农垦70年财会制度获得了卓越的历史成就：

（一）制度抓住了财权价值的核心要义

研究从战略性财权制度安排考虑，对农垦财会制度的历史研究要找准财权的战略性安排。所谓找准财权的战略性安排，就是要认真思考如何发挥历史财会制度的财权战略性安排的作用，对现时和以后的财权制度要把握长久的战略安排，这是深

化农垦财会制度财权战略安排研究的必然结果。

对整个农垦财会制度全面分析研究，农垦财会制度中有财权的规定。农垦财会制度的财权结构，即财权和财权的分配与实施问题，是核心要义，是根本问题。财权是农垦财会制度史研究的价值与价值判断以及研究的根本问题。从农垦财会制度的历史来研究今天和探索未来的财权和财权的分配与实施，探讨农垦紧急财权制度的适用问题。

现在财权内涵十分丰富，甚至已不再是一个单纯经济范畴的概念，既包括经济关系权力，又包括政治关系权力，这种权力关系不能用数字来计量表达。需要研究农垦财会的历史，从我们的历史中探索农垦财会制度的“质”，也就是垦区财会制度70年到现在的发展逻辑、规律或者原理，体现在财权和财权的分配与实施方面的问题。今后垦区财会制度中有关财权的实施，包括落实每一项财权的终身责任制，应是垦区财会的战略性制度安排。

（二）垦区顶层财会人员的巨大贡献

黑龙江垦区多年来培养了大批财会干部，向垦区各级管理部门，以及省部级单位输送大量财务人才，其中有些人参与制定国家农业农垦财会制度、修订有关国家税务制度，在农垦财会改革等方面做出了重要贡献。垦区顶层财会人员70年做出很大贡献并且无经济犯罪的主要原因有：一是组织部门物色考察选用财会领导人有眼力；二是垦区高层财会人员长期在革命队伍里受党的教育形成正确的人生观、价值观所致；三是军队素质使垦区财会人员拥有了深厚的政治思想基础；四是北大荒精神和北大荒会计精神对垦区会计职业事业的自我约束；五是健全的、严密的农垦财会制度使然。

从农垦财会制度分析：（1）财会制度的刚性逻辑。垦区财会刚性制度化表明，对于执纪者有着更为严格的纪律要求，靠的就是制度的刚性约束。（2）财会制度的软性逻辑。制度的软性逻辑决定了执行者必须按照财会制度的规则做事，这是制度的“软影响”。（3）财会制度观念和尊严逻辑。垦区财会制度历经70年的累积，其制度观念变成了有觉悟的垦区财会人员处理业务工作时的坚定理念。（4）财会制度的篱笆逻辑。坚守财会制度，财会制度的篱笆进一步扎牢，垦区财会人员会感觉到安全。（5）财会制度和人员安全的逻辑。垦区需要加强财会制度体系的建设，以此提高垦区财会人员的稳定性，保障垦区财会人身安全。（6）财会制度反腐败的逻辑。反腐败是对垦区财会人员必然的逻辑反应，垦区建立了真正意义上的财会制度反腐。（7）财会制度执行衍生的逻辑。垦区财会制度的执行是垦区财会制度衍生效应的关键，军令如山、认真严格、一丝不苟、不能变通。（8）财会制度监督执纪问责的逻辑。监督：明确财会业务请示报告、审查审理财会业务管理工作规程，建立跟踪审查全过程等制度。执纪：对财会执纪违纪、失职失责的严肃查处。问责：对财会不愿为、不敢为、不会为的要调整岗位，严重的就要问责。（9）建立财会制度，树立财会信仰。财会工作者不能被一时的诱惑所裹挟，这需要有良好的财会制度，还需要财会工作者有至高的信仰。（10）利用垦区多所大学和学术组织开展财会制度等继续教育与培养等。这些是垦区顶层财会人员70年无经济犯罪背后的必然逻辑，为我们迈向农垦财会制度征程注入强大信心，也为农垦财会制度发展定义一个新的未来。

研究阐述了财权关进制度笼子的必要性和重要性。财会部门风险责任大，课题研究不但传递了垦区财会制度和三代财会人员的正能量，而且还对于垦区财会战线现实和长远的反腐倡廉具有重大深刻的教育意义。

（三）财会制度对垦区经济腾飞的促进作用

从1978年改革开放到1993年之前确定市场经济改革，这一段是垦区腾飞之前的一个特定时代。特别是财政部颁布的财会制度为垦区经济腾飞打下的根基，13大项20多子项的财政要素资源（这里省略，有文详细叙述），其中涉及财会的制度、办法、体制等有10多子项要素资源、涉及资金拨款有10多子项要素资源。1995年开始，是这20多子项的财政资源集合凝固形成垦区腾飞的历史根基，促使垦区经济站在1995年新的历史起点上开始行进在腾飞的快车道上。

在粮食总产方面，垦区1995年突破100亿斤，2005年突破200亿斤，2009年突破300亿斤，2011年突破400亿斤。2015年垦区粮食总产量达到441.3亿斤，连续5年稳定在400亿斤以上，实现“12年连增”，为保障国家粮食安全做出了重大贡献。在生产总值（GDP）方面，垦区1996年突破100亿元、2004年突破200亿元、2006年突破300亿元、2009年近500亿元、2010年突破600亿元、2011年突破800亿元、2012年跃向千亿元（实现975亿元）、2013年实现1 095亿元、2014年实现1 134亿元，到2015年实现地区生产总值1 173亿元。生产总值增速进入10%的稳步发展阶段，又很快超过这个增速进入加速发展时期，超过20%的跨越式发展。垦区经济连续10多年保持两位数增长，近几年趋于发展新常态。

财政的制度政策措施伴随着农垦财会多少个流金岁月，为农场解决了多少困难，带来了多少价值，难以计数。财政的制度政策还将持续促进当下黑龙江垦区经济的发展，是相当长久的、极其深远的。

（四）掌握了农垦70年财会制度改革发展的多方面情况

概括说是农垦财会制度特点及改革演进，包括垦区宏观财税体制的沿革特点、垦区财会制度文化的特点、垦区财会制度阶段性的不同特点和其他有关特点；是垦区经济随着政治、经济环境的变更而不断演变财会制度，不同的历史阶段有不同的财会制度表现模式和特点；是农垦财会制度的改革演进史，包括不同时期黑龙江垦区财会制度演进体现的侧重点、垦区核算体制改革演进的过程、农垦生产经营和建设的核算“合而再分”改革演进过程、农垦投资制度的历史演进过程、垦区财会制度曲折演进（变）的过程等；是农垦财会制度改革演进多方面的动因，包括经济体制改革发展、新的经济政策的颁布、产权变革、资本市场、政治形势变化的要求、国际惯例的导向要求、国家部门的主导要求等；是农垦财会制度改革演进的规律及启示，包括垦区财会制度修订改革的趋势不可逆转、财会制度修订改革不可能是一个纯技术过程、垦区财会制度以渐进式修订改革为主、垦区财会制度修订改革之后的自我强化、垦区财会制度修订改革必要的强制性、借鉴有关财会制度改革的经验等。

垦区财会制度在曲折中演进发展。简要说，苏联财会制度在垦区有深远影响，其教训价值是深刻的；在改革开放的大形势下，垦区财会制度发展与时俱进。垦区经济体制的不断改革促使垦区财会制度不断发展，如财务包干管理核算制度、家庭承包统筹双层经营体制和核算、家庭农场财会和核算等；随着垦区经济结构不断调整，农垦财务制度从单一的农业财会制度发展到工业、商业、运输业、建筑业、农业保险业、投资担保业、服务业等多行业财会制度和农工商综合经营的财会制度以及企业性和社会性分开管理和核算制度等。垦区财会制度正是沿着农垦经济体制的深化改革，生产力发展水平和经营管理水平的提高而不断演进。同时，农垦财会制度还必须符合自然的、天道的规律，即服从农业生物自然再生产和经济再生产交织在一起的规律，农业与自然条件息息相关，农业具有自然灾害较多、生产周期较长等特点。农垦财会制度规定，农业受灾的财会制度处置办法——计入农产品成本费用的计算期：粮豆算至入库或场上能够销售，鲜活产品算至销售，棉花算至皮棉，草算至干草，纤维作物算至初级产品（指初级加工），算至初级产品的还有香料作物、人参、啤酒花等。在《企业会计准则第5号——生物资产》中对有生命的动物和植物的生物转化等，做了很多特别的规定。

垦区财会制度从第一阶段到第六阶段的模式，是从生产成本导向型转变、计划经济导向型转变、政治导向型转变、经营体制导向型转变、市场经济体制效益型导向转变到通则准则国际趋同导向型转变等的不断演变，这些都是垦区财会发展阶段制度模式巨大而深刻的革新。农垦财会制度在各个历史阶段体现的侧重点是：（1）从供给制财会制度向统收统支、统负盈亏的财会制度转变，垦区财会制度以成本管理和核算制度为主；（2）从统负盈亏向财务包干体制的转变，垦区财会制度以分配核算管理制度为主；（3）从财务包干向市场经济的所得税体制的转变，垦区财会制度以筹资和效益管理与核算制度为主；（4）资金筹集由单纯依靠财政拨款，到主要靠银行贷款，到建立资本金制度、实行资本保全，垦区财会制度及时适应改革需要；（5）随着外资的利用，垦区财会制度增加了外资项目的管理和核算；（6）随着项目和融资渠道的增多，项目和筹资决策以及还款责任加大，垦区财会制度相应增加了项目和筹资决策以及还款责任的办法；（7）随着经营项目的拓宽，以市场预测和经济效益决策为主，垦区财会制度向市场经济转变；（8）随着农垦联合、购并、混合经济等资产重组，突出主导产业优化国有资本布局，构筑农垦具有较强竞争力的大型龙头企业和企业集团，实施以管资本为主加强国有资产监管等。

农垦财会制度有七个方面的演变（中华人民共和国成立初期到20世纪50年代末方面1992年以后）：一是成本制度核算方法的演变，由制造成本法到综合成本法，再到制造成本法；二是记账法的演变，由借贷记账法到收付（增减）多种记账法，再到借贷记账法；三是记账平衡公式的演变，由资产=负债+资本到固定资金、流动资金、专用资金分别平衡，再到资产=负债+资本；四是报表的演变，由资产负债表到资金平衡表，再到资产负债表；五是成龄产役畜资产性质的管理核算演变，由固定资产管理核算到流动资产管理核算，再到固定资产管理核算；六是农产品收入价值实现的演变，由销售实现制到生产实现制，再到销售实现制（收付实现制、权责发生制）；七是财会管理核算制度的组织内容，从开始内容相当“复杂繁多（手工操作）”到“化繁为简”，再到“变简趋细（科学精细化）”（财会电算化率提高）的演进过程。

上述这几项财会制度往复循环的演变，形成从“肯定到否定再到肯定”的变化过程，现在看这一个周期可能是相当长的。财会制度产生阶段性周期性往复循环演变有深刻的哲理。同任何事物一样，财会制度内部包含着肯定和否定两个方面的因素，是内部因素通过外部环境的作用。财会制度的唯物辩证法的否定观，就是建立在对肯定和否定辩证统一的理解基础之上的。

农垦70年来颁布了200部（或单项）财会制度，每间隔一段时间就要改革修订补充。发展出题目，改革做文章，该作废的则废，该修改的则改，农垦财会才有善治。以制度方式推进改革，用制度将改革的成果固定下来，制度和改革双向互动。过去垦区出台的财会改革政策，现在还在有效执行，是制度自身生命力的表现。以会计准则和财务通则与国际财务报告准则趋同为标志，成为现阶段农垦财会制度研究的热点，得出垦区财会制度改革变迁的规律及其对垦区未来财会制度改革的启示。农垦财会制度历经沧桑的演变演进，有其理性、规律性、戏剧性、复杂性的过程，也是一幅和垦区经济建设改革发展史交相辉映的历史画卷。整个过程是从无到有、从单一到全面，同时有相当大的波动、反复和扬弃，使农垦财会制度有重大的转变，直至向科学、系统、完善的农垦财会制度方向迈进。

（五）垦区财会制度的历史价值

在农垦财会制度的历史价值中，垦区财会制度的创新成果、垦区财会制度理论研究水平、农垦历史财会特色有效制度对今后的指导意义。在垦区财会制度的历史贡献中，包括对全国农垦财会制度的贡献、东北农垦总局时期（从1963年成立到1968年变成兵团）在全国农垦中的历史地位、农垦会计精神的巨大贡献等。这里重点阐述以下几个方面的贡献。

垦区财会制度服务垦区，也贡献全国农垦。我国农垦会计史学界普遍认为，黑龙江垦区初期产生的农垦财会制度，是我国最早的一部农垦财会制度，它诞生在黑龙江地区，该区也因此被称为我国农垦财会制度的“故里”。垦区初期的财会制度创立人包括垦区财会制度专家陈迹人、刘治宇等，他们为垦区、为全国农垦做出了很大贡献。垦区财会制度是一项重要的历史遗产，是垦区财会老前辈做出的巨大贡献，垦区财会制度中包含着财会老前辈的全部智慧。黑龙江垦区财会人员也对全国农垦财会做出了贡献。1965年、1978年、1986年、1972年、2004年等几次较大全国农垦财会制度的改革和颁布，黑龙江垦区都派出人员参加制度的制定，全国财会制度融合了黑龙江垦区很多好的财会制度。

由于多方面的原因，东北农垦总局在全国农垦中具有较高的历史地位。中央对东北农垦总局期望很高。1962年11月东北农垦总局成立时，周总理与时任农垦部副部长兼“东总”主要负责人张林池谈话，要求北大荒每年上交20亿吨商品粮，供京津沪和军队专用。“东总”时期的财会制度，为垦区财会制度建设奠定了坚实的基础，打下了牢固的根基。农垦史上的“五十条”“十六条”等，主要是在东北农垦总局调查研究后形成的。东北农垦总局当时成为一些农业大学经营管理教材形成的调查之地、学生的实习之地。在农垦史上东北农垦总局具有较高地位的原因概括为如下八个方面：一是东北农垦总局是国家农垦部的直属局；二是东北农垦总局农场规模大，在其他省少见，也比当时黑龙江西部的查哈阳农垦局、九三农垦局、赵光农垦局等所属农场都大；三是解放军成建制创建，好多农场名是部队番号，军队政治思想素质高；四是处于三江平原的腹地，开发潜力巨大；五是东北农垦总局所属友谊农场是苏联支持的国家重点农场，是培养干部（出干部）、积累经验（出经验）、提高产量（出粮食）、示范农民（出典型）的大场；六是农垦部经营管理，包括财会制度的一些想法，都是先通过东北农垦总局实施，“东总”具有代表性；七是东北农垦总局所属农场机械化程度比较高；八是东北农垦总局所属农场综合生产能力比较强等。

东北农垦总局多数是三级制农场，在生产队实行单独会计核算是东北农垦总局财会的一项重要制度，后来在几次全国农垦财会制度改革中都有这一制度，这个制度在垦区和全国农垦沿续了10多年。历任农垦领导带领东北农垦总局财会人员制定了10多项财会制度，在经营管理方面做了很多的工作，取得了很大的成效，形成了比较成熟典型的具有中国特色的农垦计划经济财会制度模式。农垦领导还参与农垦“五十条”“十六条”等调查研究工作和方案起草工作，并参加农垦部党组会议研究这些重要制度。

黑龙江农垦会计精神，简要地说就是“豪迈坦荡、勤勉节俭、诚实理财、廉洁奉献”，对其进一步展开，即“豪迈、坦荡、勤勉、节俭、诚实、理财、廉洁、奉献”八个基本要素，构成黑龙江农垦会计的“气质胸怀、敬业宗旨、行为规范、价值追求”四个精神体系。豪迈坦荡——黑龙江农垦会计的气质胸怀；勤勉节俭——黑龙江农垦会计的敬业宗旨；诚实理财——黑龙江农垦会计的行为规范；廉洁奉献——黑龙江农垦会计的价值追求。豪迈坦荡是本色，勤勉节俭是标尺，诚实理财是情操，廉洁奉献是境界。它充分体现了黑龙江农垦会计精神的地域性、专业性、真实性、先进性的特点。应辩证认识八个要素和四个精神体系既是相互关联的，又是各有侧重的，它们相互配合形成严谨的黑龙江农垦会计精神模式，是黑龙江农垦会计精神实践的具体内涵。

（六）提出了垦区财权的把握及规避腐败的重要建议事项

本研究揭示若干问题及其产生的原因与影响，财会制度和财权把握原则，长期坚守财会制度体系的法规，正确把握权力与制度的关系，正确把握制度、体制、机制的关系。

要深化对财会制度、会计精神和财权三位一体的再认识，即财会制度是成文的会计精神——深化对制度的再认识；会计精神是财会人员内心的制度——深化对会计精神的再认识；财权在制度笼子中规范运行——深化对财权的再认识。

按照党的十九大会议精神和习近平新时代中国特色社会主义思想，紧紧把握中央33号和省委26号文件精神，根据当前垦区改革提出的财会制度，还有垦区财权笼子和规避腐败，全面加强垦区财会制度建设等问题提出了八项对当前垦区改革有实际指导意义的建议：一是把握当前和今后垦区财会制度改革发展的方向；二是明确当前垦区改革中加强财会制度建设的任务；三是构建相适应的现代企业集团财务体制架构；四是重建和复兴与会计准则对接的农垦财会制度体系；五是积极推进垦区现代财会计算治理制度智能化；六是探索农垦企业集团的国有资产管理体制；七是推动农垦的制度财会建设和信用财会建设；八是有关部门要进行财会制度的研究和培育财会人才。这些建议也是今后农垦财会制度的战略布局的内容，详细内容这里省略。

四、积极探索创新农垦财会制度发展道路

在执行会计准则和财务通则中行业财会制度发展史进入新时代。从战略角度考虑，对农垦财会制度进行研究要找准历史的战略定位，对现时和以后的财会制度要把握长久的战略定力。找准定位，就是要认真思考在执行会计准则和财务通则中如何发挥行业财会制度的历史作用，并付诸行动；把握定力，就是要坚持以会计准则和财务通则为指导，并贯彻执行。要立足于财会制度历史研究和现实的会计准则研究两者有机结合，在实践中挖掘农垦财会制度的新思想，形成农垦财会制度的新理论，这是深化农垦财会制度战略研究的必然要求和结果。

研究发现，在农垦70年财会制度中，除了存在若干制度问题（归纳有20多个方面）外，还有很多经久不衰和行之有效的制度，是会计准则和财务通则没有的，对指导垦区未来的财会制度很有意义。从大的方面归纳特色有效制度有34项，如家庭农场财会管理和核算、大农场统筹小农场的农业双层经营体制管理和核算、农工商综合经营管理和核算、多业并存的主营业管理和核算等。这些具有特色的、有效的农垦行业财会制度，对完善会计准则和财务通则有重要的意义。

为此，课题结合有效特色农垦财会制度和存在的问题，最后研究实现了课题一个最根本的战略目的，就是在农垦70年财会制度研究中，总结了执行会计准则和财务通则新时代，农垦财会制度自信和农垦财会制度的重建与复兴的必要性和紧迫性。以会计准则、财务体制和成本制度为依据，结合农垦财会特色有效的制度，制定农垦财务制度、农垦会计制度、农垦成本制度，提出了今后农垦财会制度创新理论的基本思路：

一是农垦财会应严格认真执行会计准则和财务通则，把会计准则和财务通则在农垦财会制度中用准用活，以会计准则和财务通则指导农垦财会制度。这是保持农垦行业财会制度和国际财会制度趋同的根本要求。

二是继承农垦财会特色有效的制度，发挥农垦历史财会制度特色有效性作用的一面。研究总结了30多项农垦财会特色有效的制度，对执行会计准则和财务通则中丰富行业财会制度有着重要的意义。这是保持中国式农垦行业财会制度特色的基本要求。

三是农垦财会制度准则通则化理论思路，将农垦财会特色有效的制度与会计准则和财务通则有机融合起来。这样使会计准则中没有农垦财会特色有效的制度内容在新制度体系中得到完善，重建和复兴与会计准则对接的农垦财会制度

体系。

四是形成具有中国特色农垦财会的“会计准则（财务通则）+农垦财会特色有效制度”的新制度体系。按照这个思路，分别制定农垦财务制度、农垦会计制度和农垦成本制度。这样才能真正使会计准则和财务通则与农垦财会特色有效的制度有机融合起来。

五是实施“互联网+农垦财会融合制度”新的核算模式。将垦区的财务、生产采购、产品营销、金融银行等相关系统紧密结合，利用互联网技术、专用软件、商品标识码以及相关信誉协议，让各个系统形成信息一体化联盟，规避各种风险。例如快递跟踪货物，掌控进货、销货、库存的全面情况，使供应链系统线上线下各个环节需要的资金能够即时划转到账，消除三角债和假冒伪劣商品，保证品牌效应等最大化的一种新核算模式。

六是进一步探索今后农垦财会制度建设的智能化发展道路。探索实施财会信息智能化流程，对采购、生产、库存、销售及相关成本、费用、收入等方面提供精确的智能化核算信息，使这些执行过程的数量、价值，以及资金链的执行过程等关键环节和关键业务实现智能化精确核算分析，奠定农垦行业财会制度的新思想、新理论、新体系和新模式的基础。

这些农垦财会制度多方面的研究创新，是农垦70年财会制度研究的升华，是制度研究的特别亮点成就，更是今后相当一段时期内，值得进一步研究和应用的，垦区财会制度建设的大工程。我们要对农垦70年财会制度多一份尊重，多一些思考，多一点研究，使财会制度既有实用价值又有理论价值，并能产生相对长久稳定的作用。

总的来说，本研究有九个方面的主要特点：一是凝聚财务部门的意志，不负历史性责任担当，花两年时间，投入好多力量，查阅大量文献资料，展露相当的功夫。二是研究的基本思想理论妥当，思维逻辑方法恰当。特别是坚持习近平总书记提出的中国特色社会主义是科学社会主义理论逻辑和中国社会发展历史逻辑的辩证统一的论断与四个自信的思想。三是研究达到了预期目的，涉及研究的内涵广泛深刻，论述农垦财会深邃的制度思想和厚重的制度文化。四是研究成果颇丰，若干研究成果具有深刻的启迪意义。五是研究找准时代主题，包括制度自信、财权笼子、规避腐败等都是当今的时代主题，研究报告是符合时代的篇章。六是研究创新了农垦财会制度理论，总结农垦财会准则化理论和制度体系。七是研究指导意义深远，对当前和今后垦区财会工作具有重要作用。八是研究突出的亮点填补有关方面的空白，国内很少见到研究70年行业财会制度的篇章，填补了行业财会制度研究有关方面的空白。九是研究课题气势宏大，内涵丰富深刻，经有关专家审评获得了课题奖。相信该课题研究将在我国农垦财会制度界引起高度的关注，将具有相当的现实和历史价值，将起到积极的作用并做出贡献。

改革开放四十年农业会计历史演变

董淑兰　简欣媛　张山

（黑龙江八一农垦大学）

摘　要：回顾改革开放40年来中国农业会计历史演变过程，展望未来中国农业会计发展。本文认为，我国农业会计改革运用历史计量法大致分为整顿建设、部分修正、形态转变、国际驱同、创新驱动五个阶段，并通过结合当前我国企业会计准则和政策，进一步完善我国农业会计发展机制以及我国农业会计准则。通过历史演变，中国农业会计整体上还存在：大部分中国农业企业依然采取历史计量模式有待进一步完善、公允价值模式难以取得、相关法律法规不健全等。为此，需要进一步完善历史计量模式，完善相关法律法规建设，实现农业会计信息化创新管理等。

关键词：农业会计　历史演变　创新驱动

一、引言

1978年12月，党的十一届三中全会在北京闭幕，从此中国进入了改革开放的历史新时期。改革正是从农业开始，我国作为农业大国，农业发展关乎社会发展，改革开放以来农业改革不断深化，农业经济持续发展。在2001年中国加入世界贸易组织后，农业产业逐步向创新型、科技型农业发展。党的十八大以来，科技创新已占据国家发展的重要核心位置，习近平总书记高度重视农业科技创新发展，指出要深刻把握农业科技创新规律，使农业科技整体水平快速提升。党的十九大报告提出："要坚持农业农村优先发展"，要不断加快推进农业农村现代化发展，推进城乡融合体制建设，而服务于农业经济管理的农业会计也逐渐发生根本性的改变。随着经济体制改革不断深入，要想加强农业经济的增长，则需要准确计量农业会计成本支出，强化对农业会计的监督，让农业会计为农业经济增长保驾护航。我国进入新时代，国家高度重视农业发展，研究与之相适应的农业会计是时代发展趋势，也是必然结果。我国农业会计在时代发展中不断完善，通过科技创新，逐步形成具有中国特色同时符合国际标准的农业会计模式。农业会计要顺应新时代发展要求和现代农业发展趋势，吸收国外会计准则中的精华，完善我国农业会计准则，为促进农业发展提供标准化模式和可靠性驱动力。根据目前研究来看，大多数文献研究的都是关于农业会计制度改革遇到的问题以及农业会计准则的国际比较等，而研究农业会计发展演变的文献甚少。本文将弥补这个不足，研究改革开放40年农业会计历史演变，对农业会计发展历程进行归纳整理，并结合当前我国准则和政策，总结出目前我国农业会计面临的问题，提出相关针对性建议及研究展望。

二、我国农业会计历史阶段演变

（一）整顿建设阶段（1978—1984年）

1978年12月党的十一届三中全会的召开，揭开了我国改革开放的序幕，确立了解放思想、实事求是的正确基本路线，开展了真理标准问题讨论。会议决定实行改革开放新决策，进入农村改革新进程。会议还重点讨论了农业问题，认为我国农业是国民经济的薄弱环节，提出了一系列发展农业的政策，并将《中共中央关于加快农业发展若干问题的决定（草案）》等文件发到各省、自治区、直辖市进行讨论并开始试行。只有不断加快农业发展，才能使人民生活水平逐渐提升。党的十一届三中全会拉开拨乱反正的序幕，建立与之相适应的农业会计体系显得尤为重要。

1.农业会计制度调整修订

20世纪70年代，农业会计体系变得愈发薄弱，重新整顿建设遭受严重破坏的会计体制成为首要任务。1978年农垦会计进行了重大调整和改革，1979年农垦会计从统负盈亏到实行财务包干制。同年财政部、国家农垦总局颁布的《国营农场财务管理试行办法》《国营农场成本核算规程》《国营农场会计报表格式》《国营农场会计科目》《国营农场财务计划表格》五项标准是对1966年初颁布的七项标准的合并整理与重新修订，其最重要的贡献是将生产实现制变为销售实现制。在此基础上，国务院、财政部等有关部门还颁布了《国营农业三场会计制度》《关于农垦企业实行财务包干的暂行规定》等对不同农业会计主体实行的会计制度[1]。农垦总局还在1979年颁布了《农垦企业财务制度汇编（一）》(简称新《汇编》)，这是对1978年农垦总局财务制度的修订，新《汇编》规定在1980年统一使用“借贷记账法”。

2.农业会计经营体制转变

1980年，随着社队的发展和农业会计经营体制即将转型，财政部颁发了《农村人民公社社办企业财务管理办法（试行草案）》和《农村人民公社社办企业会计制度（试行草案）》，建立了全国统一的社办企业财会制度，使农业会计进行多种经营方式转变。1982年，财政部颁发了《农村社队会计制度》。1983年1月中共中央发表了《当前农村经济政策的若干问题》，1984年中央一号文件提出继续稳定和完善联产承包责任制，帮助农民在家庭经营的基础上扩大生产规模，提高经济效益。黄桂田（1990）认为,家庭联产承包责任制随时代发展弊端显现，农村经济发展滞缓，农民生产情绪低落，根据国情，实行双层经营的家庭联产承包责任制成为农业经营体制转变的基本目标[2]。谭锦维（1991）对农业经营体制的形式做了探讨，认为农业双层经营体制是农业合作经济的产物，但却不是农业经营体制唯一的方式，需不断完善农业经营体制[3]。吴晓华（1997）认为，80年代初实行的家庭联产承包责任制，随着社会发展逐渐产生一系列不利于农业增长的问题，而家庭农场制将成为我国农业生产经营体制转变的目标模式，即“大农场套小农场”，以家庭联产承包为主的责任制和统分结合的双层经营体制[4]。张勇奇（1998）认为，建立在家庭联产承包责任制基础上的双层经营体制，调动了农民和集体的积极性，根据目前农业现状，应在完善家庭联产承包责任制和双层经营体制的基础上继续逐步转变农业会计经营体制[5]。

综上所述，1978—1984年是农业会计的整顿建设阶段，虽然颁布的制度规程没有达到质的改变，但是已经足够为农垦会计提供规范性的指导。随着制度的不断变革，农业会计经营体制也在逐渐转变，为未来中国农业会计改革打下坚实的基础。

（二）部分修复阶段（1985—1991年）

我国农村经过经济改革之后迎来新的经济形势。以联产承包责任制为特征的合作制度，促进了我国农村劳动力、技术、资金的高效结合，双层经营体制也逐步得到肯定。在1985年发布的中央一号文件中，党中央和国务院对进一步活跃农村经济提出了10项政策，这必将带动农业发展走向一个新阶段。农业发展的转变也将带动农业会计主体制度的转变。

1.农业会计主体制度转变——乡镇企业

1984年，中央决定将社队企业变更为乡镇企业。1986年，财政部和农牧渔业部根据农业经济发展需要，颁布了《乡镇企业会计制度》和《乡镇企业财务制度》，促进了乡镇企业会计的发展建设，也对农业会计的核算体系做了重大变革[6]。1985年1月21日，为适应农业发展新形式，国家颁布了第一部《会计法》[7]，其成为中国农业会计发展的重要推动力。

2.农业会计主体制度转变——国营农场

1987年，国家颁布了《国营农场财务会计制度》，涉及农业企业的资金的管理和核算问题，以及各项利润指标的分析问题，国营农场执行财务会计制度的单位从场部转为以家庭农场和企业独立核算为主[8]。对于新修订的《国营农场财务会计制度》，贾征（1987）认为其适应性强，对于双层经营体制，实行了新的财务管理办法，规定了盈亏计算口径及专项借款管理[9]。为了进一步贯彻落实新制度，财政部和农牧渔业部还编写了《国营农场财务会计制度讲解提纲》一书，对新制度进行详细讲解。1985年，国营农场包干期满，考虑到当时农业的基本条件，继续实行财务包干。1990年，国营农场第二个财务包干期满，陆续又实行了新的财务包干方法[10]。

3.农业会计主体制度转变——村合作经济组织

1988年12月28日，财政部颁布了《村合作经济组织会计制度（试行）》，旨在推动村合作经济组织会计发展建设。毛传彬等（1990）认为贯彻执行《村合作经济组织会计制度（试行）》时，根据地区实际情况制定出适合本地区的会计规范化要求，并在实施中取得了显著效果[11]。村合作经济组织应遵循1985年颁布的《中华人民共和国会计法》规定的基本原则和精神，按照《村合作经济组织会计制度（试行）》正确地进行会计核算，改善农村经营管理。

综上所述，这一阶段农业会计有了更加规范性的制度指导，对不同的农业会计主体颁布了有针对性的规范性制度，范围更加全面，制度更加规范。但我国当时在计划经济体制的限制下，只能对不同主体农业会计制度进行部分修复，不能做到全面调整修复。

（三）形态转变阶段（1992—2000年）

1992年党的十四大确立了以邓小平理论作为党的指导思想，这是最突出最重要的贡献，同时第一次明确提出了建立社会主义市场经济体制的目标模式，是我党的又一伟大壮举。这一时期优先发展农业仍然是党的头等大事，我国为农业高速发展逐步建立起适应社会主义市场经济体制的农业经济体制。农业会计工作也必须适应市场经济体制，转变会计核算模式是建立社会主义市场经济体制的需要[12]。

1.规范农业会计制度

当前，为适应农业发展建设，农业会计通过深化改革也取得了重大成绩：完善农业财会制度；农业会计电算化得到推广与应用；会计和审计事务所也在深入农村，开启农业会计新篇章。在此基础上为规范农业企业会计核算，根据《企业财务通则》和《企业会计准则》，财政部又制定了于1993年7月1日生效的《农业企业财务制度》和《农业企业会计制度》，要求农业企业要按照规定设置会计科目，认真按照规定编制会计报表等[13]。1993年12月第八届全国人大常委会五次会议对1985年制定的《中华人民共和国会计法》进行了修订[14]。1999年10月31日第九届全国人大常委会十二次会议通过了新修订的《会计法》[15]；2000年7月新《会计法》实施。农业会计制度继续沿着法制轨道良性运行。

2.农业会计主体制度创新——乡镇企业

我国农业持续稳定发展，农村经济形势良好，乡镇企业仍然保持高速发展势头。郭灿章认为制度创新是乡镇企业会计发展的必然，构建适合乡镇企业会计发展的制度，才能使乡镇企业发展再创佳绩[16]。1993年财政部发布了《对乡镇企业贯彻执行〈企业财务通则〉和分行业的企业财务制度若干问题的规定》和《对乡镇企业贯彻执行〈企业会计准则〉和分行业的企业会计制度若干问题的规定》[17]，同年，农业部颁发了《乡镇企业系统贯彻企业财务会计制度实施办法》，进一步规范了乡镇企业系统的财务行为和会计核算工作。王宝诚（1993）认为这次乡镇企业会计制度创新，涉及行业多，分别制定相应的行业制度，不再执行统一的乡镇企业会计制度[18]。黎火根（1993）认为乡镇企业实行新制度，一定程度上带动乡镇企业的发展，但也存在新情况和新问题，并针对问题提出解决对策，为乡镇企业会计运用制度发展提供借鉴[19]。

综上所述，这一阶段是农业会计改革具有显著成果的时期，实现了重大的形态转变，在颁布的制度中，让农业会计更加规范化，基本做到了统一性、有效性，我国农业会计已越来越适应社会主义市场经济体制，为以后农业上市公司制定更加规范化的制度打下不可磨灭的基础。

（四）国际趋同阶段（2001—2011年）

2001年中国加入世界贸易组织后，农业逐步向创新型、科技型农业发展，我国农产品出口环境不断优化，同时为我国带来了丰富的国际资源和广阔的国际市场，为我国农业发展创造了广阔的空间。2007年党的十七大召开，依然把解决三农问题作为全党工作的重中之重，提出增加农业收入，推进农业产业化变革，增强农业金融体制创新发展。

1.农业企业会计制度新体系

2001年，在新的历史条件下，财政部颁布了《企业会计制度》，该制度在借鉴国外惯例的基础上，结合我国农业经济发展，实现农业会计核算又一改革[20]。但是由于我国农业会计的特殊性，《企业会计制度》不能包含农业会计核算的所有内容，在2004年财政部颁布了《农业专业会计核算办法——生物资产和农产品》《农业企业会计核算办法——社会性收支》两个办法，2005年起开始施行。学者杨秋林（2002）就曾从我国会计改革的构想出发，认为制定农业专业会计核算方法是我国深化会计改革的要求，以此探讨了自己对农业专业会计核算的构想[21]。农业会计制度逐步形成了由《企业会计准则》《企业会计制度》《农业企业会计核算办法》构成的制度新体系。

2.我国农业会计准则与国际会计准则大致趋同

2003年正式生效的由国际会计准则制定的《国际会计准则第41号——农业》（IAS 41），该准则的目的是规范生物资产的会计确认、计量、财务报表披露和列报[22]。在国际会计准则颁布的基础上，我国2006年颁布的《企业会计准则第5号——生物资产》是我国第一个有关农业的企业会计准则，对相应的农业会计处理都进行了规范化制定[23]。新颁布的准则中引进了生物资产的概念，这是上一版准则不曾提到的，对我国农业发展有深远影响。农业会计的计量选择一直都是社会讨论的焦点问题。张心灵（2004）、朱炜（2011）通过对IAS 41的计量模式思考，以及对IAS 41和我国农业会计准则计量模式的比较，指出国际已选用公允价值进行计量，而我国由于农业基本国情，公允价值计量还难以获得，只得继续使用历史成本计量，但在能够可靠计量的情况下，需要采取公允价值计量[24]；董晓霞（2010）、王乐锦（2014）、陈祥碧（2015）、李宾（2016）都认为我国农业会计准则相较于国际会计准则在生物资产的确认、计量和披露方面还存在差距，从会计国际化趋势来看，我国农业会计准则已大体与国际会计准则趋同，但仍需改进[25][26]。

综上所述，我国农业会计发展适应社会主义市场经济体制，农业会计从无到有、从国内到国际都进行了深化变革。虽然目前我国农业会计准则与国际准则还存在一定的差距，但是我国农业会计已开始向国际趋同，为以后更好打进国际市场奠定了基础。

（五）创新驱动阶段（2012—2018年）

2012年党的十八大召开，这段时期，我国大力落实创新驱动发展战略，科技创新成为国家发展的核心内容，农业科技创新步伐显著加快，习近平总书记高度重视农业科技创新，曾强调：实现农业现代化的关键就在于科技创新，我们要比任何时候都重视农业的创新科技发展，走内涵式发展道路。

1.未来农业会计制度创新变革

《企业会计准则——基本准则》在2006年颁布，2007年施行，2014年根据《企业会计准则——基本准则》，财政部制定了《企业会计准则第39号——公允价值计量》，自2014年7月1日起在所有执行企业会计准则的企业范围内实行，鼓励在境外上市的企业提前实行。

2014年7月23日根据《财政部关于修改〈企业会计准则——基本准则〉的决定》修改。企业会计准则的修改，为以后农业会计制度创新变革提供借鉴。围绕农业科技创新发展问题，农业部先后颁布了《加快农业科技创新与推广的实施意见》《关于深化农业科技体制机制改革加快实施创新驱动发展战略的意见》《关于促进企业开展农业科技创新的意见》等文件，文件的颁布就是要深刻把握农业科技创新发展规律，为服务于未来农业会计制度创新变革提供理论支撑。

2017年，黑龙江省垦区部署先期工作改革目标：垦区集团化农场企业化。垦区集团化是农垦改革的主线，目标是由行政管理为主，向企业化集团化转变，是农垦改革的主要突破口，是成败的关键。对农垦来说，最大优势是产业化、规模化、组织化。只有“大集团带动大基地，大粮商带动大粮仓”，才是黑龙江农垦的出路。垦区的改革必将带动农业会计的创新变革，为以后农业会计制度创新变革提供垦区集团化基础。

2.农业会计电算化向农业会计网络化转变

改革开放后，计算机被广泛应用，农业会计电算化接踵而至。2012年后大数据被更多人熟知，大数据时代、互联网时代即将到来，农业会计实现网络化管理显得尤为重要。从《会计电算化工作规范》到2015年国务院印发《国务院关于积极推进“互联网+”行动的指导意见》再到2016年中央一号文件指出，大力推进“互联网+农业”，拓宽农业市场，农业产业链全新升级，服务于农业的农业会计也同样面临挑战。杨柳（2013）着重介绍了农业会计信息网络化的意义，但在农业会计网络化过程中还存在一定问题，针对问题提出了相应的解决对策[27]；王彩琴（2017）认为互联网时代对农业会计起到推进作用，能提升农业会计管理水平，但是也存在一定风险。以农业上市公司为例，探究了互联网时代对农业会计的影响，并提出相应解决对策，为实现农业会计网络化提供借鉴[28]；周晶晶（2017）认为目前进入“互联网+”时代，推进新型农业经营主体会计体制改革对农业经济发展有重要意义。但也存在会计数据安全性等问题，针对安全问题提出了农业会计信息网络化关于安全等问题的举措[29]。

3.创新构建绿色农业会计

2018年7月6日，农业农村部为贯彻落实中共中央、国务院《关于创新体制机制推进农业绿色发展的意见》，发展绿色农业，印发《农业绿色发展技术导则（2018—2030年）》的通知，努力贯彻创新、协调、绿色、开放、共享的发展理念，构建支撑农业绿色发展的技术体系，推进农业绿色发展，这就要求创新构建绿色农业会计并结合环境会计实现经营体制创新和核算体制改革，共同促进农业绿色发展建设。

综上所述，我国近10年都没有颁布与农业会计相适应的规章制度，都是借鉴调整的会计准则以及相关政策来实现农业会计变革，但这些调整的准则和政策，都将为以后农业会计制度创新变革提供坚实的理论支撑。

三、研究述评与展望

（一）研究述评

本文基于改革开放40年农业会计历史演变，以及通过比较国际会计准则相关内容，认为我国农业会计的研究取得了一定成绩。相关理论体系基本完善，相关农业会计制度、准则、计量方式等都取得了一定成果，但仍然有很多需要改善的地方。

1.公允价值模式难以获得，历史计量模式有待完善

《国际会计准则第41号——在其他主体中权益的披露》将公允价值定义为在公平交易中，当事人在对事情了解的一定情况下自愿进行交易的金额。准则规定：如果农产品或者生物资产存在于活跃市场，那么该活跃市场的报价则成为决定公允价值资产的基础，所有交易以及交易时间都应在买家和卖家基于自愿原则的基础上，价格信息公开。

但是，中国作为农业大国，大多数地区都采用历史成本计量的模式，同时当前我国农业市场体系不完善，农业市场分散，农业市场主体规模较小，而且我国的资本市场还不完善，资产评估体系还不成熟，运用公允价值计量的模式也不完善，公允价值要依靠市场的交易价格确定还不够权威，目前我国农业会计运用公允价值模式进行计量还难以完全实现，因此我国农业会计准则还应坚持历史计量模式，但还有待完善。

2.相关法律法规不健全，缺乏具有针对性的法律法规的指导

对于农业会计相关法律法规，我国近10年都没有相关规定的出台，缺乏相应的制度指导。相比国际农业会计准则，我国财政部于2006年出台了《企业会计准则第5号——生物资产》，我国出台关于农业会计的条文时间较晚也较少。我国会计准则并没有列出具体的适用对象，在生物资产分类中也与国际农业会计准则不一致等。在我国相关的法律层面，并没有具体针对特定事项进行相关规定，只是从整体出发，将农业会计作为宏观政策加以落实。因此发展农业会计，不仅需要针对性的法律法规，还需要政策的具体落实。

（二）研究展望

为适应全球化发展和基于我国基本国情，“一带一路”倡议的开展促进沿线国家农业合作加深；供给侧改革使农业结构转型升级；互联网、大数据背景下，农业生产连年丰收，产业链全新升级，为促进农业会计相关改革注入了新的元素。基于此，对农业会计的研究展望如下：

第一，完善历史计量模式。按照中国实际国情，目前农业会计运用公允价值计量还难以实现，因此，中国应该坚持农业会计使用历史计量模式，但需要进一步完善历史计量模式。中国可以借鉴国外农业会计准则中关于历史计量模式的应用，取其精华，促进我国历史计量模式不断完善。但是随着社会经济发展，使用公允价值能够可靠计量时，要改用公允价值计量模式，努力与国际趋同。

第二，完善相关法律法规建设，建设具有针对性的制度准则。我国需要填补近10年农业会计法律法规的欠缺，需要制定农业会计规范性制度准则，才能真正意

义上指导农业会计发展。针对农业中特定事项，政府、财政部应出台具有针对性的制度准则来指导工作。只有这样，才能真正做到制度规范化，有效开展农业会计工作。

第三，农业会计信息化创新管理。大数据时代来临，互联网的应用已经遍布各个企业单位，农业会计应该顺应发展趋势，进行信息化创新管理，做到会计手段、会计方式随着社会变化发展不断进行创新设计。利用互联网的优势，农业应该实行会计资源共享，让会计人员参与企业管理，可以更好地提高和监督农业会计工作，还应该建立起农业会计信息化标准体系，统一会计工作，使农业会计工作得到有效规范开展。

第四，建立绿色农业会计体系。根据2018年出台的关于发展绿色农业的通知，可以看出，发展绿色农业将成为农业发展中一项重要标准，要努力贯彻创新、协调、绿色、开放、共享的发展理念，构建支撑农业绿色发展的技术体系。为响应国家号召，应建立起绿色农业会计体系，大力推进生态文明建设，有力支撑农业绿色发展和农业现代化发展建设，为绿色农业发展提供规范化支撑。

参考文献

[1] 綦好东，王斌. 创新　特色　趋同：我国农业会计改革与发展30年述评[J]. 会计研究，2008（10）：3-8.

[2] 黄桂田. 对中国农业经营体制及其走向的现实判断[J]. 江汉论坛，1990（4）：31-35.

[3] 谭锦维. 论农业经营体制的形式及其形成与发展[J]. 中国农村经济，1991（4）：27-32.

[4] 吴晓华. 家庭农场：农业生产经营体制转变的目标模式[J]. 经济改革与发展，1997（10）：46-50.

[5] 张勇奇. 推进农业生产经营体制转换的若干思考[J]. 江苏经济探讨，1998（5）：36-38.

[6] 陈锡祜. 从乡镇企业会计改革看国营企业会计改革[J]. 会计研究，1988（4）：23-27.

[7] 董晓霞. 试论新经济背景下我国农业会计与国际的接轨[J]. 农业经济，2010（10）：79-80.

[8] 边恭甫. 浅谈国营农业企业财务会计制度的改革问题[J]. 武汉财会，1985（08）：14-15.

[9] 贾征. 浅议国营农场实施新会计制度[J]. 武汉财会，1987（12）：42.

[10] 王光豪. 完善农垦企业财务包干制的思考[J]. 当代财经，1991（10）：41-43.

[11] 毛传彬，许忠国，李华峰. 农村合作经济组织会计实现规范化管理[J]. 财会通讯，1990（8）：49.

［12］张友棠．建立适应社会主义市场经济的新会计核算模式［J］．江汉论坛，1993（9）：19-21.

［13］潘郁生．实行新农业企业财务会计制度应注意的几个问题［J］．财会通讯，1993（6）：12-13.

［14］刘仲藜．加强会计法制建设为发展社会主义市场经济服务［J］．会计研究，1994（1）：1-10.

［15］盖地．我国会计工作全面走向法制化的法律保障：学习1999年新修订的《会计法》［J］．会计研究，1999（12）：19-23.

［16］郭灿章，张桂兰，徐玉红．乡镇企业制度创新研究［J］．经济经纬，2001（3）：33-36.

［17］．财政部．对乡镇企业贯彻执行《企业会计准则》和分行业的企业会计制度若干问题的规定［J］．注册会计师通讯，1993（7）：25-26.

［18］王宝诚．乡镇企业新旧会计制度的衔接问题［J］．财会通讯，1993（6）：10-12.

［19］黎火根，徐钢．对乡镇企业实行新财会制度的思考［J］．企业经济，1993（10）：48-49.

［20］刘玉廷．《企业会计制度》的中国特色及与国际惯例的协调［J］．会计研究，2001（3）：3-8，65.

［21］杨秋林．关于制定农业专业会计核算办法的思考［J］．会计研究，2002（6）：24-26.

［22］汪祥耀．国际会计新准则：对生物资产与农产品的会计规范［J］．农业技术经济，2001（3）：2-4.

［23］中国会计学会．企业会计准则第5号——生物资产［J］．会计之友，2006（4）：87-88.

［24］朱炜，綦好东．我国生物资产计量模式的选择：理论与现实［J］．东岳论丛，2011，32（7）：181-185.

［25］陈祥碧．从中外比较视角论中国农业会计政策的改进［J］．世界农业，2015（8）：106-109.

［26］李宾，彭牧泽．农业会计准则国际趋同的现状、问题与建议［J］．世界农业，2016（9）：18-22.

［27］杨柳．试析农业会计信息网络化的问题及对策［J］．农业经济，2013（12）：63-65.

［28］王彩琴．互联网时代农业企业会计问题研究［J］．农业经济，2017（6）：77-79.

［29］靳添婷，周晶晶．“互联网+”时代新型农业经营主体会计体制优化路径研究［J］．农业经济，2017（9）：23-25.

改革开放以来我国商业银行会计规范发展研究

康均　宋友旭

（中南财经政法大学）

摘　要：会计规范对于加强商业银行内部控制，提升商业银行会计信息质量，促进商业银行健康持续发展都具有重大意义。本文将中华人民共和国成立以来商业银行会计规范的演进过程分为四个阶段，重点对改革开放以后商业银行会计规范的发展做了较全面的回顾，在此基础上总结了四点发展规律，并对我国商业银行会计规范的未来发展提出了展望。

关键词：会计规范　商业银行　制度变迁

我国①的金融业发展以金融体制改革为契机，自1993年以来取得惊人的成绩。商业银行对于数据和风险的披露要求也远高于其他行业，从而使商业银行会计具有一定的独特性。目前具有针对性的研究商业银行会计规范的文献较少，为此本文试图从商业银行的角度研究会计规范的演进。②

商业银行会计规范的演进是以商业银行的发展规律和发展进程为根据逐步进行的。尤其是近几年，中国银行业监督管理委员会③致力于整治银行业市场乱象和防范化解银行业风险。商业银行的工作要求发生变化，其会计规范也势必随之变化。本文以下根据中国商业银行发展的不同阶段，分别展开会计规范的研究。

一、改革开放以前中国人民银行代行商业职能时期（1949—1978年）

1949年10月1日，中华人民共和国成立。直至1978年确定改革开放国策以前，我国由央行同时代理商业银行的状况一直持续了30多年。这一阶段不是本文研究的范畴，但为保持历史发展的延续性，本文对这一阶段仅做简要回顾。

中华人民共和国成立初期，我国经济建设的主要思路可以概括为“集中力量办大事”，由于资源短缺，只能举全国之力优先发展一些具有重要战略意义的行业。按照建立计划经济体制的目标，我国金融机构逐渐集中起来，中国人民银行因此而掌

①本文主要研究中华人民共和国改革开放以来商业银行会计规范的演进，时间跨度为1978—2017年。为方便行文，文中简称“我国”，除非文献引用中原作者有固定的特殊表达，不再一一注明。

②尽管20世纪末“商业银行”才作为专有名词出现，但是商业银行的职能从中国人民银行开始就有所体现。本文研究的会计规范是中华人民共和国成立后承担商业银行职能的银行所应遵循的，其范围包括但不限于“商业银行”。

③2018年4月8日，中国银行业监督管理委员会更名为中国银行保险监督管理委员会。文章中所引用的内容都出自更名之前的中国银行业监督管理委员会，后文简称“银监会”，不再一一注明。

握了全国企业的资金往来。在这个过程中，人民银行身兼双职，既要代理各级中央金库，又要办理存贷业务，实行商业银行的职能。国家对人民银行的定位是国民经济的“总会计”和“总出纳”。银行会计工作更重要的是反映了各单位资金收支情况，以及和整个国民经济有关的重要指标。也就是说，国家银行已不再把一般商业银行所经营的存款、放款作为其中心工作，其工作重心是协助经济的正常运转。这样就决定了新银行会计不是以反映盈亏为主，而应该以反映政策及体现计划为主，一切科目、账表、制度的设计，均以此为主要依据。为适应这一时期人民银行不同的业务需求，分别制定了两部会计规范——《中央金库条例》和《中国人民银行会计制度》。

二、国有专业银行的恢复设立时期（1979—1992年）

1978年党的十一届三中全会揭开了经济体制改革的序幕。1984年明确指出要进一步完善金融体制。扩大经营自主权和利改税都是改革的重要内容。银行方面的改革主要集中在实现“把银行真正办成银行”的目标。

（一）国有专业银行的主要职能定位

根据党的十一届三中全会的会议精神，1979年国务院公布了关于银行体制改革的报告，我国银行业体制的改革自此启动。过去银行几乎成为财政部门的出纳机关，1979年以后银行开始发挥筹集社会闲散资金用于发展生产的作用。为了满足企业发展的要求，专业银行的经营业务及管理目标也应随之变化。而银行暴露出的资金管理不善、管理能力不佳等问题，也亟待解决。

（二）适应银行企业化管理的相关会计规范

这一阶段，由于国家经济发展方针的改变，会计工作的指导思想发生转变。尤其重视成本的核算，为此专门制定了《国营金融、保险企业成本管理实施条例》，用以加强金融企业成本管理；认识到实行经济责任制的重要性，在颁布的几个会计规范的文件中都有专门规定经济责任的条文。另外还制定了《全国银行统一会计基本制度》。

1.《国营金融、保险企业成本管理办法》和《国营金融、保险企业成本管理实施条例》

1978年以前，金融、保险行业一直作为行政事业单位进行管理。改革开放后，金融保险企业逐步实行企业化管理，提高经济效益成为摆在银行机构面前的一大难题。金融企业核算经济效益需要更精准的会计数据。为此，财政部综合考虑了《国营金融、保险企业成本管理实施条例》（以下简称《实施条例》）的规定和金融保险企业的特点，在1986年制定了《国营金融、保险企业成本管理实施细则》（以下简称《实施细则》）。细则共7部分39条，分别是制定依据、实施范围、成本开支范围、成本核算 、成本计划和管理、监督和制裁、附则。《实施条例》约束的机构包括国营银行及保险公司、信托公司、租赁公司等。成本范围中规定利息支出、金融机构往来支出、折旧费及修理费、直接的业务支出和间接的管理费可直接计入成本，罚款、税费、公益活动等支出不得计入成本。银行业的成本原则上以实际发生的金额计入成本，但是按规定预提的应付未付利息和固定资产大宗修理费等可以按权责发生制的原则分摊计入成本。保证成本计入期间正确，不会提前或延后。《实施细则》还规定应当提前进行成本计划和管理，反映了计划经济的特征，按照计划可以更有效地控制和管理。以成本降低率和综合费用降低率为考核指标，对于没有开支标准的项目，可在不超过“费用率”的情况下据实列支，有开支标准的项目，可在“费用率”有结余时超标准列支。着重规定了行长和总会计师的责任，以引起相关管理人员对会计核算的重视。除此之外，还规定了各部门对成本的职责，会计部门需要对成本计划的执行情况进行监督、检查和分析。在监督和制裁部分规定，除了各银行总行需要监督分支机构的成本状况外，审计、财政和税务机关也有监督的权力。

1990年根据业务发展的需要，又制定了《国营金融、保险企业成本管理办法》(以下简称《管理办法》)，废止了《实施条例》。《管理办法》共七部分33条，结构框架与《实施条例》一致。区别在于，《管理办法》的规定更加细致。例如该办法规定了业务宣传费的范围及限额，增加了一些新的费用类别，对低值易耗品进行更详细的划分。强调了在成本计划之外单独编制业务及管理费明细计划的必要性。为了准确计算当期成本，《实施条例》中规定可按权责发生制核算成本，但未做具体规定。此次《管理办法》的颁布弥补了这一缺陷。

2.《全国银行统一会计基本制度》

随着金融体制改革的深入发展，形成了以专业银行为主体，与其他金融机构共存的社会主义金融体系。在这个体系中，各金融机构的定位不同，与之对应的责任和职责也不尽相同。这就导致了会计工作的对象、任务和作用发生了很大的变化，为此，1987年国家根据市场需求重新制定了《全国银行统一会计基本制度》(以下简称《基本制度》)。《基本制度》共8章66条，分别是：总则；会计核算；财务管理；会计检查与会计分析；会计档案管理；会计人员的职责、权限、任免和奖惩；电子计算机的核算与管理；附则。

该制度针对的对象主要是中国人民银行和各专业银行，在总则中明确了银行会计的四大任务，即会计核算、监督，以及成本、会计的检查和分析。

会计核算是本制度的主要部分，虽然此部分对记账方法未做强制要求，总行可自由选择采用资金收付记账法或借贷记账法，但是制度中的相关内容是以资金收付记账法的要求制定的。除中国银行、交通银行采用借贷记账法外，其他几大银行均选择使用收付记账法。根据规定，决算时需要提供以下几种报表：

(1) 业务状况报告表。业务状况报告表综合反映全年业务活动情况，检查银行贯彻执行国家发展经济、金融方针政策情况，总结工作的依据。此表为六栏账户式结构。本表同时汇总表内和表外科目两部分。

(2) 损益明细表。损益明细表是反映全年各项财务收入，各项成本、费用税款情况和财务成果的一种报表，是考核财务收支计划完成情况和银行自身经济效益的依据，对银行分析利润增减的原因，加强经济核算，提高管理水平具有重要作用。此表分为两部分，左侧归集收入，右侧归集费用支出。若收入大于费用，则将纯收益数额填入右侧下方的“纯益”栏；若费用大于支出，则将纯损失数额填入左侧下方的“纯损”栏。

（3）暂收暂付款项分户明细表。暂收暂付款项分户明细表反映尚未清理和摊销的过渡性资金的详细情况。有利于上级行加强对呆滞资金、业务性占款和待摊费用的了解与监督。本表分两部分，左侧记录暂收款项的情况，右侧记录暂付款项的情况，分别记录了户名、款项的金额及笔数，并对每个账户的占款情况和未清理原因加以说明。

（4）业务量机构人员情况报告表。业务量机构人员情况报告表是反映各级银行人员结构、业务量和会计核算质量的报表，属于统计报表的范围。其中业务量统计是分行业分别统计其存贷款的户数和金额，既统计合计数，也统计其中现金等分项的情况。

三、国有专业银行到国有商业银行的转变时期（1993—2005年）

（一）市场经济体制下专业银行的发展

在市场经济环境下，随着开放性程度的增加，经济环境不仅受国内政策的影响，还会受到国际事件的冲击。1998年的金融危机给中国金融业的发展敲响了警钟。2001年加入WTO，意味着中国的对外开放程度再上一个台阶，国际金融环境的变化以及来自发达国家竞争对手的挑战，都会对国内金融业的发展产生重大影响。同时还要受到国际公约的影响。

1993年以前银行业改革的目标虽然是实现“企业化”，但却未能明确提出“国有商业银行”的概念。直到1993年才开始意识到，形式上的企业化管理并不能改变实质，只有将政策性金融与商业性金融分离才能从根本上解决问题。因此将国家专业银行的发展定位为“商业银行”，将“效益”列为商业银行的经营原则。

为了降低国有商业银行的潜在风险，国家采取了一系列措施使国有商业银行能够以尽可能平等的地位进入市场中参与公平竞争。为了适应经济发展的需要，金融业不断对会计规范进行完善和修订，在这一阶段中取得了显著的成果。

（二）《金融企业会计制度》的主要内容

为了配合专业银行向商业银行转型的改革，1993年颁布了《金融企业会计制度》，补充了许多创新性的规定。随着国际国内形势的不断变化，中国的银行已不能“独善其身”，而不可避免地需要投身于国际竞争之中。为了早日实现与国际接轨的目标，财政部于2001年又制定了新的《金融企业会计制度》。党的十四大以后，金融行业获得较好的发展机遇，为此还针对城市合作银行专门制定了《城市合作银行会计制度》。针对几大国有商业银行纷纷上市交易，证监会专门发布文件对商业银行的信息披露做出要求以满足信息使用者的需要。

1.《金融保险企业财务制度》和《金融企业会计制度》（1993年）

《金融企业会计制度》以《企业会计准则》为指导，并针对金融企业的特殊性对《企业会计准则》进行补充。其制定的总体思路与《企业会计准则》一脉相承，即与国际接轨，共5章。《金融保险企业财务制度》则是在《企业财务通则》的指导下制定的，共13章93条。从结构安排上可以看出本次颁布的会计制度相对以前的制度有了跨越性的发展，内容更加完整，且逐渐摆脱了计划经济的约束。二者共同指导金融行业的会计工作。

在会计核算的基本规则方面发生根本性的变化，明确了：（1）资产=负债+所有者权益；（2）使用借贷记账法；（3）按权责发生制核算；（4）采用国际通用的报表体系；（5）会计核算的一般原则。会计科目改变了过去以经济要素为依据的分类方法，采用以会计要素为依据进行分类的全新分类方法。

对外报送的报表包括四种主要财务报表。资产负债表是以“资产=负债+所有者权益”为依据编制。资产按照流动性的高低排列。负债按照到期日期的远近排列。《金融企业会计制度》规定银行业应采用账户式报表，左侧反映资产，右侧反映负债和所有者权益。损益表采用多步式结构。能够得到计算过程中的一些重要数据，有利于依据报表做出决策。需要填列本年累计数和上年累计数作为对比数据。利润分配表需要列示本年数额和上年数额作为对比数据。财务状况变动表反映企业一定会计期间内与财务状况相关的三大会计要素的增减变动情况，分析反映资金的取得来源和资金的流出用途。

《金融企业会计制度》还对以下几个方面做了全新的规定：首先，借鉴企业化管理的经营，规定了资本金效仿企业化管理建立资本金制度。其次，以税后利润取代利润留成分配。这一改变有利于实现被动经营到主动盈利的转变。另外还建立了企业清算制度。适度地实行谨慎原则，允许适当计提坏账准备，防范风险。

尽管进行了较彻底的改革，但是依然有部分比较保守的内容。例如，《金融企业会计制度》认为应当有限制地披露会计信息。由于金融业的会计信息是国家的重要信息，因此详细的会计信息只能向上级机关和内部管理人员披露，而对外界的披露应受到限制。银行没有上市的需求，且金融信息又认为是应当保密的信息，有这样的规定也实属正常。由此可以看出，后期国有商业银行想要上市交易在信息披露方面也有相当大的难题需要克服。

2.《金融企业会计制度》（2002年）

2001年针对上市金融机构制定了新的《金融企业会计制度》，并鼓励非上市金融机构按照本制度执行，全文共15章164条。新制度对1993年的《金融企业会计制度》的结构做了调整，并针对一些特殊业务做了专门规定。

总则补充提出了会计核算原则，如实质重于形式、及时性、谨慎性、配比性等原则。会计科目上沿用1993年中国人民银行与财政部联合制定的版本。金融机构企业化改革后，首次规定了所有者权益的相关内容，丰富了资本金的相关规定。财务会计报告部分规定金融机构除向外提供传统的四大报表之外，还需要提供一些特殊用途的报表。其中，银行业只需提供除所有者权益变动表之外的其他三大报表及其附表。资产负债表和利润表与1993年的规定大致相同，此处不再赘述。现金流量表反映现金流动状况。分部报表是补充利润表的，反映特定业务或特定地区的收入状况。

3.城市合作银行会计制度（1997年）

城市合作银行是1995年出现的一种新的银行组织形式，最大的特点是没有全国性的总行，也就没有统一的业务规范，因此有许多法规制度要由中国人民银行组织制定。各城市合作银行如果采取五花八门的会计规范将不利于经济工作的管理，因此制定统一的会计制度规范城市合作银行的会计工作是非常必要的。

城市合作银行与商业银行的最大区别就是服务对象略有差异，主要为中小企业提供金融服务。因为最初提出设想时是想组建合作制的城市银行，所以最初命名为"××市城市合作银行"，最终在1997年11月更名为"××市商业银行"。而《城市合作银行会计制度》于1996年制定，全文共21章100条，1997年1月1日起施行，因此保留了更正前的名称。

尽管本制度是1996年制定的，但是本制度是在20世纪80年代颁布的《全国银行统一会计基本制度》的基础上增添了一些新内容，删减了一些过时的内容。因此，在结构上看起来与1992年颁布的《金融企业会计制度》区别较大。为了适应城市合作银行规模小、会计核算相对不那么健全的特点，会计制度规范的内容十分广泛，不仅包括了会计核算和财务管理的基础规定，还包括了记账规则和如何进行账簿结转等细节性规定，甚至在本制度中制定了如何计算利息、如何更正错账等内容。这一系列详细的规定就是为了解决城市合作银行结构众多且难以统一的问题。

四、股份制商业银行蓬勃发展时期（2006—2017年）

（一）新时期股份制商业银行的发展

1.国际市场及国内发展的双重压力

随着经济全球化的发展，每个国家都不是一个孤立的个体，而是紧密联系在一起的，中国当然也不例外。加入WTO后，我国与国际上的经济交流更加密切，现实已不允许我们国家按部就班地徐徐发展，必须紧跟发达国家的脚步，否则就会被远远地甩在后面，这既是一种挑战，也是一种激励。

一方面，我国银行如何应对即将进入国内市场的外资银行的竞争。2006年我国对外资法人全面开放人民币业务。外资银行经验丰富、产品创新、服务质量高，这一举动势必会增加国内银行业的竞争程度。这就要求国内商业银行不断研发产品、进行产品创新和提高服务质量以应对挑战。我国银行业的表外业务就是在这样的背景下逐渐发展起来的。

另一方面，我国银行如何才能提高在国际上的认可度，走出国门，积极开拓海外市场，获得新的利润增长点。为了提高在国际上的认可度，满足不同行业对会计信息质量的要求，财政部于2006年完成对会计体系的改革，采用与国际会计准则一致的准则体系，包括银行业在内的各行各业都必须按照统一的标准编制会计信息。

2.股份制商业银行蓬勃发展

截至2005年，大部分商业银行的股份制改革完成。改革完成后，效益对于银行来说变得越来越重要，想要在激烈的市场竞争中获得一席之地，银行不得不重视开发新产品。从国内形势来看，企业发展需要从银行借贷大量资金，但是银行的放贷总额受到国家相关政策的影响，国家对存款和贷款的比例进行了严格的限定，为了满足企业发展对资金的需求，银行业也不得不投入大量的人力和物力积极开发新产品。因此，我国银行业的表外业务虽是在1996年开始起步，但却是在进入21世纪以后才发展起来。表外业务由于不纳入财务报表内而存在较大风险，为了规范表外业务的处理，防范进入风险，财政部和相关监管部门也颁布了一系列规定对其加以约束。

（二）股份制商业银行蓬勃发展时期的银行业会计规范

1.《企业会计准则》

自1949年10月1日中华人民共和国成立之时起，相关部门就将统一会计制度作为一项重要任务，40多年来，统一会计规范的任务一直在进行中。中华人民共和国成立时首先统一了银行业的会计规范，党的十四大以后制定了整个金融行业适用的会计规范，直至2006年颁布的《企业会计准则》才真正实现了我国会计规范的统一，各行各业适用同一个会计规范。2014年又对该准则进行了修订。该准则的主要作用在于评估现有的具体准则和作为新的其他具体准则的基础，而不是用于指导具体的业务处理。《企业会计准则》不仅实现了我国会计规范的统一，也是向国际准则趋同的巨大贡献。

2.应对表外业务的会计规范

表外业务是指发生时不在资产负债表内反映，但在其发生过程中或进行结算时会产生损益的项目。根据人民银行的规定，现有表外业务主要包括担保、承诺和金融衍生交易三类。由于资产负债表中不记录与表外业务相关的信息，报表使用者难以根据已有信息对银行的经营状况做出全面的评估，对其面临的风险也难以进行合理预测。目前针对表外业务没有专门的会计准则，其处理主要依据监管部门颁布的文件。

（1）银监会对表外业务的会计规定

2009年银监会发布通知对信贷资产类理财业务的成本核算、信息披露等内容做出规定[①]，要求对信贷资产进行严格认定，不符合标准的应当纳入表内根据贷款业务的相关规定进行核算。同时，对本金与利息的计量做出规定。2010年银监会下发的72号文对银信理财合作业务做出规定，要求将其在两年内由表外转至表内，同时该项业务的资金也是计提拨备的基础。自此，各项业务自2005年产生作为表外业务核算，直至2011年起开始作为表内业务核算。2012年，根据银监会237号文，同业代付业务也由表外转入表内。2013年银监会发布的8号文件对一些非标准化债券做出规定，要求对每个产品进行独立的核算和管理，对不满足条件的产品应当纳入表内核算以降低风险。可见，一项新的银行业务出现时由于缺乏相应规定，最初一般计入表外；随着业务的完善，在条件成熟时转入表内。

---

①中国银行业监督管理委员会．关于规范信贷资产转让及信贷资产类理财业务有关事项的通知（银监发〔2009〕113号）［EB/OL］．［2009-12-09］．http：//www.cbrc.gov.cn/govView_6B3270B2EF894F02AFD5C80F751F6966.html.

对于表外业务的会计核算，银监会在2016年发布指引强调遵循“实质重于形式”原则的重要性。除了重视业务的经济实质外，还对表外业务会计记录的完整性和准确性提出要求。尽管表外业务不在表内进行核算，但是为了加强监管，应当将因表外业务产生的垫款记入表内相应科目。

（2）中国证券监督管理委员会对表外业务的会计规定

2008年中国证券监督管理委员会（以下简称“证监会”）在《上市公司信息披露管理办法》的基础上，结合商业银行的特点，针对其特殊事项专门制定了26号信息披露规则，并于2014年进行修订。要求披露资产负债表项目的状况；相关的财务指标，包括银行业特有的资本充足率等；贷款质量及减值准备计提情况；金融债券的类别和金额等内容。对于表外项目的披露也做出了规定，要求根据重要性原则，对可能造成重大影响的表外业务，应当披露其余额。

五、改革开放以来我国商业银行会计规范演变规律

关于制度变迁常见的研究角度有四个：变迁主体、变迁动因、变迁方向和变迁方式。因此，以下将从上述几个方面总结我国商业银行会计规范变迁的规律。

（一）政府是我国会计规范的制定主体

在商业银行会计规范变迁的过程中我们可以看到，自中华人民共和国成立以来，我国的会计规范一直是由政府相关部门制定并强制实施的。尽管商业银行的会计工作需要遵循不同部门的规定，但其主体实质上并未发生变化，都是政府领导下的不同部门。诺斯（1994）认为国家是最具有优势的产权安排组织，并且在产权保护方面也是最有优势的组织，因此由国家主导制度变迁是十分必要的。林毅夫（1994）也认为，制度的需求由供给不平衡导致，只有在国家的强制要求下才能使制度安排获得最大收益。

1.政府主导具有其必要性

首先，政府主导节约制度安排成本。由国家综合市场中各利益相关者的需求指派专门的部门制定，执行力强。避免了市场内各利益相关者各自为政的局面，从而简化了流程，降低了谈判的成本。

其次，政府主导保证了规范变迁的效率和执行力。中华人民共和国成立以来，我国会计职业组织发展尚处于初级阶段，缺乏一定的水平、规模及影响力，没有能力组织和领导会计规范的变迁，只有依靠政府的力量才能够及时满足行业发展对会计规范的需求。

再次，政府作为制度的提供者能够兼顾各方需求。若由民间机构主导会计规范的变迁，难免会存在弱势群体易于被忽视，其主张难以充分表达的情况。而由政府主导则可以比较好地避免这个问题，在制定各项规范时会综合考虑各方利益相关者的需求。

最后，目前市场机制尚不完善。理想状态的完全竞争市场尚不存在，仅仅依靠市场的力量实现各方平衡的目标还很难达到，资本主义国家周期性的金融危机很有力地证明了这一点。由于现实经济中，市场的不完善性使得某些干预成为必要，这

种干预往往能弥补市场体制上的一些不足。

2.政府主导具有可行性

由政府主导能够保障由国家强制力实施，并且政府能够调动更多资源，能够保障规范变迁的顺利推进。

国家强制力保障实施。推行新的制度，难免会触动原有利益阶层的利益，会有不同的声音，甚至受到抵制。然而，政府可以借助国家强制力，强有力地推动制度变迁的进行，从而稳定经济市场，保证制度变迁的平稳进行。

政府能够调动更多资源。国内会计职业组织的技术水平和道德素质与发达国家相比还有一定差距，难以凭一己之力完成推动会计制度发展的艰巨任务。政府机构则可以利用其优势，召集国内相关领域的专家、学者等，在财政部的带领下，共同完成会计规范的制定。

（二）规范演变适应了会计主体经营目的的变化

中华人民共和国成立以后进行社会主义改造，银行由国家所有，会计最主要的工作是清产核资，清算国家拥有的资产。随着生产力水平的发展，单一的公有制经济不能满足国家经济发展的需要，1978年国家开始提出银行也应当进行企业化改革，成为自负盈亏的企业，直至最终完成股份制改革。现在商业银行就是以提高经济效益为目标的金融企业。

为应对经营思路的转变，会计核算的思路也应该发生相应的变化，会计核算思路的改变在会计规范的规定上也有所体现。计划经济时期，银行年度决算时最主要的报表是反映该行当年业务状况的汇总，是对一年业务的总结；而市场经济时期年报最主要的是反映该行的财务状况和经营业绩，是外部信息使用者了解企业经营状况的窗口。

在宏观层面①上，银行会计规范的变化正是为了适应生产力发展的需要。从相对微观的角度可以发现，生产力发展对相应的制度变迁也提出了相对具体的要求，新制度经济学的交易成本观较好地解释了银行会计规范变迁的微观动因。诺斯（1994）认为“报酬递增，以及以明显的交易成本为特征的不完全市场是带来制度变迁的两种力量”②，“追逐盈利机会的组织为了扩大贸易机会而导致了制度的演化”③，银行由非营利组织转变为营利性企业后，会计规范发生了巨大的变化，但是受生产力发展水平的限制，直至2006年才构建起较为科学完整的体系。随后的制度变迁，无不是为了实现降低交易成本的目的。

制度的变迁同样是为了保护产权以及由产权变更带来的交易。计划经济时期，银行所有权归国家所有，不存在产权问题。随着各银行逐渐完成股份制改革，国家不再是唯一的所有者，因此明晰产权变得十分必要。会计能够记录产权价值运动的全过程，并将其以会计信息的形式反映出来。这些信息是产权所有者及其他信息使

① “社会制度中的任何变化，所有制关系的每一次变革，都是所有制关系不再适应新生产力发展的必然结果。”（中共中央马克斯恩格斯列宁斯大林著作编译局．马克思恩格斯选集（第一卷）[M]．北京：人民出版社，1995，218）。

② 诺思．制度、制度变迁与经济绩效 [M]．刘守英，译．上海：上海三联书店，1994：130.

③ 诺思．制度、制度变迁与经济绩效 [M]．刘守英，译．上海：上海三联书店，1994：168.

用者做出决策的依据。

（三）满足全球市场需求，不断提高信息质量

在转变为以盈利为目的的企业化经营后，商业银行的财务报告已不仅仅是内部管理所需，更是广大外部投资者的需求。会计信息质量决定着外部信息使用者能否依据会计信息做出决策。确认发展市场经济以后，国家意识到股份制改革的必要性，尤其是四大国有银行要实现股改上市，会计信息再也不是仅供内部管理使用的数据，同时也是外部投资者判断银行经营状况的工具。由于内部管理者和外部投资者的信息不对称，投资者只能通过制定会计规范，强制性提高对会计信息质量的要求。

在会计规范的变迁中我们可以看到这一变化趋势，1993年之前的会计规范并没有对会计信息质量做出规定，1993年首次规定了5项会计信息质量要求，直至2006年才确定了目前通用的8项会计信息质量要求。

在银行业务的会计处理上也可以看到这一变化趋势。历史上，银行的表外业务由于不占用表内资源而不被纳入财务报表中，但是这一处理方法却留下了巨大的风险隐患。随着表外业务的发展，相关部门也不断颁布文件规范其会计处理和披露，例如，2010年银监会下发通知将银信合作业务移入表内①，2012年又将同业代付业务移入表内②。这些变迁大大规范了表外业务的会计处理，降低了银行风险，提高了会计信息质量。

“随着包括生产、分配、交换与消费关系在内的社会再生产总过程从一国范围逐渐扩大到世界范围”③，我国的商业银行要走出国门与国际上实力雄厚的老牌商业银行竞争，一份载有真实可靠会计信息的报表就是最好的“介绍信”，通过真实可靠的报表可以降低参与经济活动时的交易费用。我国经济发展起步晚，水平落后于发达国家，会计规范体系相对不那么健全，为了获得国际投资者的认可，必须不断向国际准则学习，赢得发展的机会。

（四）渐进式变迁降低摩擦成本

马克思用质变和量变的理论解释了事物发展变化的过程，制度变迁同样也包含质变和量变两种过程。“量变是在同一社会制度内部的具体制度的变迁，表现为生产方式的具体组织形式的变迁；质变则是不同社会基本制度之间的变迁。”④根据以上分析可知，目前我国商业银行会计规范的变迁尚处于量变阶段，是社会制度内部具体制度的变迁。

新制度经济学更多的是从微观的层面，分析处于量变阶段的制度变迁。新制度经济学根据制度变迁中的主导力量是市场还是政府，是自上而下还是自下而上，将

① 中国银行业监督管理委员会．中国银监会关于规范银信理财合作业务有关事项的通知（银监发〔2010〕72号）［EB/OL］．［2010-08-12］．http：//www.gov.cn/gzdt/2010-08/12/content_1678233.htm.

② 中国银行业监督管理委员会．中国银监会办公厅关于规范商业银行同业业务治理的通知（银监办发〔2014〕140号）［EB/OL］．［2014-05-10］．http：//www.cbrc.gov.cn/chinese/home/docDOC_ReadView/4864EEECE1A941A3A922D323A81605C9.html.

③ 郭道扬，会计制度全球性变革研究［J］．中国社会科学，2013（6）．

④ 乔洪武，李新鹏．目标模式、门阶条件、动力系统及伦理评价——诺思的制度变迁思想与马克思的比较［J］．马克思主义与现实，2015（4）．

制度变迁分为诱致性变迁和强制性变迁。[①]我国商业银行制度变迁综合体现了诱致性和强制性两种特点，以市场需求为诱致，由政府强制力保证制度推行。

根据变迁过程完成的时间跨度，可以将变迁分为两种：一种是激进式，在较短的时间内完成制度变迁；另一种是渐进式，变迁历经的时间长。根据上文分析可以得知，我国会计规范变迁主要采取的是渐进式变迁。2001年财政部发布《金融企业会计制度》时采用分步实施的策略。2006年颁布《企业会计准则》时，也是综合考虑了各银行业金融机构会计管理水平、人员素质、财务承受能力等方面的因素，决定分层次推进《企业会计准则》的实施，自2006年开始，直至2009年实现全面实施。改革中的成本包括实施成本和摩擦成本，摩擦成本随改革激烈程度的增加而增加，是改革激进程度的增函数（樊纲，1993）。相对于从整体到局部的变迁方式而言，从局部到整体的渐进变迁方式所遇到的社会阻力相对较小，在一定程度上减小了摩擦成本。林毅夫（1993）也比较推崇渐进式的改革。

制度改革需要考虑到相关人员的专业水平和综合素质。由于历史原因，我国经济发展起步较晚，通过渐变式的制度变迁，给予相关人员足够的时间去熟悉掌握新制度，从而能够跟上改革的步伐。中国的会计准则制定参考了许多发达国家的成熟的市场经济所运行的准则和规范，因此也需要小范围试点，看是否会出现“水土不服”的情况，根据试点情况及时做出调整。另一方面，在会计准则制定过程中也会有明显的路径依赖特征。“在信息反馈不完善、政治市场的交易费用巨大的现实世界中，路径依赖是不可避免的。”[②]沿着改革的方向，经济、政治制度的变革有可能快速发展，适应新环境；也可能因为依赖性而很难实现变革，甚至会止步不前，严重影响国家经济政治制度建设。采用渐进的方式，能够降低路径依赖带来的阻力，不至于受到激烈的对抗。我国的制度变迁多是由政府主导，为了保证经济环境的平稳变革也多采用渐变式变迁。

六、我国商业银行会计规范的未来发展展望

为了解决现行商业银行会计规范中存在的问题，使会计规范更加完善，还应当从变迁的主体、变迁的方向及变迁方式等几个方面着手。

（一）平衡准则与规则，科学制定会计规范

1.加强各机构间的协调与沟通

我国商业银行的会计处理及信息披露需要遵守四个政府部门的相关规定。虽然这些部门都是国家机关，但是它们有不同的职责。虽然针对的主体都是商业银行，但关注的重点又有不同。因此，在解决多头监管、促进监管协调时，应注意以下几个方面：

第一，平衡会计规范与监管规则的分离与协调。首先，会计目标与监管目标存在差异。二者应有所分离。会计的目标是实现受托责任或决策有用。监管的目标是防范金融风险。因此，会计首先要保证会计信息的质量；而站在监管的角度，对审

① 刘金石. 马克思主义与新制度主义：理论、目的与方法的比较［J］. 改革与战略，2016（9）.
② 林岗. 诺斯与马克思：关于制度变迁道路理论的阐释［J］. 中国社会科学，2001（1）.

慎和稳健的要求更高，在某些情况下出于审慎的考虑会牺牲性会计信息的及时性和充分性。会计目标与金融监管目标之间根本性的差异是不可调和的，为了保证二者都能达到既定目标，会计规范和监管规定需要分离。G20匹兹堡峰会后，各国对会准则应当保持独立性达成共识。目前，我国已经在一些主要方面实现了二者的分离，如会计中的“资本公积”与监管指标“监管资本”使用不同的计算标准，且二者都需要在财务报告中予以披露。其次，会计规范与监管准则之间又存在着密切的联系。会计准则是银行监管的重要基础，监管中大多以会计数据为依据。然而，为了降低合规成本，在实现二者分离的基础上，同时应当注重二者的协调。缩小二者在某些具体问题上的差异，减少信息转换成本，提高信息的利用效率，从而降低商业银行的负担。

第二，明确职权，厘清交叉区域。由上文分析可知，商业银行是性质特殊的企业，因此也受到更多政府机构的监管。为了应对多头监管造成的问题，国家应当明确各监管机构的职责，避免在责任交叉区域内出现不作为或责任互相推诿的情况，提高政府工作的效率。明确监管责任后由主管部门制定监管规则，从而避免不同部门针对同一事项制定不同规则的现象，进而降低商业银行的成本，提高银行的工作效率。随着信息技术的发展，不同监管部门之间可以建立信息共享平台，实现信息资源的跨部门流动，提高信息使用效率，真正实现“让信息多跑腿”的政府治理目标。

2.科学制定会计规范

目前，在财政部制定的《企业会计准则》中，与商业银行业务密切相关的多是金融工具准则等内容。而与创新型金融业务相关的会计规范，大多零散地分布于监管机构制定的监管规则中，缺乏系统完整的规范体系。因此，政府机构应当注重完善与商业银行相关的会计规范体系。将商业银行会计规范形成完整的体系，作为会计工作的参考依据。

在完善会计规范体系的过程中还应当注意加强具体指导。商业银行会计规范中存在一些原则化的要求，规定不十分明确，使银行在具体实施时容易产生疑问，同时也带来了较大的操作空间。因此，相关部门在制定会计规范时，应当注重规范内容的可理解性，对出现的问题及时制定实施细则。

（二）政府与银行共同努力提高会计信息质量

1.完善财务概念框架

通过制定财务会计概念框架为财务报告的编制提供基本的指导，规定财务报告所要遵循的基本原则。财务概念框架能够提供具有一贯性和系统性的理论指导，是财务人员做出职业判断的理论依据，在出现新的经济事项时，能够在缺乏具体会计规范的情况下，为会计人员的业务处理提供一定的依据。

2.完善表外理财业务会计处理与信息披露制度

银行业的传统业务具有较长的发展历史，对其业务也制定了相对完善的会计规范，相应的会计信息质量也有所保障。而近几年兴起表外业务的一个重要原因就是为了规避监管。

第一，借鉴国际经验，完善商业银行表外业务会计准则。

首先，注重借鉴国际经验。我国商业银行表外业务发展时间尚短，为了缩小与发达国家之间的差距，应当积极借鉴国际先进经验。发达国家表外业务的发展进程先于我国，通过学习国际经验，还可以帮助我国预见性地对可能出现的创新型业务提前予以规范，以避免可能出现的政策真空。

其次，我国表外业务会计准则的制定与完善需要一个过程，不可操之过急，应当根据我国的经济发展水平，在实践中不断完善。尤其在2018年年初，银监会和央行为了防范金融风险，叫停了多类表外业务。但是，这并不是解决问题之道，只有尽早完善相关的会计准则，才能使商业银行业务在有序的金融市场中获得健康发展。由于目前我国的市场机制尚不十分完善，且国情也与主要发达国家有较大的区别，因此在学习借鉴的同时，不可操之过急，应当立足国情，循序渐进地推进会计准则的借鉴与发展。

最后，我国加紧表外业务会计准则研究，由被动趋同转变为主动参与制定。由于过去的历史遗留问题，与国际会计准则的差异越大，我国的趋同成本就越高，工作量就越大。因此，一方面，我国会计准则在制定或修订时应当有意识地向国际准则靠拢，为进一步的趋同做准备；另一方面，我国应学习美国的做法，主动加入IASB（国际会计准则理事会），影响IFRS（国际财务报告准则）的制定，减少制度变迁的幅度，降低支付成本。

第二，提高表外业务的披露要求。

明确披露内容及标准。当前世界主要发达国家对表外业务明确了最低披露标准，信息披露的要求大大高于我国。反观我国的披露状况有些差强人意，目前披露的内容多限于产品净值、投资对象等方面的粗略信息，偏离了信息披露的初衷，难以为决策或风险监控提供有用信息。因此，明确信息披露的标准，扩大信息披露的范围具有重要意义。

披露形式有待进一步规范。表外业务由于没有列入表中，其相关信息披露大多以附注的形式体现在财务报告中。针对表外业务的硬性规定较少，因此各商业银行对其披露具有较大的自主权，使得表外业务的信息分散在财务报告中，且各银行披露的位置及内容各不相同。为了提高表外业务的信息质量，应当对其披露形式有所规范。

（三）提高在国际机构准则制定中的话语权

经济发展水平是决定会计发展水平的至关重要的因素，没有哪个国家的经济发展十分超前而使用十分落后的会计处理方法。因此，提升经济实力才是提高在国际组织中话语权的至上法宝。在新兴的互联网金融方面可以隐隐地看到我国有后来者居上的趋势，为该行业会计的发展提供了必要的土壤。

互联网金融的发展就是摆在我们面前的机会。我国支付方式跨越式发展，跨越信用卡支付方式直接进入电子支付方式，一举领先其他发达国家。支付方式的创新以及电子支付平台的兴起为互联网金融的发展创造了条件，我国可以凭借在互联网金融方面的发展优势获得在该新兴领域的发言权，进而率先依据业务特点制定相应的会计规范。在一些新兴领域的发展方面超越现有的发达国家，赢得主动权。

制度的制定必然依靠其所规范事物生长的土壤，中国可以利用先入优势，率先制定规则，变成新兴事物的规则制定者而不是跟随者。随着越来越多新兴事物的出现，一个有准备的大国必然获得越来越多的机会，从而改变自己的地位。

参考文献

[1] AHMED A S. TAKEDA C.Stock market valuation of gains and losses on commercial banks' investment securities an empirical analysis [J]. Journal of Accounting & Economics，1995，20（2）：207-225.

[2] BARTH M E，BEAVER W H，LANDSMAN W R.Value-relevance of Banks' Fair Value Disclosures under SFAS No.107 [J]. Accounting Review，1997，71（4）：513-537.

[3] BARTH M E，LANDSMAN W R，WAHLEN J M.Fair value accounting：effects on banks' earnings volatility，regulatory capital，and value of contractual cash flows [J]. Journal of Banking & Finance，1995，19（3-4）：577-605.

[4] NORTH D C.Institution，institutional change and economic performance [M]. Cambridge：Cambridge University Press，1990.

[5] 陈信元，金楠．新中国会计思想史 [M]．上海：上海财经大学出版社，1999.

[6] 杜权，叶建清，杨跃．商业银行互联网金融业务的全面风险管理体系研究 [J]．金融监管研究，2017（5）：36-49.

[7] 付磊．新中国会计制度史 [M]．上海：立信会计出版社，2015.

[8] 郭道扬．会计制度全球性变革研究 [J]．中国社会科学，2013（6）：72-90，205-206.

[9] 林岗．诺斯与马克思：关于制度变迁道路理论的阐释 [J]．中国社会科学，2001（1）：55-69，206.

[10] 林毅夫，蔡昉，李周．论中国经济改革的渐进式道路 [J]．经济研究，1993（9）：3-11.

[11] 刘金石．马克思主义与新制度主义：理论、目的与方法的比较 [J]．改革与战略，2016（9）.

[12] 诺思．制度、制度变迁与经济绩效 [M]．刘守英，译．上海：上海三联书店，1994.

[13] 诺思，张五常．制度变革的经验研究 [M]．北京：经济科学出版社，2003.

[14] 乔洪武，李新鹏．目标模式、门阶条件、动力系统及伦理评价——诺思的制度变迁思想与马克思的比较 [J]．马克思主义与现实，2015（4）.

［15］吴晓灵. 金融市场化改革中的商业银行资产负债管理［J］. 金融研究，2013（12）：1-15.

［16］夏博辉. 中国商业银行会计和审计的现状与未来［J］. 会计研究，2001（10）：55-59.

［17］杨时展. 1949—1992年中国会计制度的演进［M］. 北京：中国财政经济出版社，1998.

［18］于永生. 商业银行会计监管与资本监管冲突根源及化解策略［J］. 会计研究，2017（8）：12-18，94.

［19］中共中央马克斯恩格斯列宁斯大林著作编译局. 马克思恩格斯选集［M］. 北京：人民出版社，1995.

［20］中国银行业监督管理委员会. 关于规范信贷资产转让及信贷资产类理财业务有关事项的通知（银监发〔2009〕113号）［EB/OL］.［2009-12-09］. http：//www.cbrc.gov.cn/govView_6B3270B2EF894F02AFD5C80F751F6966.html.

［21］中国银行业监督管理委员会. 中国银监会关于规范银信理财合作业务有关事项的通知（银监发〔2010〕72号）.［EB/OL］.［2010-08-12］. http：//www.gov.cn/gzdt/2010-08/12/content_1678233.htm.

［22］中国银行业监督管理委员会. 中国银监会办公厅关于规范商业银行同业业务治理的通知（银监办发〔2014〕140号）［EB/OL］.［2014-05-10］. http：//www.cbrc.gov.cn/chinese/home/docDOC_ReadView/4864EEECE1A941 A3A922D323A81605C9.html.

［23］祝继高，胡诗阳，陆正飞. 商业银行从事影子银行业务的影响因素与经济后果——基于影子银行体系资金融出方的实证研究［J］. 金融研究，2016（1）：66-82.

社会保险基金会计制度的发展过程与历史沿革探究

吉玖男　王海民

（西安交通大学城市学院）

摘　要：社会保险是社会保障体系的重要组成部分，我国政府的各个部门都在加快推动社会保险事业的发展，并力争全面实施全民参保计划；社会保险基金会计制度作为社会保险事业中的重要内容，对于社会保险基金的监督和管理起着举足轻重的作用。本文拟探讨社会保险基金会计制度的发展过程与历史沿革，并促使其不断健全与完善，进而造福全民。

关键词：社会保险基金　会计制度　发展过程　历史沿革

一、社会保险基金会计制度的发展历史

（一）社会保险和社会保险基金的含义及内容

社会保险是社会保障制度的重要组成部分，社会保险是国家通过立法形式，多渠道筹集资金，对参保人在年老、疾病、工伤、失业、生育等情况下依法提供物质帮助，使其享有基本生活保障的一项社会保障制度。国家建立基本养老保险、基本医疗保险、工伤保险、失业保险、生育保险等社会保险制度，保障公民在年老、疾病、工伤、失业、生育等情况下依法从国家和社会获得物质帮助的权利。社会保险基金则是一类来源于参保单位和个人缴费，同时政府进行补贴的专项资金，并专门进行统一的管理，用于社会保险待遇及其他相关支出。社会保险基金是为了保障保险对象的社会保险待遇，由缴费单位和缴费个人分别按缴费基数的一定比例缴纳以及通过其他合法方式筹集的专项基金。我国的社会保险主要包括基本养老保险、基本医疗保险、工伤保险、失业保险和生育保险五个方面；通过用人单位与劳动者缴纳社会保险费的方式形成基金，在税收、利率、财政等方面予以支持，并且通过货币方式提供相应的保障。其具体组成如图1所示。

（二）社会保险基金会计制度的发展过程

我国社会保险基金建设开始于1999年，当年财政部制定了《社会保险基金会计制度》（财会〔1999〕20号）；2002年，我国政府又提出要建立以大病统筹为主的新型农村合作医疗制度，此后又确立了以新农合作为农村基本医疗保障制度的地位，有关新型农村合作基金的会计制度应运而生，随后，财政部又颁布了《新型农

村合作医疗基金会计制度》（财会〔2008〕1号）和《新型农村社会养老保险基金会计核算暂行办法》（财会〔2011〕3号）等社会保险基金相关会计制度。因此，我国有关社会保险基金会计制度包括《社会保险基金会计制度》《新型农村合作医疗基金会计制度》《新型农村社会养老保险基金会计核算暂行办法》和若干项补充规定。

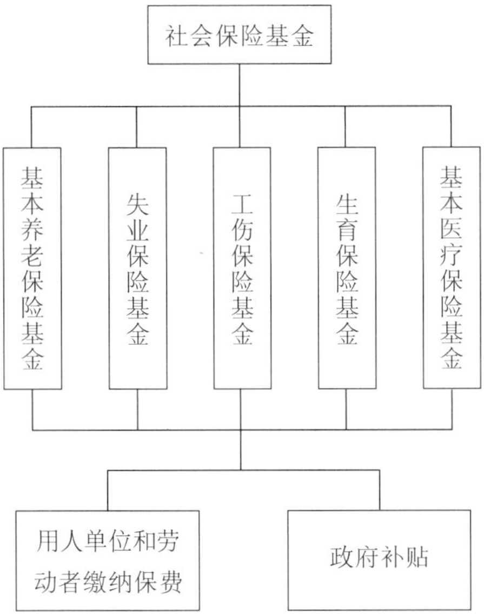

图1　我国社会保险基金构成框架图

近年来，党中央、国务院在高度重视社会保险制度建设的同时，又制定了一系列政策，并提出了“全面实施全民参保计划，尽快实现养老保险全国统筹”，在推进社会保险制度改革、深化医疗保险制度改革等方面做了大量的工作。我国原有《社会保险基金合计制度》在规范社保基金安全运行、基金的监督和管理等方面发挥了重要作用，但是随着社保事业的不断发展，现行保险会计制度已经无法满足新的基金会计核算要求。

2016年11月21日，财政部发布了《社会保险基金会计制度》修订征求意见稿，以期为社会保险基金的会计核算提供统一的会计框架，在该征求意见稿中考虑了各个险种的特殊性，允许用特殊的会计核算方法和设置专用的会计科目。通过对原本杂糅的会计体系进行整合改革，财政部于2017年11月28日颁布了新修订的《社会保险基金会计制度》（财会〔2017〕28号），并且就新旧制度的衔接做出了具体的规定，即《新旧社会保险基金会计制度有关衔接问题的处理规定》。修订之后的《社会保险基金会计制度》内容主要包括五个部分：第一部分为总说明，规范了《社会保险基金会计制度》的框架性内容；第二部分为会计科目名称及编号的规范说明；第三部分为对具体会计科目的详细使用说明；第四部分为财务报表格式，规范了资产负债表和收支表的格式；第五部分为财务报表编制说明，规范了财务报表的编制方法、附注编制要求等。

总体上，我国《社会保险基金会计制度》的发展趋势是从各险种零散杂糅的会计制度向统一规范的会计制度发展的过程，并且逐渐引入了权责发生制这一会计核算原则。新的《社会保险基金会计制度》建立了统一的会计科目体系，对社会保险基金会计核算具有重要的意义，也在一定程度上满足了社会保险制度发展对社会保险基金管理的会计核算需要。

二、原《社会保险基金会计制度》修订的局限性

从实际情况来看，原有《社会保险基金会计制度》在加强社会保险基金的监督和管理、规范会计核算、维护参保对象的合法权益等方面起着非常重要的作用。但是随着社会保障体制改革的不断深入，社会保障体系不断完善，社会保险基金的征收方式、社会保险基金的业务范围等方面对会计信息的要求已经发生了很大的变化，使得原《社会保险基金会计制度》存在某些方面的局限性，亟须对现有的社会保险基金会计制度进行改进和完善。原有会计制度的局限性主要体现在以下几个方面：

（一）会计科目有待统一

原有《社会保险基金会计制度》按险种分别设立基本养老保险、失业保险、基本医疗保险三套会计科目，工伤、生育保险比照执行。随着社会保障体制改革的不断发展和完善，社会保险经办机构的保险种类的不断新增，并且伴随着新的保险品种的不断出现，这些险种都单独设置会计科目，造成保险会计核算中有多套会计科目，使保险基金会计核算工作量加大，不能够适应社会保障事业发展的需要。此外，随着《会计法》和《企业财务制度》的出台，不同行业的会计制度得到了统一，增强了会计信息的可比性。社会保险经办机构作为统一部门，更应该将会计核算进行统一。

（二）会计信息的披露有待规范

我国是由社会保险经办机构负责社会保险基金的筹集、支付等管理，职工和用人单位按照法律的规定必须参加社会保险，而社会保险基金的投入者对社会保险基金的运行情况不是很了解；根据《社会保险基金会计制度》和《会计法》的相关要求，这些相关会计制度针对社会保险基金的会计信息披露进行了规范，但是并不全面和系统，只是简单的说明。社会保险管理机构的会计报表需要报送给同级财政部门、主管部门和社会保险基金监督组织。会计信息的披露主要是通过一种封闭的渠道进行，相关人员不能了解社会保险基金的收支、运转情况，不利于对社会保险基金的监督和管理更新。

（三）对社会保险基金的会计监督有待加强

《社会保险基金会计制度》中规定的对社会保险基金会计采用收付实现制，在社会保险基金会计的发展阶段，采用该会计核算方法是比较简单的，可以真实地反映社会保险基金的实际收支情况。然而，随着社会保障制度改革的不断深入，社会保险基金的会计核算难以反映基金运行的结果，对债权、债务的监督和管理力度不足。在实际经济中，由于各个单位的实际状况不同，资金周转问题、单位经济效益问题等原因，不同程度地存在应缴未缴的现象，按照收付实现制的会计核算原则，

应收未收的未交款项、应付未付的未付款项未能在账面上反映，使得账面记录与实际的债权债务不相符，导致不能全面、真实、客观地反映基金收入的全过程，不能有效地对基金会计进行监管和控制，导致债权债务的会计监督职能失效。

（四）个人保险账户的核算有待补充完善

我国社会保险基金会计制度中规定的对基本养老保险和基本医疗保险分别设立基金统筹账户和个人账户。在“基本养老保险费收入”和“基本养老金支出”科目下分别设置“个人基本养老基金收入”和“个人账户养老金支出”等明细科目，对社会保险统筹基金和个人账户基金实行分别管理，社会统筹基金不能占用个人账户基金。目前，在社会保险机构业务部门，参保职工都有个人账户的存储情况，但是没有反映在财务核算中，财务部门对此无法进行操作，只能根据业务部门的数据记入账簿。当基本养老保险基金结余出现入不敷出的情况时，个人账户基金将用于弥补基金缺口，从而使得个人账户形成空账，失去了划分个人账户和社会统筹账户的意义。随着养老保险个人账户改革的全面推进，个人账户的基金管理以及会计核算都需要改进，对社会统筹和个人账户基金进行严格的区分，进而规范个人账户的运行与管理。

三、新社会保险基金会计制度修订的必要性

随着统一的企业职工基本养老保险制度、失业保险制度等各项制度的不断建立与完善，社会保险法律建设工作等各方面取得了突破性的进展，国务院对社会保险基金管理体制做出了重大改革，将各项社会保险基金纳入了单独的社会保险基金财政专户，实行统一政策、统一规划、统一管理、统一征收的政策手段。

（一）新的社会保险制度体系的健全以及新的社会保险险种的出台

我国现行《社会保险基金会计制度》发布于1999年，基于当时我国社会保险发展情况，仅对企业职工基本养老保险基金、失业保险基金、城镇职工基本医疗保险基金的会计核算进行了规范。之后，适应我国农村社会保险制度的改革和发展，财政部制定了《新型农村合作医疗基金会计制度》《新型农村社会养老保险基金会计核算暂行办法》，分别对新型农村合作医疗基金和新型农村社会养老保险基金的会计核算进行了规范。

2010年《中华人民共和国社会保险法》的出台，使我国的社会保险制度体系不断健全，新的社会保险险种也陆续建立。目前，社会保险体系中的城乡居民基本医疗保险、机关事业单位基本养老保险、城镇居民基本医疗保险、工伤保险、生育保险等险种尚缺乏相应的会计制度对其核算进行明确的规范，造成这些险种在会计实务核算中出现一定程度的困难，不利于加强保险基金的日常财务管理。

（二）社会保险基金运营模式的变化和新增业务的出现

由于新的社会保险业务的出现，我国社会保险基金运营模式一直在不断进行改革，出现了新的保险业务，比如，基本养老保险基金委托投资、基本医疗保险异地就医和大病保险等。(1) 针对基本养老保险投资方面的制度规定。2015年，国务

院印发了《基本养老保险基金投资管理办法》，其中对基本养老保险基金的投资运营管理进行了全面规范，要求基本养老保险基金实行中央集中运营、市场化投资运作。社会保险基金运营模式改革后出现了委托投资业务，委托投资业务涉及委托资金归集、划转、收回、投资收益确认等环节。（2）有关基本医疗保险异地就医新业务的制度规范。2014年，人力资源社会保障部、财政部、卫生计生委联合印发了《关于进一步做好基本医疗保险异地就医医疗费用结算工作的指导意见》（人社部发〔2014〕93号），明确了基本医疗保险异地就医医疗费用结算工作的目标任务和实现途径，要求2016年全面实现跨省异地安置退休人员住院医疗费用直接结算。这一新的保险业务的出现，涉及社会保险会计有关跨省异地就医业务，还涉及参保省资金归集、参保省与就医省之间资金划拨和结算等环节。（3）针对出现的新的保险业务，大病医疗有关方面的制度。2015年，国务院办公厅印发《关于全面实施城乡居民大病保险的意见》（国办发〔2015〕57号），部署加快推进城乡居民大病保险制度建设，要求到2017年建立起比较完善的大病保险制度，有效防止发生家庭灾难性医疗支出，筑牢全民基本医疗保障网底。该项政策的颁布使得社会保险出现了新的业务类型大病医疗的会计核算，大病保险业务涉及社保基金与商业承保机构间盈余返还和亏损补偿等环节。

因此，随着新的社会保险新业务的不断出现，以及社会保险基金运营模式的改革，要求社会保险基金会计制度对相关业务的会计核算进行科学、统一的规范，来进一步加强对社会保险的监督与管理。

（三）社会保险基金的监督与管理要求

原《社会保险基金会计制度》分别针对企业职工基本养老保险基金、失业保险基金和城镇职工基本医疗保险基金制定了三套自成体系的会计核算体系。三套会计核算体系在基金结余及部分收入、支出类科目名称上体现了各自险种特定的核算内容，而资产、负债以及大部分收入、支出类科目名称、含义完全一致，三套会计核算体系形成大量重叠，缺乏统一框架的整合。有关新型农村合作医疗保险制度也出现同样的问题。各险种社会保险基金会计制度均有专门的政策来规范，这使得社会保险基金会计制度体系庞杂冗余，增加了会计制度制定成本和实务人员的学习成本，同时也不利于为加强社会保险基金统一管理提供一致、可比的会计信息。

为顺应社会保险基金城乡统筹、全国统筹的改革趋势，统一加强对各类社会保险基金的财务管理，财政部会同相关部门开展了《社会保险基金财务制度》修订工作，其主要改革内容之一就是整合归并现行各项财务制度，制定统一的社会保险基金财务制度，建立统一的财务管理框架。顺应统一财务制度的改革趋势，制定统一的会计制度，有利于经办机构会计人员全面掌握各险种会计核算方法，降低学习、培训和执行成本，也有利于提高各险种基金会计核算的统一性、规范性和可比性，从而进一步提升社会保险基金的会计信息质量。

四、新旧社会保险基金会计制度的比较和启示

对比新旧社会保险基金会计制度可以发现，修订后的《社会保险基金会计制

度》与原有《社会保险基金会计制度》存在以下几个方面的差异：

（一）修订后的制度全面覆盖社会保险险种

原有《社会保险基金会计制度》使用的范围是企业职工基本养老保险基金、失业保险基金、城镇职工基本医疗保险基金；而修订后的《社会保险基金会计制度》使用范围更加的全面；《社会保险基金会计制度》适用于在我国境内依据《中华人民共和国社会保险法》建立的企业职工基本养老保险基金、城乡居民基本养老保险基金、机关事业单位基本养老保险基金、职工基本医疗保险基金、城乡居民基本医疗保险基金（城镇居民基本医疗保险基金、新型农村合作医疗基金、合并实施的城乡居民医疗保险基金）、工伤保险基金、失业保险基金、生育保险基金等基金，全面规范了上述社会保险基金的会计核算，涵盖了目前全国统一的社会保险基金，并且增加了“经办机构经办的其他各类社会保险基金的会计核算，参照本制度执行”的规定。

（二）修订后的制度对社会保险基金会计核算框架进行了统一规范

原有《社会保险基金会计制度》的核算框架各自为政，保险会计制度体系冗余繁杂，缺乏统一的会计核算制度框架；修订后的《社会保险基金会计制度》总结提炼了不同险种的社会保险基金在会计要素构成、会计核算内容和方法方面的共性因素，统一了各险种社会保险基金的会计科目设置、业务核算流程与方法、财务报表格式，构建了“一套科目+一套报表”的社会保险基金会计核算统一框架。在此基础上，通过少量专用科目设置、专用报表项目列示等方法兼顾了个别险种社会保险基金的特定会计核算要求，对社会保险基金会计核算框架进行了统一的规范，有利于相关人员进行规范的、系统性的学习与运用。

（三）补充并完善有关新业务的会计核算规定

由于社会保险体系的不断健全，出现了许多新的社会保险业务，新的社会保险会计制度针对跨省异地就医结算问题进行了规范，在“暂收款”“暂付款”等科目中新增了跨省异地就医资金归集、划拨和清算的相关会计核算规定；针对大病保险盈余返还和亏损补偿的处理，新的《社会保险基金会计制度》将核算科目改为“大病保险支出”科目，详细针对这一新的保险业务规定大病保险盈余返还和亏损补偿列入实际支付年度的大病保险支出；针对新的保险业务基本养老保险委托投资业务，按照基本养老保险委托投资业务核算需要，增加了“委托投资”新科目，在“暂收款”“暂付款”等科目中补充增加了相关核算内容及核算方法；关于社会保险基金报表体系，新的基金会计制度对报表体系进一步优化，压缩报表层次，形成了“1+8”的报表体系。

因社会保险基金运营管理改革的不断要求，加强对基金风险的预防和控制，逐步加强对社会保险基金过程中的监督与管理，推动基本养老保险投资运营，落实划转部分国有资本充实社保基金实施方案，增强社会保险基金的支撑能力和不断增值能力。目前，制度规范要求将社会保险基金委托给国务院授权的机构进行投资运营，从而能够保障社会养老保险基金的投资运营增值能力不断得到加强。

五、加强社会保险基金管理的对策及建议

为了能够对社会保险基金进行更好的监督与管理，首先，保证社会保险收入的实现以及控制相关的支出，防范社会保险基金的可持续风险；为了提升社会保险的收入水平，应该强化基金收入的征缴水平，提高保险费的收缴率，社会保险基金足额征缴是基金运行的坚实保障，要加大对社会保险费征缴的宣传力度，提高职工的主动参保意识，进一步扩大参保覆盖面，加大稽核力度，对参保企业缴费的具体情况进行经常性稽核，依法严肃查处瞒报缴费、欠费的单位，使其能够自觉地接受社会的监督，建立社会保险费征缴的长效激励机制，调动各级各个部门的征缴积极性，提高社会保险费的收入水平，研究制定出用于补充企业职工基本养老保险基金的有关办法，建立社会保险基金的预警机制，防范基金收支可能存在的风险，做好养老金基金支付的监控工作以及预警工作，并且进行动态的及时反馈，更好地防范基金收支管埋风险。

其次，进一步完善社会保险基金管理体系；加强对社会保险基金的管理与监督，进一步防范社会保险基金的运行风险，切实履行社会保险经办机构的职责，加大稽核查处的力度，对企业的参保、申报等情况进行全程跟踪监控，提高征收的质量；并且进一步强化财政监督水平，完善各种制度的出台与制定，加强社会保险基金预算的执行分析工作，建立健全社会保险基金运行和支撑能力情况的定期分析预警机制，对社会保险基金收支的情况进行动态分析和掌握，加强对社会保险基金财政专户的监督与管理，确保社会保障资金的安全完整性，通过利用第三方的监督与管理来完善评价社会保险基金的审计监督工作，解决相关监管部门人力不足的情况，进一步确保社会保险基金得到规范运行，提高对社会公众的信息透明程度，加强对舆论的监督，有效地增强外部的监督功能。

最后，加强社会保险基金的投资运营管理水平，进而提升其增值保值能力。开展基金投资运营，努力实现基金的增值保值水平，是提高基金收益率的重要途径，在保障社会保险基金资金安全的前提下，积极拓宽社会保险基金的投资渠道，尽可能将结余基金用于投资运营，加强对投资风险的控制，允许将社会保险基金投资于政府债券、短期贷款、抵押贷款等，确保社会保险基金收益的稳定性。针对风险较大的项目，谨慎并合理地进行投资，选择专业的管理人员进行专业的项目投资运营。

六、结论

由于社会保障制度体系的不断完善，《社会保险基金会计制度》经过了几个阶段的不断发展，逐渐形成了现行较为成熟的《社会保险基金会计制度》。本文首先回顾了《社会保险基金会计制度》的发展过程与历史沿革，然后针对原有《社会保险基金会计制度》存在的问题进行了分析，指出新的社会保险基金会计制度完善的必要性以及新旧社会保险基金会计制度的差异之处。为了能够更好地对社会保险基金进行监督与管理，实现其管理水平不断提升的目标，提出了相应的对策及建议，

以期能够为实现社会保险基金运营水平的提升提供帮助。由此可以看出，随着社会保险事业的不断改革、不断完善，社会保险基金会计制度也必须不断地健全与完善，使之能够适应不断变化的社会需求，进而造福全民，使得社会保险基金管理水平不断提高。

参考文献

［1］柴新．社会保险基金会计制度实现“大一统”［N］．中国财经报，2017-12-16．

［2］财政部．社会保险基金会计制度．财会〔2017〕28号．

［3］财政部．社会保险基金会计制度．财会〔1999〕20号．

［4］李建艺．新《社会保险基金会计制度》执行问题和对策［J］．财会学习，2018（14）．

［5］谭中和，谭雍桢．控险之网：社会保险基金监督［M］．北京：中国民主法制出版社有限公司，2016．

［6］林治芬，宋志华．中美社会保险基金会计制度的比较研究［J］．会计研究，2007（1）．

市场范围拓展、资产结构变化对会计资产计价假设的影响
——基于工业革命史料的考证

戴泽伟　潘松剑

（西南财经大学）

摘　要： 财务会计制度是一种博弈均衡。这种均衡将会随着环境的变化而变化。会计资产计价假设从19世纪的破产清算假设演变为20世纪的持续经营假设，为环境变化对财务会计制度的冲击，提供了一个天然的试验场。本文基于“斯密—杨格—杨小凯”的经济演化框架和诺思的经济史分析范式，解释了市场范围扩展、企业资产结构变化、资本结构变化和持续经营假设崛起的内在关联，并基于工业革命时期的经济史料，对资产计价假设从破产清算假设为何转变为持续经营假设提供了合理化的解释。

关键词： 市场范围　资产专用性　持续经营假设　资本性资产

一、问题与导言

历史是重要的。历史不仅为现行制度提供了经验与教训，而且现行制度往往植根于历史情景的约束之中（诺思，1994）。追溯现行制度产生的缘由有助于厘清现行制度面临的关键约束。考察这种关键约束在现实中是否还存在，将有助于人们预测制度未来变革的可能方向和途径（张五常，2010）。这种分析逻辑，能够在一定程度上避免人类在改革制度时面临的“过度自负”和“无能为力”（阿夫纳·格雷夫等，2015）。

在财务会计的学术研究中，关于公允价值与历史成本模式的争论，应该是过去十多年间的热点问题（Georgiou and Jack，2011）。准则制定理念性支柱的变化正使得会计实践从历史成本和受托责任的轨道偏向基于未来现金流的投资者决策和公允价值理念（Horton et al.，2000；Holthausen et al.，2001）。然而，当我们在建构“公允价值”理论体系时，需要反思的是：从帕乔利时期到19世纪中后期，欧美主要国家普遍采用的计量属性是“公允价值”或者可变现净值。而迈入20世纪之后，主流计量属性开始转向历史成本模式。为什么会发生这种转变？尤其是这种转变背后的支柱性理念为什么会从“破产清算假设”演化为“持续经营假设”？对“持续

经营假设”崛起根源的探析，将有助于辨识历史成本模式被应用的关键因素。这也将有助于在进行“会计计量属性”的变革时，避免“理性的自负”。

（一）20世纪之前资产计价的普遍模式、计价理念及史料证据

理查德指出，资产计价在法国经历了三个阶段，第一个阶段就是20世纪之前的“静态”阶段，在这个阶段，市场价格是资产负债表估值的主要手段（Richard，2004）。Brief指出，19世纪英国会计的主要实践是估值资产，并基于估值来确定利润（Brief，1966）。笔者指出，在每个会计期间，企业资产（主要是存货和固定资产）将被重估，而其利润取决于期间净资产价值的变化。1844年和1856年修订后的《合作股份公司法》强调了资产负债表的真实公允观。这种真实公允观要求股份公司按照最新市场价格来估计企业的资产价值，尤其是在有序交易中的脱手价格。

利特尔顿指出，在过去的数十年，或者之前的数个世纪，资产负债表被视为首要财务报表，外部信息需求者首先对资产的变现价值感兴趣（利特尔顿，2014）。查特菲尔德总结道：在1900年之前的美国，大部分制造型企业还在采用盘存法对资产进行计价，固定资产是当作未销售的产品来定价的（查特菲尔德，1989）。在每个会计期末，企业都需要对资产进行评价或重新估价。对于大多数企业而言，利润乃是所有资产价值由于各种原因变动的结果。

上述史料在一定程度上表明：在1900年之前，实务界和理论界普遍接受的资产计价模式是该资产的市场价格或者可变现净值。Richard（2004）剖析了支持20世纪之前账务处理模式的基本假设——破产清算假设（principle of dearth）。该假设主要是指：人类的企业不仅难免会趋于死亡，而且非常脆弱，在任何时刻，都可能陷入困境。在这个原则下，每个人都必须保持如下理念：企业每时每刻都可能失败，所以处理其账面价值，应视同其被清算的样子。这种理念要求对于每一项资产，应该按照其清算价格来估计。

（二）20世纪初期和中期资产计价的普遍模式、计价理念及史料证据

然而，当欧美主要发达国家步入20世纪之后，开始普遍接受历史成本模式。例如，Richard指出，进入20世纪之后，财务报表进入了“动态”阶段。在这一阶段，主要采用的计量模式是历史成本模式。法国在1884年的法律条款中规定：固定资产和其他资产，如果并不打算再次出售，那么应该采用系统性的折旧。这部法案抛弃了早期的静态理论和破产清算假设。这同时导致了在德国出现动态理论，并产生了持续经营假设——固定资产在没有任何损害的情况下，应该基于成本来折旧。

在美国，Hatfield对持续经营概念进行了全面的剖析，并得出了这一概念的逻辑结论：流动资产价值的减少或增加应作为损益处理。笔者认为，由于固定资产不是为了销售而购进的，因此固定资产的销售价格并不重要；与此相反，存货的销售价格应该在资产负债表上加以反映，因为它们的存在是为了销售（Hatfield，1927）。佩顿和利特尔顿指出：正是盈利能力而不是成本价格或者重置价格（包括资产市场价格或清算价格）才是企业价值判断的重要基准。会计人员的主要任务是通过成本和相关收入的配比确定收益（佩顿和利特尔顿，2013）。Walker、Zeff等

人指出，到1940年，重估固定资产或提供现行价值的会计实践已经在美国基本绝迹了（Waller，1992；Zeff，2007）。Greogiou and Jack 指出，1929年的美国经济危机之后，存在一个普遍的趋势：转向稳健主义和历史成本会计（Greogiou and Jack，2011）。上述史料表明，在19世纪末期和20世纪初期，持续经营假设、历史成本原则、实现原则和配比原则开始逐步登上会计实践的历史舞台。直至今天，这些会计假设或者原则依然是财务会计的内在基石。

（三）研究问题的提出

进入21世纪之后，学术界愈发强调损益的资产负债观。然而，当回顾20世纪及之前的会计发展史时，我们会明显发现：现在所强调的资产负债观与19世纪的财务会计在理念和操作程序上高度吻合。那么，这里必须回答的问题是：从19世纪末期至20世纪初期，财务会计在资产计价的理念上为什么会发生如此剧烈而明显的变化？即为什么学术界和实务界会从支持破产清算假设（类似于现在的资产负债观）转变为支持持续经营假设（收入费用配比观）；在计量属性上，为什么会从支持可变现净值（或者脱手市场价格）转变为历史成本模式？这种转变至今仍然在深刻地影响财务会计的实践。查特菲尔德指出会计的发展是反应性的（查特菲尔德，1989）。会计实践是对其所依赖的环境的一种反应。那么，是什么环境因素导致了这种转变？导致这种转变的环境因素现在还存在吗？这是本文试图探究的内容。

二、制度均衡的构建与假设提出

市场经济发展的本质是陌生人社会秩序的不断扩展。而治理陌生人社会的关键在于如何维持陌生人群体间的信任关系。所以，财务会计的首要目标是为了维持资金供给方和资金使用方之间的信任关系（刘峰，2015；雷宇，2012）。而资金供应方，主要包括了债权人和外部股东。如何使得债权人和外部股东对“企业”保持信心，并愿意让渡资金的使用权供企业人力资本支配，是这一交易过程中的“关键交易”（阿夫纳・格雷夫等，2015）。

遵循斯密-杨格-杨小凯的分析框架，本文将工业革命时期市场规模的变化视为初始参数，并在此基础上剖析市场规模扩张对社会分工与资产结构的影响，进而探讨不同的企业资产结构对融资结构、资产计价的影响。

（一）市场范围与企业资产结构的均衡

市场范围与专业分工之间的关系，是古典经济学和新兴古典经济学关注的焦点。斯密在《国富论》中最早提出了“专业分工受市场范围限制”的经典命题。Young（1928）则探讨了社会分工不仅受市场范围限制，而且专业化分工将会导致报酬递增，这将促进社会购买力的提升，最终带来市场范围的内生扩展。但是古典时期的研究，并没有深刻剖析市场范围与企业资产结构之间的关系。较早深入探讨市场范围与企业资产结构关系的学者是奥地利学派的庞巴维克。庞巴维克指出专业化分工意味着“迂回生产方式”的使用，这必然伴随着资本品的积累和增加（杨小凯和黄有光，1999）。杨小凯、黄有光则借助于现代经济学的分析思路，使市场范围与企业资产结构的均衡关系模型化（王红建等，2013）。早期市场范围受到的主要限制因素是运输成本。在不同贸易区域间运输成本极高的情况下，某个区域内的个人或组织，即使相对于其他区域内的个人或者组织，具有明显的外生绝对优势或者比较优势，但受制于区域间运输成本的影响，某个区域内个人或组织的外生绝对优势或者比较优势无从发挥，使区域内的个人或者组织保持非常低的分工水平，基本上是通过自给自足的方式来进行生产，大部分中间产品或者生产工具，基本上也是由自己完成。这个时期，大型机械设备是无法被使用的，除非这类设备带来的比较优势将超过运输成本的不利影响。从概率上来讲，在市场范围较为狭窄的区域，大型机械设备的使用概率将会降低很多。

交通运输业的发展极大地降低了货物在不同区域间的运输成本，那么某个区域内具有绝对优势或者比较优势的个人或厂商，将会迎来市场规模的扩展。运输成本越低，区域内个体的绝对优势或者比较优势将会发挥得更为明显，企业所面临的市场规模将会越来越大。反过来，这将会促进区域内分工的深化和迂回生产程度的增加。迂回生产程度的上升将会导致越来越多的机械设备被应用于企业的生产过程之中。

适用于大规模生产的资本性资产在技术应用上的特征，尤其是其不可分割性或不可移动性将导致个人很难完整地拥有或者使用该资产，因此雇佣工人来围绕这类“资本性资产”进行生产是一种更有效率的组织方式（张五常，2010）。杨小凯和黄有光（1999）曾论证，中间产品的出现是大规模企业产生的必要条件。所以，借助于杨小凯等人的分析思路，本文得到如下结论：

1.早期企业受运输成本较高的影响，个人或者企业所面临的市场范围非常狭小。市场范围的狭小，将会导致区域内无法展开有效分工，进而使得资本品很难被内生地发明或者很难大规模地应用。即使能够应用，这种比重也非常低。市场范围的狭小，不仅导致企业规模极小，而且使得企业资产结构中流动性资产的比重远大于固定资产，固定资产对于企业的重要性而言，可能是忽略不计的。

2.随着运输行业技术效率的提升，个人或者企业组织所面临的市场范围将会扩张。这种扩张导致社会分工的扩展，进而使得诸多资本性资产能够内生地出现于经济活动之中。同时，对于那些只能在“大规模生产”情形下，才能够达到最低平均成本的资本性资产，个人或者小规模企业不再具有成本上的优势，进而使得大规模企业产生并发展起来。对大规模生产企业而言，其资产结构与早期企业最为明显的变化，是固定资产在资产比重中迅速提升。这种提升将会带来企业融资结构的转变，进而对资产计价产生深远影响。

（二）资产结构、融资结构与资产计价的均衡

早期关于资产结构与融资结构的研究，受MM理论的影响，基本上认为这两者之间缺乏必然联系。不过威廉姆森的研究却在一定程度上扭转了这种偏见，他认为资产结构与融资结构之间存在明显的均衡关系（王红建等，2013）。一定程度上，融资结构是内生于资产结构的。企业资产专用性程度越高，融资结构越偏好于股票融资，而不是债权融资（Williamson，1988）。不同于Williamson的分析，本文将融资结构区分为债权融资和股权融资，在笔者看来，长期债务融资是短期债务融资向

股权融资的一种过渡阶段，并不存在截然不同的边界。同时，现有研究基本上很少考虑到市场规模、资产结构和融资结构的内生关系。本文将在市场规模与资产结构均衡的基础上，通过这两者的变化分析其对融资结构的影响，并最终探讨其对资产计价的影响。

1.狭窄市场范围下的资产结构、融资结构和资产计价均衡

正如上述推论，在企业所面临的市场范围较小的情形下，早期生产型企业的主要特点是，生产最适规模较小，同时流动性资产比重较高。

生产最适规模较小，意味着企业无需在较大的资本市场上筹集资金。“熟人社会”的资金供应模式能够在一定程度上保证企业的资金需求。或者，由于这类企业的流动性资产比重较高，并且流动性资产的资产专用性程度较低，因此这些流动性资产本身就能提供足够的担保为企业筹集生产过程中的少许资金。资金筹集的“圈子”较小，重复博弈情形下的“道德治理机制”在一定程度上更具有效率（li，2003；Dixit，2003）。所以，从资金供给方来看，其交易对象范围的狭窄性，在一定程度上使得“道德机制”能够约束资金使用方的机会主义行为，同时，资产的高流动性，也能够降低资金供应者的风险。对资金需求方而言，在较小的生产规模下，使用短期资金的代价往往会低于长期资金，所以，他们并不会对长期资金产生额外需求。可以借助于序贯博弈证明，这两者之间存在唯一的均衡策略：在短期资本成本低于长期资本成本的情形下，资金使用者主要依赖于短期债务融资，而资金供应方也愿意提供短期资金。

早期企业中的道德治理机制和流动性资产形成的担保机制共同决定了早期财务信息要么不披露，要么关注于短期债权人的需求——资产的变现能力。在一般情形下，流动性资产（主要是存货）的可变现净值是高于其成本的，所以，无论是对资金需求方还是供给方而言，披露可变现净值信息是双方的占优策略，在流动性资产处置费用非常低的情形下，披露流动性资产的公允市价（脱手价格）是占优策略。因为对资金的供给方而言，资产的变现能力（或公允价值）而不是历史成本，更能够揭示该资产对借款风险的覆盖能力；而对资金的需求方而言，因流动性资产的可变现净值（公允价值）往往会高于历史成本，按照资产的变现能力（或公允价值）披露信息，能够为资金的供给方提供更好的保证，进而降低融资成本，所以他们倾向于披露资产的可变现净值（或公允价值）信息。如果存在信息披露，那么唯一的序贯博弈均衡是：在流动性资产可变现净值高于其历史成本的前提下，披露资产的可变现净值或者公允价值信息是双方的占优策略。

2.市场范围扩张情形下的资产结构、融资结构与资产计价均衡

根据前述推论，当市场范围扩张时，专业化分工将会深化。这种深化将会带来资本性资产或者迂回生产程度的不断增加。

资本性资产主要从资产专用性和资本性资产产生收益的能力两条途径对企业的财务风险施加影响，进而改变企业的资本结构。资产专用性对融资结构的影响，从Willamson（1988）开始已有诸多学者进行研究，并得到了较为一致的实证结论——资产专用性对企业资本结构有显著影响。但是，目前少有研究将上述两种

影响因子结合起来进行讨论。一般情形下，资产专用性是通过影响企业的破产清算价值来对企业的财务风险施加影响，而资本性资产产生收益的能力，则是通过影响企业的持续经营价值来对企业的财务风险施加影响。将这两个因素结合起来，可以得到四种类型的资产结构与融资结构的关系。对于这四种类型的分析，本文遵循 Williamson（1988）的思路，以债务融资为分析起点。

（1）资本性资产的专用性程度较低，并且短期内能产生足够的经营性现金流来偿还债务本息。从资金需求者的视角来看，较低的资产专用性和高经营性的现金流都会降低企业日常营运的财务风险。同时，在一般情形下，短期融资成本低于长期融资成本，因此对资金需求者而言，最优选择是短期融资，而非长期融资，这样有利于降低资金需求方的资本成本。从资金供给者的视角来看，资本性资产的专用性程度越低，则融资期限越短，未来不确定性程度也就越低，其贷款本息越有保障。此时，他们也愿意提供短期资金。所以，在给定上述条件下，将会形成融资结构下的序贯博弈均衡——资金需求方偏好短期融资，而资金供给方也愿意提供短期资金。在现实中，资产的清算价值与经营性现金流信息相比，前者更容易得到验证，并形成有效“担保”，所以，债权人对于此类项目会重点关注其变现能力——在脱手过程中可以获取的净收益。如果资产变现过程的交易费用较低，他们会重点关注项目的脱手价格。与此同时，对资金需求者而言，较低的资产专用性程度，使得他们在披露资产的变现能力时，并不会因注销资产的账面价值而影响债权人的信心；反之，按照债权人的要求披露信息，将会因提升债权人的信心而降低融资成本。所以，对资金需求者而言，他们将乐于披露资产变现能力信息。这三者之间存在一个基本的均衡：在融入资金投放于专用性较低的资本性资产，并且该资产能够在短期内产生足够的经营性现金流偿还债务时，资金需求者将偏好于短期融资，而资金供给者也愿意提供短期资金，此时，财务信息披露的重点是资产在脱手过程中的净收益或者脱手价格。

（2）资本性资产的专用性程度较低，并且需要在较长期间内才能产生足够的经营性现金流偿还借款本息。从资金需求者的视角来看，如果投资项目需要在较长期间内才能产生足够的经营性现金流偿还借款本息，那么随着该“期限”的延长，资金需求者试图借助于短期资金满足融资需求的财务风险将会上升。当这种“期限”超过一定的限度时，高财务风险将会抵消短期融资的成本优势，进而使得资金需求者更偏好于长期融资模式。在此情形下，资金需求方究竟采用长期融资，还是短期融资，是状态依存的，取决于资产所产生的经营性现金流偿还债务本息的期限长短。这种期限越短，越偏好于短期融资；这种期限越长，越偏好于长期融资。对资金供给方而言，资产的清算价值因其使用年限的增加而逐渐降低。这是因为影响资产最终清算价值的因素有两点：一是资产专用性程度高低；二是资产已经使用量或者工作年限。随着资产所产生经营性现金流偿还债务本息期限的延长，维持“资金供给方”信心的因素将逐渐由资产的“破产清算价值”转变为资产的“持续经营价值”。此时，资金供给方是否愿意提供长期资本供资金需求方支配，完全取决于资金供给方对项目盈利能力的判断。当资金供给方做出资金需求方形成未来高经营性现金流的判断时，其愿意提供长期资本供资金需求方支配。为了形成这种判断，资金需求方适当地披露项目的盈利能力信息是至关重要的。

（3）资本性资产的专用性程度较高，并且短期内产生的现金流足够偿还债务本息。从资金需求方的视角来看，由于短期内产生的现金流足够偿还债务本息，因此借助短期融资来维持项目资金的需求，其财务风险较低，并且一般情形下，短期融资成本低于长期融资成本，资金需求方将偏好于短期融资。但是，此时对资金供给方而言，由于项目的专用性程度较高，其破产清算价值能够提供“担保”的价值较低。关于资产破产清算价值的信息披露，并不能维持资金供给方的信心，反而将由于项目较低的破产清算价值而使资金供给方丧失信心。所以，对于资金需求方而言，他将会倾向于不披露资产的破产清算价值信息。此时，如果试图让资金供给方提供资金，那么资金需求方必须要让其做出项目高稳定经营性现金流的判断。适当“盈利能力”的信息披露也将维持资金供给方的判断。如果现实中，资金供给方不能形成该项“判断”，那么资金供给方和资金需求方之间难以实现供需均衡。此时可能存在如下均衡：在资本性资产的专用性程度较高，并且短期内产生的现金流足够偿还债务本息时，资金需求方将偏好于短期融资，而资金供给方如果能够做出有效判断——项目具有较高的经营性现金流，那么他也将偏好于提供短期资金。但是，如果他们不能够做出这种有效判断，那么两者之间很难形成融资的均衡策略。此时，如果存在信息披露，他们将倾向于披露项目经营性现金净流量或者企业盈利能力的信息。

（4）资本性资产的专用性程度较高，并且需要在较长期间内才能产生足够的经营性现金流偿还借款本息。从资金需求方的视角来看，由于需要在较长期限内才能产生足够的经营性现金流来还本付息，因此对此类项目采取短期融资的方式，其财务风险将随着偿还期限的延长而急剧上升。这种上升将会抵消短期融资模式下的低利率优势，进而使得长期融资成为资金需求方偏好的融资模式。所以，在给定上述条件下，资金需求者可能偏好于长期融资模式。从资金供给方的视角来看，资本性资产的高专用性将使得该资产的破产清算价值很难形成有效“担保”，并且随着项目周期的延长，这种破产清算价值将会越来越低。在这种情形下，资金供给方并不会关注资产的破产清算价值信息。而对资金需求方而言，披露资产的破产清算价值信息，将在更大程度上损害债权人的信心，所以他们也将倾向于不披露此类信息。那么，要使双方能够实现资金交易，对资金需求方而言，需要考虑如何通过披露项目在未来期间产生的经营性现金流信息或者盈利能力信息来维持资金供给者的“信心”。公司治理理论认为：对于此类高资产专用性项目，企业需要借助于股权类的融资结构来实现，并通过股权的治理结构抑制管理层的道德风险；而对债权人而言，极易面临原有股东的“风险转嫁”，进而使得他们不愿意投资此类项目。这种理论并不能解释后续史料中所提及的：在19世纪的美国，对于许多此类项目，企业更多地依赖于债券融资模式而非股权融资；同时也不能说明：与长期借贷资本相比，股权融资中的中小股东一定能比长期借贷资本供应者更有效地约束公司的道德风险。本文认为，之所以存在理论与现实的偏差，主要是因为简化的理论忽视了一些基本约束：一是投资项目的资产专用性程度越高，那么如果企业主要股东和管理层不积极运作该项目，将因过低的资产破产清算价值，而损害自身利益或者声誉机制。换言之，对于此类项目，其破产概率要低很多。这将传递出有效的信号给长期资本的供给者。二是对于长期债务融资，资金供给方可以通过实施一系列限制性“条款”来保证自身利益；在具体的公司治理结构中，长期债权人并非完全置身事外，而是将持续对“放贷资金”进行监控和管理，约束资金使用者可能侵害“长期借贷资本”的行为。三是经审计后的盈利能力信息的披露，将在一定程度上维持长期借贷资本供给者的信息和判断，进而随时选择干预。所以，对于此类情形，将会存在长期债务融资的均衡，即当资金供应者对项目未来的盈利能力具有较为充足的信心时，他将提供长期债务资本，而资金需求者为了降低融资风险，也会愿意融入长期债务资本。当这种长期债务的期限无限延长时，将会近似于股权治理结构。但是，此时无论是资金的需求方还是供给方，都不会太关注资产的破产清算价值，因为对资金供给方而言，资产破产清算价值信息并不能提供“有效担保”，而对资金需求方而言，对于高专用性资产破产清算价值信息的披露将会损害他们的自身利益，所以此时无论是资金供给者还是需求者，可能都更偏好于对资产盈利能力的信息。

综上所述，当市场范围较小时，企业规模也较小，资本性资产所占比重较低。此时，资金需求者将偏好于短期融资，资金供应者也愿意提供短期资金。一方面，如果存在财务信息披露，那么均衡的披露策略是该资产的清算价值信息。但是，当企业所面临的市场范围扩张时，资本性资产将会内生于这一过程，进而使得企业的规模扩张，资本性资产在总资产中所占比重上升。当这种扩张过程中所需的资本量巨大，需要较长时间才能够通过经营性现金流弥补时，对资金需求方而言，采取短期融资的财务风险将会上升，进而逐步抵消短期融资的低利率优势，迫使资金需求方偏向于长期融资。另一方面，如果这些资本性资产的专用性程度较高，那么其破产清算价值并不能为债权人提供有效的担保，这将使得披露资产的持续盈利能力或者经营性现金流信息，成为保障长期资金供给者“信心”的重要手段。这一过程，也就是持续经营假设逐渐建立的过程。

上述部分仅仅涉及理论分析，关于是否有史料证据与之相呼应，本文将借助于欧美国家19世纪，尤其是美国19世纪的史料，对上述理论猜想进行论证。

三、史料证据与论证

（一）狭窄市场范围下的资产结构、融资结构与资产计价证据

从1790年到1840年间，美国经济处于较快发展阶段。但是，这一时期，美国经济的发展主要体现为市场化分工链条的延长和大量中间商的出现。钱德勒指出，在这一期间，美国公司的数量以惊人的速度增长，其活动方式也正如亚当·斯密所预测的那样，日益趋向专业化。然而，这些公司并未出现委托人与代理人的分离。它们遵循着传统的商业习惯，主要以独资企业或者合伙制企业为主（钱德勒，1987）。19世纪40年代以前，美国企业界很少出现组织上的创新。福克纳在对美国

工厂制度的发展进行分析时指出，从1815年至1840年，美国的小型工厂生产模式开始成为其主要的生产模式（福克纳，1989）。经济史学家沙伊贝、瓦特等人也有类似的观察。他们指出，到1865年，典型的美国工商企业仍归一个独资业主，一个家庭或一个合伙商所有。这种企业大体上都是当地的经营买卖（沙伊贝等，1983）。

虽然19世纪初期，美国在运河建设上迅速发展，并且早期货物运输主要以运河为主，但是通过水路来输送产品，具有以下几个方面的缺陷：（1）受河流、湖泊自然分布的影响，对于那些缺乏河流经过的区域，很难将其纳入到社会的一般分工中来，这限制了产品的市场范围；（2）水路运输还受季节性气候影响，在冰冻、洪灾时期，水路运输很难保证货物的连贯性运输；（3）早期水路运输主要依赖于畜力和风力，速度缓慢。蒸汽动力是在1840年之后才开始应用于货物运输的（钱德勒，1987）。水路运输上的高昂成本，导致了美国早期的市场范围较为狭窄。那些笨重且价值较低的产品，很难运输到较远的区域。

正如前面的理论推导，狭窄的市场范围，不仅会导致企业规模较小，而且资本性资产在企业中的比重也非常小。福克纳指出，美国早期的工业，主要以手工业为主，并且是农业生产的一项副业。当时虽然存在一些小规模工厂，但是这种工厂一般与手工业师傅的住宅相连接，由师傅带领几名日工或徒弟辛勤劳动（福克纳，1989）。钱德勒指出，19世纪早期，美国家庭外部的少数制造业，则由小工厂的手工业者来操作。在城镇里，手工业者通常有一两个学徒或雇工帮忙，他们通常被当作家人看待。在稍大一点的港口，有造船者、蜡烛制造者、绳索制造者和酿酒者。对于他们所使用的资本性工具，钱德勒是这样描述的：直到19世纪40年代，工厂中使用的机器都很简单，而且主要是用木头制作的。金属只用在关键性的切割部位或发生摩擦的地方。这些机器的原始价格和维修费用都很低廉，几乎全都是以小河的流水为动力（钱德勒，1987）。早期Gailtan and Faiuler公司资产负债表中的数据表明当时固定设备占公司资产的比重可以忽略不计，根据该资产负债表列示金额计算，固定资产大约只占到了总资产的1%（普雷维茨和莫里诺，2006）。早期企业的特征——规模较小和流动性资产比重较高，导致了早期的融资处于一种熟人社会之中，或者以流动性资产作为抵押的短期融资模式。这种熟人社会的融资模式，在很大程度上，依赖于重复博弈形成的“道德机制”抑制借款人的道德风险。钱德勒指出，早期小生产者的外部市场主要由“坐商”协调。“坐商”负责货物的运输和分销，并且向农作物和制造品的运输者提供短期贷款（钱德勒，1987）。在此基础上，早期的分销系统也可以说是一种信用贷款的网络，以在运输途中的货物为信用贷款的保证。对于生产者与“坐商”之间的关系，钱德勒做了如下描述：这些“坐商”与城镇内的其他“坐商”都相互认识，他们共同承担风险。他们也熟悉种植园主、农场主、乡村店主以及同自己有买卖关系的群体……他们彼此之间拥有密切的关系，而且属于一种私人关系。

熟人社会中衍生出来的“道德机制”在一定程度上制约着资本使用者的道德风险。这也使得早期的财务报表要么不披露，要么以短期贷款人的信息需求为主，主要提供企业主所拥有资产的变现价值。利特尔顿曾指出，20世纪之前，美国的股份公司大多数是小型的，大部分资本不是通过发行股票，而是依赖于银行的短期贷款筹集的（利特尔顿，2014）。资产负债表主要以银行家为直接对象，这些金融家的传统认知是：债务人在贷款到期时的偿还能力与收益能力无关，而与存货变现能力存在密切关系。查特菲尔德也得到类似的结论：美国公司筹集的绝大部分资金，不是来自于出售股票，而是来自于短期的银行贷款。他们更加注重存货的变现能力，而不是盈利能力。由于重视流动性，而不重视盈利额，因此美国的资产负债表将流动资产和流动负债列在最前面（查特菲尔德，1989）。普雷维茨和莫里诺（2006）提供的一份美国橡胶公司早期的财务报表表明，该公司对其库存橡胶和其他商品按照市值估价。通用公司在1893年提供的一份资产负债表中，对其所拥有的股票投资，按照该股票的公允市价（收盘价）进行计量。Vent and Milne（2000）提供了一份证据表明，当时（1873年）美国最著名的铅矿生产企业——St.Joseph Lead Company对其存货采用可变现净值进行计量。

支撑早期采用破产清算假设，并按照脱手价格计量资产价值的另一类证据来自于19世纪小型企业破产率较高。Kim（2005）指出，公司失败是美国19世纪最为重要的社会、政治问题。美国国会不断地重复制定国家层面的破产法律，直到1898年《破产法》出台后才开始稳定下来。Kim（2005）比较了19世纪的破产率和第二次世界大战后企业的破产率，发现19世纪美国企业的破产率远远高于第二次世界大战后美国企业的破产率。主要原因是19世纪美国企业的平均规模远小于第二次世界大战后美国企业的规模。

综上所述，美国19世纪的早期史料，基本印证了本文在理论分析部分的第一个推论。早期低效率的交通运输技术，限制了美国企业市场范围的拓展。一方面，这种限制使得美国19世纪上半叶的企业规模较小，并且流动性资产比重较高，固定资产比重较低。这反过来导致美国早期企业主要依赖于“熟人社会”融资或者以流动性资产价值作为担保来筹集短期资金。同时，早期小企业的高破产率，使得在19世纪的企业很难形成“持续经营”的判断，进而迫使资金供给方不可能去关注企业的长期盈利能力，而重点关注其资产变现能力。这种内在逻辑是早期“公允价值”被广泛应用的根本原因。另一方面，会计政策演化相对于经济发展具有滞后性。会计制度的演化并不如新古典经济学所预测的那样具备“充分理性”和“及时性”。美国企业融资结构自19世纪中叶，伴随着资产结构的变化，就已经开始转向长期融资，但是会计制度从“破产清算价值”到“持续经营价值”的转换是到20世纪二三十年代才彻底完成转型的。

（二）扩张市场范围下的资产结构、融资结构与资产计价证据

基本上所有研究美国经济史的学者都强调铁路运输业在美国经济发展中的关键作用（福克纳，1989；沙伊贝等，1983；普雷维茨，2006）。铁路运输所承载的货物量和稳定性，是美国运河运输业无法媲美的。运输成本急剧下降，铁路系统向几乎所有社区扩张，标准轨距的采用，以及铁路业生产效率和竞争的增强，都促使地方和区域市场融入全国性市场。钱德勒指出，1840年当铁路这种新型运输方式在技术上稍加改良后，它的速度与准点率大大提升，铁路每年每英里的货运量是水运量的50倍以上（钱德勒，1987）。

铁路运输业的发展极大地拓展了企业所面临的市场范围。这使得“最适规模”较大的生产技术开始被广泛使用，进而使得企业拥有越来越多的资本性资产并拓展了企业规模。沙伊贝、瓦特等指出，1865年以后工商业向大型企业发展的趋势是非常明显的，并且这种趋势在新老工业中间都是相类似的（沙伊贝等，1983）。虽然有少数工业部门受这种趋势的影响不是那样大，但是这种趋势已相当普遍。到1914年，产值100万美元以上的制造业企业已占制造业企业总数的2.2%。但就是这微小的百分比，其雇佣的职工已超过全制造业职工人数的1/3，其产值占制造业总产值的49%（沙伊贝等，1983）。钱德勒（2002）在《规模与范围》一书中，也系统地描述了美国大规模企业崛起的过程。从总体来看，从19世纪下半叶到20世纪初，美国工业发展的明显特征，就是大规模生产企业的崛起和职业经理层的诞生。

在这个过程中，资本性资产在社会生产中扮演的角色越来越重要。沙伊贝等（1983）指出，到1900年美国已经形成了现代化的工业秩序。制造业在设备上的投资从1880年的30亿美元上升到1900年的80亿美元，接着上升到1914年的近400亿美元。Ulmer（1955）研究了美国早期管制行业的资本积累情形。在1870年，管制行业用于资本性支出的金额占了整个国家资本积累的1/4。从1870年到1889年，所有管制行业的设备、机器的加总价值（以1929年美元计价）从80亿美元变成了160亿美元，1912年达到320亿美元。

资本性资产在美国企业中的迅速增加，导致了长期资本融资需求的兴起。Chandler（1954）研究了美国19世纪三个代表性铁路项目的融资结构——雷丁铁路项目、卡姆登铁路项目和安博伊铁路项目。笔者指出，这些铁路在建造初期就发行了20年到30年的英镑抵押债券和可转债券。这种长期的可以转化为股票的抵押债券是整个19世纪美国铁路融资最主要的方式。雷丁铁路公司1879年的一份资产负债表中列示了其公司融资在很大程度上依赖于15年到20年的债券（普雷维茨和莫里诺，2006）。Kim（2005）研究了美国纺织工业贷款的情形，发现从1840年之后，长期借款开始成为企业的重要融资方式。笔者指出，在那个时期，不仅有组织的服务于股票和债券交易的市场在运行，借助于信用中介——储蓄银行、信托公司、人寿保险筹集长期资本也变得越来越流行。借款在以加速度递增，而且这种趋势似乎存在于所有不同年龄阶段的公司。这种增长的很大部分可以归集于一些信用中介进入了长期工业贷款市场。纺织行业的数据显示，在1840年之前，大多数贷款是少于一年期的，而从1840年早期开始，公司开始收到来自信用中介的长期借款。这些借款一般都是两年期或者更长。一些强有力的证据表明，在1840年之后，商业银行贷款期限在更为自由的政策环境下，开始逐渐延长。

伴随着市场规模的扩大，资本性资产在企业资产中所占的比重越来越大。这带来了这部分资产计价的难题。与19世纪早期采用“脱手价格”（包括公允市价和可变现净值）计量资产不同，资本性资产拥有较高的资产专用性，这种高资产专用性，使得如果按照资产“脱手价格”计量资本性资产，将会招致巨额亏损。

Richard（2004）提供了这方面的史料证据。

在19世纪下半叶，法国企业账务处理普遍采用的是1870年的法案。该法案要求对资产按照公允市价进行估值。而这招致了Keyszner、Von Strombeck和Scheffler这些大公司，尤其是铁路公司的猛烈抨击。这些公司指出，如果按照1870年的法案，会严重损害股东利益，而对债权人有利。他们建议采用一份新的资产负债表，这份资产负债表应该避免公允价值会计的缺陷。这种缺陷主要体现在两个方面：（1）市价波动导致盈利不稳定；（2）因新资产引入而遭受严重损失（Richard，2004）。这些大公司的游说和反对，最终取得了胜利。在1884年，一部新的法案诞生了，新的法案规定：固定资产和其他资产如果不打算再次出售，那么应该采用系统性折旧。这种斗争导致了持续经营假设的崛起。

综上所述，市场范围的扩展为资本性资产在企业中的大规模引入创造了条件。这不仅扩展了企业规模，而且使得欧美国家大规模制造型企业在资产结构上发生明显变化——资本性资产所占比例越来越高。这种比例的上升和资产较高的专用性使得企业更加依赖于长期融资（包括长期债券和股票），进而迫使财务报表的信息需求，从关注资产的变现能力转化为关注资产的长期盈利能力。上述史料在一定程度上表明，使企业财务报表从关注“破产清算”状态下的“变现能力”转向“持续经营”状态下的“盈利能力”，并非仅仅是出于股东的意愿。从19世纪下半叶的融资历史来看，诸多资本性资产比重较高的企业，并非依赖于股权融资，而是主要依赖于长期债券融资，包括可转债融资。这里可能是长期债券资金供应者的信息需求在推动财务报表计量方式的转化，而20世纪初股权融资的蓬勃发展，则加速了这一过程。或许我们可以推导如下结论：20世纪二三十年代所产生的一系列现代财务会计制度——历史成本、权责发生制、配比制、收入实现制等，其产生的根源，既不是来自股东的利益需求的推动，也不是来自所得税（查特菲尔德，1989）或美国证券交易委员会（Zeff，2007）的推动，而是来自长期资本（包括长期股权和长期债权）的利益推动。

四、研究结论

现代财务会计账务处理逻辑的基本框架形成于19世纪末20世纪初，以持续经营假设的崛起为代表，并在此基础上衍生出了历史成本、权责发生制、配比制等。而与之相对照的是，在19世纪，“破产清算假设”作为一种基本理念存在于欧美工业国家之中。本文借助于斯密—扬格—杨小凯的分析框架，对这一阶段的演化做出了理论上的推演，并用工业革命时期的史料在一定程度上证实了本文的猜想。基于此，本文得出如下结论：

第一，会计政策的演化是内生于经济的发展与变化的，其具有状态依存性和背景依存性，并不独立存在客观或者最优的会计政策。19世纪普遍采用的“破产清算假设”和“公允价值”计量和20世纪二三十年代至今所采用的“持续经营假设”和“历史成本模式”在一定程度上都是与当时的环境相耦合的。在各自的特定环境下，它们都是最优的。但是，会计政策演化明显滞后于经济发展，特别是融资模式的变化。自19世纪40年代，美国已经开始兴起了长期融资模式，但是“持续经营假设”的确立却是在20世纪二三十年代。

第二，“持续经营假设”的确立和“历史成本模式”的崛起的历史逻辑如下：市场范围的扩展，使得企业规模扩张，并且使“适应于大规模生产”的资本性资产开始普遍应用于现代企业。资本性资产比重的上升和高资产专用性导致了企业融资结构的变化，这种变化并非是从债权融资转变为股权融资，而是从短期融资转变为长期融资，最终带来了对企业长期“盈利能力”信息的关注。具体言之，在市场范围狭小的情形下，企业的主要特点是规模较小、流动性资产比重较高。这两者共同决定了融资模式主要属于“熟人”融资模式或者借助于“流动性资产”为抵押品的短期融资。在这一阶段，财务信息要么不披露，或者即使披露，也都是以“短期债权人”的信息需求为基准，这使得披露企业资产的公允“脱手价格”是最为重要的均衡策略。但是，企业所面临的市场规模扩张，将带来企业规模的扩张和资本性资产的大规模应用。高专用性资产占企业总资产比重的上升导致了长期融资模式需求的兴起，此时采用“公允价值计量”可能因“过度注销”高专用性资产的账面价值而损害资金供给者的信心，进而逐步产生了“持续经营假设”和对企业长期盈利能力的关注。在20世纪之前，导致企业高专用性资产比重上升的主要原因是大型设备的引入，进入20世纪之后，高专用性资产比重应该呈上升趋势，主要原因是资产专用性程度较高的研发活动和营销活动正式进入现代企业，这将会加快融资结构向长期融资转移，并进一步奠定“持续经营假设”和关注“盈利能力”信息需求的基础。

第三，现代财务会计账务处理的内在逻辑，既不是单纯植根于股东，也不是单纯植根于债权人，而是植根于长期资本所有者的信息需求。无论是公司治理，还是财务会计概念框架，关于财务会计信息主要需求者——股东和债权人的两分法，是不太恰当的。现代财务会计的内在逻辑应该是植根于长期资本所有者的信息需求，这既包括了长期股东，也包括了长期债权人。现有准则的制定，应该在一定程度上考虑到上述因素。在准则制定不可能中立的情形下，偏向于长期资本所有者的信息需求，可能是更为恰当的，也是植根于历史的逻辑。

参考文献

［1］格雷夫，莱廷. 内生制度变迁理论［J］. 孙涛，李增刚，译. 制度经济学研究，2015（8）：201-236.

［2］查特菲尔德. 会计思想史［M］. 文硕，等，译. 北京：中国商业出版社，1989.

［3］福克纳. 美国经济［M］. 北京：商务印书馆，1989.

［4］诺思. 制度、制度变迁与经济绩效［M］. 刘守英，译. 上海：上海三联书店，1994.

［5］雷宇. 财务会计的信任功能［J］. 会计研究，2012（3）：26-30.

［6］刘峰. 会计. 信任. 文明［J］. 会计研究，2015（11）：3-10.

[7] 利特尔顿. 1900年前会计的演进 [M]. 宋小明，等，译. 上海：立信会计出版社，2014.

[8] 佩顿，利特尔顿. 公司会计准则绪论 [M]. 潘序伦，译. 上海：立信会计出版社，2013.

[9] 普雷维茨，莫里诺. 美国会计史——会计的文化意义 [M]. 杜兴强，于竹丽，等，译. 北京：中国人民大学出版社，2006.

[10] 钱德勒. 看得见的手——美国企业的管理革命 [M]. 重武，译. 北京：商务印书馆，1987.

[11] 钱德勒. 规模与范围——工业资本主义的原动力 [M]. 张逸人，译. 北京：华夏出版社，2002.

[12] 汪丁丁. 生产函数的知识理论 [J]. 社会科学战线，2006 (1)：93-100.

[13] 王红建，李青原，王永海. 资产专用性与公司财务会计行为：一个文献综述 [J]. 会计与经济研究，2013 (5)：81-88.

[14] 杨小凯，黄有光. 专业化与经济组织：一种新兴古典微观经济学框架 [M]. 北京：经济科学出版社，1999.

[15] 沙伊贝，瓦特，福克纳. 近百年美国经济史 [M]. 彭松建，等，译. 北京：中国社会科学出版社，1986.

[16] 张五常. 经济解释（卷一）：科学说需求 [M]. 北京：中信出版社，2010.

[17] BRIEF R. The origin and evolution of nineteen-century asset accounting [J]. Business History Review，1966，40 (1)：1-23.

[18] CHANDLER A. Patterns of American railroad finance，1830-1850 [J]. Business History Review，1954，28 (3)：248-263.

[19] DIXIT A. Trade expansion and contract enforcement [J]. Journal of Political Economy，2003，111 (6)：1293-1317.

[20] GEORGIOU O，JACK L. In pursuit of legitimacy：a history behind fair value accounting [J]. The British Accounting Review，2011，43 (4)：11-323.

[21] HORTON J，MACVE R. Fair value for financial instruments：how erasing theory is leading to unworkable global accounting standards for performance reporting [J]. Australian Accounting Review，2000，10 (21)：26-39.

[22] HOLTHAUSEN R W，WATTS R L. The relevance of the value-relevance literature for financial accounting standard setting [J]. Journal of Accounting and Economics，2001，31 (1-3)：3-75.

[23] KIM D. Firm financing，ownership structure and market competition in United States manufacturing during the nineteen century [J]. The Journal of Economic History，2005，65 (2)：528-531.

[24] LI J. Relation-based versus rule-based governance：an explanation of the East Asian Miracle and Asian Crisis [J]. Review of International Economics，2003，11

(4)：651-673.

[25] RICHARD J. The secret past of fair value：lessons from history applied to the french case [J]. Accounting in Europe，2004，1 (1)：95-107.

[26] HATFIELD H. What is the matter with accounting? [J]. Journal of Accountancy，1927，44 (4)：267.

[27] ULMER M. Long-term trends in the financing of regulated industries，1870—1950 [J]. Journal of Finance，1955，10 (2)：266-276.

[28] VENT G，MILNE R. Accounting practice of the St. Joseph Lead Company：1864—1900 [J]. Accounting，Business and Financial History，2000，10 (2)：97-128.

[29] WALKER R.The SEC's ban upward asset revaluations and the disclosure of current values [J]. Abacus，1992，28 (1)：3-35.

[30] WILLIAMSON O. Corporate finance and corporate governance [J]. The Journal of Fiance，1988，43 (3)：567-591.

[31] YOUNG A. Increasing returns and economic progress [J]. History of Economic Thought Articles，1928，38 (152)：527-542.

[32] ZEFF S. The SEC rules historical cost accounting：1934-1970 [J]. Accounting and Business Research，Special issue：international accounting policy forum，2007，37 (3)：49-62.

我国企业破产会计制度的演进及启示

栾甫贵　黄烨华

（首都经济贸易大学）

摘　要：企业破产会计制度是我国社会主义市场经济中的一项比较特殊但非常重要的会计制度，市场经济需要破产法，破产法的实施需要破产会计制度的支持。我国企业破产会计制度经历了1995年发布的《企业会计准则——清算》（征求意见稿）、1997年发布的政策性破产会计制度、2016年发布的法制化破产会计制度三个阶段，每项制度均既体现出明显的规范内容、重心、信息披露等方面的特点，也是相关环境的产物，值得我们系统、深入总结和分析。从总体上来看，破产会计的内容依赖于《企业破产法》的规范，破产会计的变革依赖于经济管理的需要，破产会计的结构依赖于多学科的融合，破产会计的理论有待深入、系统地研究，破产会计制度的未来是制定《whog会计准则——清算》。

关键词：whog破产法　破产会计　破产会计制度　清算

一、引言

自中华人民共和国成立至改革开放，我国基本将企业破产视为资本主义的特有现象和范畴，人们“谈破色变”，对无法经营下去的企业实施“关、停、并、转”。党的十一届三中全会后，随着解放思想、实施有计划的商品经济体制，政府、学术界等方面对企业破产有了新的认识。1980年10月17日国务院发布实施了《关于开展和保护社会主义竞争的暂行规定》，要求积极开展竞争、保护竞争，尊重企业相对独立的商品生产者的地位。同年12月的《财贸经济》发表了署名曹思源的《在竞争中发挥保险公司作用的设想》一文，首次提出了企业破产的问题。经过几年企业竞争的实践及理论研讨，国务院于1985年1月30日成立了企业破产法起草小组，9月份完成了《中华人民共和国企业破产法（草案）（征求意见稿）》，1986年12月2日第六届全国人大常委会第十八次会议通过了《中华人民共和国企业破产法（试行）》，2006年6月27日第十届全国人大常委会第二十三次会议通过了《中华人民共和国企业破产法》（以下简称《企业破产法》）。

市场经济是竞争经济，竞争的优胜劣汰必将产生不能清偿到期债务乃至破产的企业，企业破产的会计处理规范也成为重要的会计规范之一。市场经济催生了破产法，破产法催生了破产会计。《企业破产法》作为公平处理债权债务关系的法律，从企业破产界限的界定，到破产企业财产接管、清理、估价、变现、偿债，无不涉及和包含财务与会计问题。由此不难看出，与正常经营企业的会计规范不同，企业破产会计规范不仅要遵循一般会计规则，还受到《企业破产法》《担保法》等特定法律的约束，与国家宏观政策、职工利益、社会稳定等方面息息相关。可见，企业破产会计规范考虑的问题更加综合、复杂，在会计科目设置、会计报告设计、信息披露对象及披露时间等方面均有其特殊性。尤其在国际会计准则中尚没有清算或破产准则情况下，使得企业破产会计规范没有国际通用准则可资借鉴，增大了破产会计规范的难度。尽管如此，我国企业破产会计规范仍然取得了重大突破，经历了1994年探索性破产会计准则、1997年政策性破产的破产会计制度、2016年法律性的破产会计制度三个阶段，每一项破产会计制度所蕴含的基本理念、背景、目标等均有所不同，在破产会计制度的思路、内容、方法等方面也呈现出独特之处，值得我们认真总结思考，以期构建更科学合理、适用的企业破产会计制度，为进一步完善我国企业破产会计制度提供可资借鉴的参考，为全球破产会计制度建设做出贡献。

二、市场化破产会计准则的探索

自1992年我国提出建立社会主义市场经济体制目标后，1993年实施了“两则两制”，也加快了具体会计准则的研究步伐。1994至1996年间，财政部共发布30项具体会计准则（征求意见稿），其中1995年9月27日印发了《企业会计准则第X号——清算（征求意见稿）》（以下简称《清算》会计准则），开启了我国乃至世界会计史上关于企业清算会计规则的先河。

（一）《清算》会计准则的主要内容

该准则主要由定义、清算会计期间和清算会计报表三部分构成。

1.定义

该准则主要界定了清算、破产清算、解散清算、撤销清算、留置权、质权、抵押权、可实现净值八个概念。

2.清算会计期间

该准则主要厘定了破产清算会计期间、解散清算和撤销清算会计期间，并做出了以下三项相互联系的重要规定：一是清算在年度内完成的，应在清算开始日编制“清算资产负债表”和“净资产变动表”，前者列示担保资产与普通资产的账面价值、可变现净值，后者列示清算开始日前净资产、期初净资产、清算损益、清算终结日净资产；二是清算跨年度的，应在年末编制“清算资产负债表”和“净资产变动表”；三是如果多次清偿债务或者多次分配财产分配，应在每次债务清偿（或财产分配）后编制“财产分配表”。

3.清算会计报表

（1）清算资产负债表。本表反映清算报表日的财务状况，左方为资产，分为账面价值、可变现净值两栏；右方为负债及清算净资产，分为账面数、确认数两栏。左方项目分为用作担保的资产和普通资产两类，右方项目分为有担保的债务、应付清算费用、共益债务、普通债务、清算净资产等。

（2）净资产变动表。本表反映清算开始至清算终结期间有关清算损益、净资产的增减变化，通过本期数、清算期间累计数分别反映相关变动情况，说明破产清算期间可以不是一个，可以是多个，也存在会计期间。

（3）清算财产表。本表反映各项财产价值的变动情况，该表也将财产分为用作担保财产和普通财产两类，披露各项财产的账面价值、预计可实现净值以及预计变现损益，并设有“备注”栏目，便于特殊情况的标注。

（4）财产分配表。本表反映清算期间各种财产分配状况和结果的报表，由债务和剩余财产两个部分构成，其中债务披露担保债务、普通债务偿还情况，剩余财产披露所有财产偿还债务后在投资人之间分配的状况和结果，债务披露分为账面数、确认数、偿还比例、本次偿还数、累计偿还数、尚未偿还数，剩余财产披露分为账面数、可分配数、分配比例、本次分配数、累计分配数、尚未分配数。

（二）《清算》会计准则的主要特点

1.规范的主线是企业清算会计报表

除了相关定义外，本准则分为清算会计期间和清算会计报表、清算资产负债表、净资产变动表、清算财产表和财产分配表五个部分。这一结构安排突出了保护债权人和所有者合法权益的要求，有助于清算会计处理中领略、深化清算会计报表的内容结构，但不符合我国会计制度习惯。

2.采纳了可实现净值的计量属性

要求各项资产的原账面价值与其可实现净值同时列示，体现了经营状态下财务状况计量的特殊性，有助于对债权人债权受偿状况的评估，有助于对清算人的工作业绩的评价。

3.会计期间的双重性

本准则采取了定期（跨年度清算需要编制清算会计报表）和不定期（分次偿债或分配财产需要分次编制财产分配表）双重会计期间，突破了传统会计中确定的会计期间的概念。

4.设计了担保与非担保的类别

将担保分为担保财产与非担保财产、担保债务与非担保债务，体现了破产法中关于财产性质、负债性质的划分，有助于破产法的有效实施。

5.提出了“共益债务”的概念

“共益债务”是一个现代企业破产概念，是指因债权人共同利益而发生的债务。这一概念的建立，细分了破产清算中的相关费用，有助于破产分配的公平性，直到2006年我国修订后的《企业破产法》才引入这一概念。

6.提出了“剩余财产”的概念

通常情况下，企业破产清算时处于资不抵债状态，不存在剩余财产。但随着清算的进行，很可能产生资产价值上升进而出现资大于债，所有财产偿还所有债务后仍有剩余，对此应按照出资人的出资比例在出资人之间分配。设置这一内容是一个创举，值得我们进一步研究和借鉴。

鉴于国际会计准则及国际财务报告准则尚没有设立《清算》准则，我国《清算》会计准则（征求意见稿）没有正式发布实施，其体例不适合我国会计制度习惯，对象较为宽泛，内容不尽完善，但是它拓展了我们的视野，奠定了我国企业破产会计制度的理念基础、思维基础、制度基础，也弥补了国际会计规则的不足，其理论贡献、制度贡献及实践贡献是值得我们认真总结和肯定的。

三、政策性破产会计制度的面世

自1988年11月1日实施《中华人民共和国企业破产法（试行）》以来，全国的企业破产案件并不多，截至1993年累计只有1 385件，年均227件。这主要是因为社保等体制机制不健全，国有企业的历史遗留问题较多、较复杂，进入破产界限的国有企业难以依据该法实现公平、有效的处理。为此，国务院于1994年发布了《国务院关于在若干城市试行国有企业破产有关问题的通知》（以下简称《通知》），规定：安置好破产企业职工是实施企业破产的前提，企业的土地转让所得必须首先用于破产企业职工的安置，安置职工后的剩余部分可以用来偿债。为配合《通知》的顺利实施，财政部于1997年7月31日发布实施了《国有企业试行破产有关会计处理问题暂行规定》（财会字〔1997〕28号，以下简称28号文）。

（一）28号文的主要内容

本规定的主体内容分为破产企业会计处理与清算组会计处理两个部分，涵盖了破产企业向清算组移交会计资料的准备工作与清算组会计的主体内容，体现了双方的交接流程和内容。

1.破产企业会计

28号文规定，企业被宣告破产并成立破产清算组后，应接受清算组的指导，完成下列工作：（1）清理各种资产，进行财产清查，确定资产损失；（2）清理债权债务，编造债权债务清册；（3）计算完工产品和在产品成本、结转各损益类科目、结转利润分配；（4）编制破产宣告年度的年初起至破产日的损益表及科目余额表；（5）编制破产日的资产负债表；（6）报送会计报表，主要报送对象包括企业主管部门、主管企业的财政机关、同级国有资产管理部门；（7）向清算组移交会计凭证、会计账簿、会计报表等会计档案资料。

2.清算组会计

清算组接管破产企业后，应完成的主要会计工作包括：

（1）设置会计科目。包括资产、负债、清算损益三类共23个破产清算会计科目。

（2）结转期初余额。收到破产企业编制移交的会计科目余额表以后，根据相关科目的性质及金额，转入到新设置的资产、负债、损益等类别的科目中，编制结转后的新科目体系下的科目余额表。

（3）估价、变现财产。清算组进行回收应收款、变卖各项财产、分回投资收益、转入对外投资等会计账务处理。

（4）反映破产费用的发生及支付情况。一是职工费用，包括职工在企业清算期间的生活费用；二是财产估价变现费用，主要包括清算期间各项财产设施和设备维护费用、管理费用、估价费用、变卖费用等；三是诉讼费用，主要指破产清算期间由于破产企业与相关关系人的经济纠纷或经济事项产生的诉讼费；四是在产品继续加工为产成品等为了增大财产变现价值、维护债权人共同利益而支付的其他费用。

（5）转让土地使用权并支付相关费用。土地使用权的实际转让收入与账面价值的差额，或无偿划拨土地的实际转让收入，计入土地转让收益。这一转让收益主要有三个方面的用途：一是支付破产企业职工安置费；二是支付没有参加养老保险、医疗保险的离退休职工的离休费、退休费、医疗费；三是偿还破产企业债务。

（6）支付破产费用和清偿企业债务。企业财产变现收入首先支付破产费用，然后偿还所欠职工的工资及社保费用，交纳所欠的税费、清偿其他破产债务，所有财产清偿债务后仍有未得到清偿的债务，将依法豁免，企业不再负有清偿义务。

（7）清理账目，结转损益。经过上述财产变现、费用支付、债务清偿后，应将清算费用、土地转让净收益、依法豁免的债务转入清算损益。如果财产支付清算费用、清偿各项债务后有剩余，应上缴国家财政或国有资产管理部门。

（8）编制会计报表。破产清算会计报表的种类主要有三种情况：一是接管破产企业时，编制清算资产负债表，反映清算开始时破产企业所拥有的各项财产和债务状况，为后续清算工作提供基础依据；二是在清算期间，随着清算的进行，编制反映某一时期相关财产变动情况的清算财产表、反映某一时期清算收益及清算损失的清算损益表以及某一时期结束时资产负债状况的清算资产负债表；三是在清算终结时，编制自清算开始至清算终结整个期间的清算收益、清算损失及结果的清算损益表以及债务清偿额、未清偿额或依法豁免金额的债务清偿表。

（9）整理和移交会计档案。清算终结后，应整理从凭证到报表的一系列会计档案，其中包括两个部分：一是从破产企业移交过来的会计档案；二是清算期间按照新的《企业破产会计制度》形成的会计档案。这些会计档案是破产企业重要的信息载体，在清算终结后应移交给破产企业的业务主管部门或者人民法院，按照会计档案管理办法的规定进行妥善保存。

（二）28号文的主要特点

1.会计处理的“双重性质”

相对正常经营企业会计处理，针对28号文将破产会计分为破产企业与清算组两部分，有人认为28号文呈现出八个“双重性”特点，即二元化会计主体（破产清算企业与清算组）、两段期间（年初至被宣告破产清算期间的破产企业会计期间与破产清算期间）、双币值（币值不变与币值可变）、双会计处理基础（破产企业的权责发生制与清算组的收付实现制）、两套报表（破产企业会计报表与清算组会计报表）、会计等式的双向制衡（清算资产负债表的“资产=债务+清算净损益”与清算损益表的“清算净收益=清算收益-清算费用+土地转让净收益”）、动态与静态结合（破产企业对破产宣告前的动态核算与清算组对破产宣告后的静态核算）、会计档案的两次移交（破产企业向清算组移交与清算组向有关部门移交）。

上述特点的归纳中，除了“会计等式的双向制衡”与“动态与静态结合”外，其他特点的总结提炼还是比较清晰合理的。因为两张报表所依据的会计等式之间不是制衡关系，而是补充及协调关系；破产企业与清算组的会计处理均属于动态与静态的结合。另外，“双币值”的总结不够准确，因为这里主要是计量属性的差异，体现在清算资产负债表账面价值与预计可变现金额上，而不是体现在债务清偿表的“账面金额”“确认金额”“偿还比例”“实际需偿还金额”“本期偿还金额”“累计偿还金额”“尚未偿还金额”等量化计价指标上。

不难看出，“双重性”特点的根源在于28号文设计中的“双会计主体”。

2.适用范围的国有性质

与我国1986年发布的《企业破产法》相适应，28号文的适用范围也是国有企业。

3.规范重心的政策性质

28号文的主要法律法规依据是1986年发布的《企业破产法》、国务院1994年发布的《国务院关于在若干城市试行国有企业破产有关问题的通知》以及财政部1986年发布的《国有企业试行破产有关财务问题的暂行规定》，主要背景是配合优化资本结构试点、建立现代企业制度，规范国有企业破产中的会计行为，其政策性质主要体现为土地使用权出让金用于安置职工等行政规定。按照《企业破产法》的规定，破产企业土地使用权的出让收入应该并入破产财产，用于清偿破产债权。由于当时的制度环境，这一规定为有效安置破产企业职工、弥补社会保险的不足发挥了重要的、积极的作用，也正是这一规定将过去国有企业的“法律破产”转化为“政策性破产”，造就了28号文的政策性质。

四、法制化破产会计制度的确立

（一）新破产会计制度的主要内容

随着我国加入WTO、我国经济融入全球化浪潮，全国人大于2006年颁布、2007年实施了新的《中华人民共和国企业破产法》，实现了企业破产法的国际趋同，企业破产也由政策性破产转向了法律破产，但企业破产会计制度并没有进行同步改革。2015年12月召开的中央经济工作会议提出了2016年“三去一降一补”的五大任务，2016年2月国务院陆续印发了《国务院关于钢铁行业化解过剩产能实现脱困发展的意见》《国务院关于煤炭行业化解过剩产能实现脱困发展的意见》，要求“引导地方综合运用兼并重组、债务重组和破产清算等方式，加快处置‘僵尸企业’，实现市场出清”，提出了修订企业破产会计制度的客观要求。财政部经过新破产法与破产清算会计理论研究，联合法律、会计理论界和实务界专家建立了企业破产会计制度起草小组，通过对破产清算企业的实地调研，于2016年7月4日发布了《企业破产清算有关会计处理规定（征求意见稿）》，同年12月20日正式发布实施了《企业破产清算有关会计处理规定》（以下简称《规定》），其主要内容包括三个方面：

1.明确了非持续经营的会计前提与新的计量属性

《规定》针对企业破产清算的特点，明确规定破产清算企业的会计确认、会计计量以及会计报告应以非持续经营为前提。由于各项资产均首先用于清偿各类债务，其历史成本已经失去意义，应以破产资产清算净值计量；由于负债不再有展期，未到期的负债视同到期，所有债务均需要即时清偿，因而其计量属性应采用清偿价值，持续经营企业会计的计量属性失去存在的基础。

2.明确了相关确认与计量方法

（1）初始计量与后续计量。破产清算净值体现了破产清算企业资产在破产清算环境下及变现时间紧迫环境下的变现价值，破产债务清偿价值体现了各项债务应该清偿的价值，为了反映各项资产及负债的实际情况，采用破产清算净值进行资产的初始计量与后续计量，以破产债务清偿价值进行债务的初始计量与后续计量，初始计量金额与账面价值的差额计入清算净值，后续计量金额与账面价值的差额计入清算损益。

（2）取得资产与新增债务。取得资产主要是指破产清算期间盘盈的财产以及追回破产企业在被宣告破产前一年内非法转移的资产，这些资产的入账价值是取得该项资产时的清算净值，这一清算净值与该项资产成本的差额计入清算损益。新增债务主要是指破产清算期间发生的应付破产费用、应付共益债务等新的债务，按照实际发生额入账，清算终结时转入清算损益。

（3）处置资产与清偿债务。资产的处置收入与其账面价值的差额扣除处置费用后的净额，转入清算损益；债务按照应偿付金额偿付，清算终了时仍无法清偿的债务依法豁免，转入清算损益。

（4）清算期间的费用支出与收益。破产清算期间发生的破产费用、共益债务支出、其他费用、其他收益等直接计入清算损益。

3.清算财务报表的列报

（1）报告对象与内容。破产清算作为对债务人企业清理资产、变现资产、清偿债务的法律制度，涉及法院、债权人、管理人等各主要关系人。随着清算进程推进，破产企业的财务状况将有所变化，也会产生变现资产的损益以及现金流量的变化，应及时向法院、债权人报告这些关系到债权人利益的财务状况、现金流量、清算损益、债务清偿等信息。

（2）报告日。《规定》根据破产清算的进程，划分了清算开始日、清算期间、清算终结日三个报告时点。清算开始日是企业被宣告破产日，应编报当日的清算资产负债表及有关附注信息。清算期间报告是清算期间内应法院或债权人会议的要求编制的报告，如每次债权人会议召开期间的报告，这一报告通常包括所有清算会计报表及有关附注。清算终结日报告是破产清算终结时向法院编制的报告。由于清算结束，所有资产已经变现并分配完毕，所有债务已经清偿或豁免，因此不存在清算资产负债表及现金流量表的编制基础，但应报告清算损益表、债务清偿表，反映整个清算期间的损益结果及债务清偿结果。

（二）新破产会计制度的主要特点

与28号文比较，《规定》的主要特点是：

1.体现了法律破产的基本要求

28号文基于我国1986年颁布的《企业破产法》及国务院发布的相关政策性破

产的规定，其适用范围仅仅限于国有企业，做出了土地转让收益用于安置破产企业职工等规定；而《规定》的适用范围与我国2006年颁布的《企业破产法》相适应，由国有企业扩大至所有法人企业，取消了有关土地转让收益用于安置职工的做法，体现了不同性质企业在破产清算中的公平性及其市场化原则，维护了债权人的合法权益。

2.规范了破产清算会计基本理论

一是明确了破产清算会计信息的主要使用者是人民法院和债权人会议等相关者；二是明确了破产清算企业的会计主体；三是明确了破产企业会计确认、计量和报告以非持续经营为前提；四是明确了定期与不定期的破产清算会计期间；五是明确了破产资产清算净值、破产债务清偿价值的资产与负债的计量属性。

3.简化了破产清算会计科目设置

28号文设立了资产、负债、清算损益3类共23个会计科目，《规定》为了简化破产清算会计处理流程、满足不同企业的需要，只在破产企业原会计科目基础上，增设了12个具有破产清算特点的会计科目。

4.丰富了破产清算会计信息披露

为了避免与清算资产负债表不必要的信息重复，《规定》取消了28号文的“清算财产表”，新设了清算现金流量表，增加附注的要求，不仅丰富了破产清算会计信息披露的内容，也实现了与企业会计准则在确认、计量、披露等规范格式的一致性要求，拉近了与企业会计准则规范模式的距离。

五、我国破产会计制度演进的启示

（一）破产会计的内容依赖于破产法的规范

破产法作为市场经济的产物，服务于市场经济的规范发展，服务于市场经济中债权债务关系的有序调整。28号文与《规定》在规范内容、规范重心等方面的差异，也显示了1986年与2006年两部破产法的部分差异，保障和促进破产法的顺利、有效实施是破产会计制度的重要使命之一。因此，破产会计制度应合理体现《企业破产法》的规范内容，满足《企业破产法》实施的会计要求，从会计确认、计量、报告等方面揭示破产程序中担保与非担保、取回权、撤销权等法律要求，实现会计与法律的互助融合，推动市场经济的规范化、法制化。

（二）破产会计的变革依赖于经济管理的需要

社会存在决定社会意识。1995年《企业会计准则——清算》（征求意见稿）的发布，是建立社会主义市场经济体制目标的需要；1997年28号文的发布实施，是适应国务院发布实施政策性破产政策的需要；2016年《规定》的发布实施，是满足国务院提出的“三去一降一补”、加强僵尸企业处置的需要。“会计是随着经济管理的需要而产生和发展”的论断，在我国破产会计制度演进中得到了充分、鲜活的体现。市场经济的发展离不开破产法，破产法的有效实施离不开破产会计。

（三）破产会计的结构依赖于多学科的融合

虽然破产会计的结构限定在确认、计量、报告等传统会计范围内，但是由于企业破产不仅涉及破产企业、债权人、所有者、政府、供应商、顾客、职工等诸多相关利益方，还关系到国家金融政策、地方经济、社会稳定等诸多方面，因此企业破产对法律、经济、管理、伦理、社会等方面均有重要影响，破产会计作为破产法实施的“伴侣”，既要体现破产法的意志，更要照顾到相关各方的利益，在有关确认、计量、报告等方面反映各方的利益诉求及其利益的满足程度，通过清算资产负债表反映破产企业预计的债权清偿状况，通过清算现金流量表反映清算期间现金的流转状况，通过债务清偿表反映各类债权的受偿额与受偿比率，通过清算损益表反映清算损益状况。因此，破产会计的结构需要经济学（资源配置）、管理学（要素管理）、伦理学（偿债顺序）、社会学（员工群体）等诸多学科的支持与运用，关注破产会计规则设计的多重外部性，以便更有效地发挥破产会计的积极作用。

（四）破产会计的理论有待深入、系统地研究

自1986年颁布破产法以来，破产会计的理论研究取得了较大的成绩，既有破产清算会计要素、会计假设、企业拯救会计等专题研究，也有诸多相关综合性研究，但在破产会计理论进一步深化、拓展方面的研究还显得不足。例如，中外破产会计比较、破产会计与终止经营会计、破产会计与僵尸企业清理、破产税务会计、破产成本、破产中的融资投资、破产资本运营、破产治理结构、破产内部控制、破产会计信息化、破产会计制度的准则化等问题。

（五）破产会计制度的未来是制定《企业会计准则——清算》

国际财务报告准则将持续经营和权责发生制作为基本前提，因而没有设立非持续经营假设下的清算准则，同样我国会计准则中也没有设立这一准则。但国际会计准则委员会设立了《国际会计准则第35号——中止经营》准则，我国于2017年也颁布实施了《企业会计准则第42号——持有待售的非流动资产、处置组和终止经营》，规范了处于非持续经营状态的企业分部和持有待售资产的确认、计量、报告，实际上已经打破了持续经营的限制，只是规范的不是法人主体的清算，如果将这一规范延伸至法人主体，形成持续经营与非持续经营完整的会计规范，必将使会计准则体系更加完善，促进清算会计的研究，解决清算会计的依据，协助相关法律的实施，更有助于发挥会计准则对会计实践的指导作用，强化会计准则的经济性和社会性，促进会计理论研究的深化。

参考文献

［1］冯笠心，孙勇．十年磨一剑 破产风云动［J］．企业改革与管理，1997（2）：24-26.

［2］栾甫贵．关于《清算》准则几个问题的探讨［J］．会计研究，1996（9）：26-29.

［3］国务院国有资产监督管理委员会研究室．探索与研究——国有资产监管和国企改革研究报告（2007）［M］．北京：中国经济出版社，2008.

［4］李祥义．破产会计处理若干特点的研究［J］．会计研究，1998（3）：37-39.

［5］栾甫贵．新旧企业破产会计制度的比较与评价［J］．会计之友，2016（22）：68-70.

［6］唐国平，孙贤林．会计要素及清算会计要素［J］．会计研究，1999（3）：54-55.

［7］刘家松．破产清算条件下会计要素研究［J］．会计研究，2005（12）：42-46.

［8］刘家松．破产清算条件下的会计假设研究［J］．审计与经济研究，2009（1）：68-74.

［9］刘家松．破产清算会计含义的界定［J］．财会月刊，2008（12）：3-4.

［10］栾甫贵．企业拯救会计初探［J］．现代财经，2002（3）：42-45.

［11］韩传模．关于破产会计的几个问题［J］．会计研究，1996（4）：10-12.

［12］贺永生．关于清算会计几个理论问题的思考［J］．中央财经大学学报，1999（2）：59-62.

［13］栾甫贵．论破产会计的理论结构［J］．会计研究，1996（4）：13-14.

［14］栾甫贵．我国破产会计研究的回顾与评价［J］．会计研究，2011（4）：28-34.

［15］栾甫贵．关于《清算》会计准则的探讨［J］．财会学习，2014（1）：13-17.

【基金项目】国家社会科学基金一般项目“僵尸企业的僵化指数与市场退出机制研究”（项目编号16BGL069）

新中国施工企业会计制度的发展演变

李勇义

（河南省公路工程局集团有限公司）

摘　要：施工企业会计制度是我国行业会计制度的重要组成部分，其演变历史昭示着我国行业会计制度的发展历程。本文遵循具体史实，纵览施工企业会计制度的变迁历史，梳理施工企业会计制度的完善、改革、发展过程，探究施工企业会计制度演进规律，揭示施工企业会计制度受宏观经济体制和企业管理制度的深刻影响，对于当前建筑施工企业的会计工作有一定的现实意义。

关键词：会计制度　国营建筑施工企业　发展　演变

建筑业是重要的物质生产部门，是我国国民经济的支柱产业。施工企业作为建筑业的主导力量，为我国国民经济的健康发展和人民物质文化生活水平的持续提高创造物质技术基础。施工企业会计制度是施工企业经济管理的重要组成部分。中华人民共和国成立七十年来，伴随着我国政治体制、经济体制向纵深发展，施工企业会计制度历经从无到有、从初建到重建、从引进到创新，从改革到发展的变迁过程。施工企业会计制度的发展有曲折、有复兴，有成功的经验，也有失败的教训，但无论如何变化，施工企业会计制度在不同的历史时期保证了我国建筑业的快速发展，为我国的经济发展提供了可靠的信息资源。

本文在参照郭永清（2003）对我国企业会计核算制度划分三个阶段的基础上，将我国施工企业会计制度的发展划分为四个阶段：第一阶段，施工企业会计制度的建立阶段（1949—1957年）；第二阶段，施工企业会计制度的曲折发展阶段（1958—1978年）；第三阶段，转轨经济时期的施工企业会计制度发展阶段（1979—1991年）；第四阶段，施工企业会计制度与企业会计准则的融合阶段（1992—2006年）。

一、施工企业会计制度的建立阶段（1949—1957年）

中国统一会计制度的形成首先从部门统一会计制度开始。为适应国家集中统一的财政经济体制，1950年3月9日，中财委发布《关于草拟统一会计制度》的训令。训令要求必须统一会计制度。1950年7月1日重工业部率先颁布《重工业部所属企业及经济机构统一会计核算制度》。1951年上半年，由中财委或财政部审定发布实施的包括重工业部等13个部门的所属企业和经济机构的统一会计制度。

中华人民共和国成立初期，为了发展经济，我国进行了大规模的经济建设，基本建设工作提到了首要位置。这就需要相应的会计制度来支撑。1953年财政部及时发布了《国营建筑包工企业统一会计科目和会计报表格式》，这是我国首个建筑包工企业会计制度，从它的适用范围来看，它是一个以部门为主的行业会计制度的雏形（建筑工程部所属建筑包工企业和实行经济核算制的施工单位必须一致使用外，所有隶属于工矿、贸易、交通、农林、银行等系统的建筑包工企业和施工单位亦应使用）。该会计制度统一会计科目分为22大类，会计科目共计122个。该会计制度实施之前，建筑包工企业的会计科目当时还没有统一规定，在参考了苏联基建投资及包工机构基本业务日常计算的会计科目，并结合国内各建筑包工机构基本业务以工业企业会计为基础的历史情况，拟定了这套会计科目。一方面，它在形式上和工业企业的会计科目相近似，另一方面，在内容上又与建设单位的会计处理多半相同。因此，它是建设单位会计和工业企业会计的混合物，显示了这套会计科目的过渡性。

1954年财政部再度发布《国营建筑包工企业统一会计科目和会计报表格式》，这是时隔一年时间，对1953年发布的国营建筑包工企业会计制度的修订。该制度依然分22大类，会计科目增至146个。在大类方面，增加了基本建设投资和基本建设负债，取消了特别拨款和折旧及摊销准备，专业银行借款改为银行借款，准备金改为准备，业务收入改为销售；在会计科目方面，增设新会计科目30余个。有的是为了照顾建筑包工企业上下级缴拨款的特性而设立的，如“缴上级流动资金”等7个会计科目；有的是照顾银行信贷制度的规定而设立的，如“工程进度扩大储料借款”等会计科目；有的是简化建筑包工企业某些会计工作而设立的，如基本建设资产大类中“已完基本建设投资”等9个会计科目，基本建设负债大类中“拨入基本建设资金”等4个会计科目；有的只是弥补1953年会计科目中的遗漏和不足，如“其他应付款”、“附加工资”、“预付加工费”和“其他投资”等。在会计报表方面，规定包括了《会企01表资产负债表》在内的会计报表12张。

1955年11月财政部颁发了《国营企业建设单位及国营建筑安装企业基本业务标准账户计划》。标准账户计划是由前言、账户名称表、账户说明、账户主要对应关系表和附录五个部分组成。标准账户计划中的账户名称表内，共规定了24类92个一级账户（总账账户）和必要的二级明细账户（补助账户）。此外，规定了11个资产负债表外账户。标准账户计划对于每个账户的说明，分为文字和列表说明两部分，在充实内容和明确会计处理方法方面有不少的改进。它标志着我国国营建筑安装企业会计制度建设工作的新成就。

标准账户计划最突出的特点是，把当时分设的《国营企业建设单位统一会计科目》与《国营建筑安装企业统一会计科目》合并在一套账户计划内。就标准账户而言，建设单位专用的有14个，建筑安装企业专用的12个，建设单位与建筑安装企业共同使用的有68个。与标准账户会计科目比较，除增设了资产负债表外账户外，建筑安装企业除去属于基本建设的部分外，减少了54个账户。取消了原建筑包工企业统一会计科目中的基本建设资产、大修理资产、资金调拨、基本建设负债、大修理负债、税金等大类。有关基本建设的会计核算就与基本业务的会计核算相区分，有关大修理、资金调拨及税金等的会计核算并入其他有关大类的账户中。当时有会计专家认为，原来只是点滴地、部分地吸取苏联会计先进经验，导致建筑安装企业会计制度的年年变动，使企业会计人员学习不透、体会不深，影响了正常工作，标准账户计划将两个制度合二为一，大大地简化了制度制定、学习贯彻等方面的工作，全面地发挥了苏联会计核算制度的优越性。

1955年12月14日财政部颁发《国营企业建设单位及国营建筑安装企业基本业务标准会计报表格式和说明》，该报表共有12张表，有会包××表号的应由国营建筑安装企业编制，计4张报表；有会建××表号的应由国营建设单位编制，计3张报表；有会建/会包××表号的，共5张报表，国营建设单位和国营建筑安装企业均须编制。财政部又于1956年、1957年相继颁布了《1957年国营企业建设单位及国营建筑安装企业基本业务标准会计报表格式和说明》和《1958年国营企业建设单位及国营建筑安装企业基本业务标准会计报表格式和说明》，对1955年颁布的会计报表格式和说明进一步修正和补充。

至此，我国施工企业会计制度体系已初步建立，以及以不同规模为标志的不同行业会计制度密集出台，标志着我国企业会计制度已建设成了一个比较完整的体系。

二、施工企业会计制度的曲折发展阶段（1958—1978年）

1958年5月财政部提出了大权集中、小权分散、简化通俗的会计制度改革原则。这使我国在“一五”末本来已经基本建成的企业会计制度被人为肢解，导致大部分企业会计制度被废止、简化或者弃用，带来了“无账会计”和“以单代账会计”，使会计秩序一度十分混乱。

1958年6月财政部发出《关于改革企业会计制度办法的通知》和《关于下放拟定地方企业会计制度权限的通知》，废止了包括《国营建筑包工企业统一（简易）会计科目及会计报表格式》等6个会计制度，下放了包括《国营企业建设单位及国营建筑安装企业基本业务标准账户计划》在内的12个制度权限，造成了财务会计工作正常秩序的严重破坏。

1959年11月16日，财政部印发《国营工业企业、供销企业、建筑安装企业和建设单位示范会计报表和会计科目（草案）》的通知，制定了《国营建筑安装企业示范会计科目和使用说明（草案）》等4类8种会计核算制度。其特点是：一是与过去的“标准”会计制度不相同，“示范”只是供下级参考的范例和依据，体现了统一和灵活相结合的精神，没有从根本上改变“放权”后形成的格局；二是尽量简化。与1957年相比，建筑安装企业会计报表指标减少71%，建筑安装企业会计科目数量由80个减少到40个。

正是在此背景下，1961年12月财政部印发《国营建筑安装企业会计科目和使用说明》。该制度设置12大类97个一级科目，12个大类包括固定资产、大型临时设施、材料、生产费用、销售、货币资金、结算、待处理财产盈亏、基金、拨款、银行借款、财务成果。报表共计11张表，包括资金平衡表、国家基金增减表、建筑安装工程成本表、间接费用明细表、利润计算表、企业奖励基金计算表、产品成本计算表、大型临时设施包干费增减表、大型临时设施摊销明细表、专用基金明细表、专用基金支用数表。

“坚持节约每一个铜板为着战争和革命事业，为着我们的经济建设”是制定新会计制度的原则。1972年8月，国家建委和财政部颁发试行《建筑安装企业会计制度》。该制度分为4个部分，分别为总则、会计科目、凭证和账簿、会计报表。在会计科目的设置方面，资金来源类会计科目9个，包括固定资金、流动资金、折旧、已收工程款、折旧基金、专用基金、银行借款、应付款、应交收入；资金运用类会计科目20个，包括固定资产、临时设施、采购材料、委托加工材料、主要材料、机械配件、周转材料、其他材料、工具用具、劳保用品、材料价差、建安工程、辅助生产、产成品、施工管理费、工资结算、备用金、应收款、银行存款、现金。会计报表设置6张，包括建筑安装企业会计总表、国家资金增减表、应交收入明细表、专用基金明细表、施工管理费明细表、建筑安装工程成本表。

为切实执行中共中央《关于加快工业发展若干问题的决定（草案）》和国家建委、财政部《施工企业经济核算暂行办法》，要求企业建立经济责任制，财政部、国家基本建设委员会于1978年11月颁发《建筑安装企业会计制度》。新制度分为4个部分，分别为总则、会计科目、凭证和账簿、会计报表。新制度共设置48个一级会计科目，其中资金来源类17个，资金运用类32个。会计科目按资金来源运用分为8大类，包括国家资金、银行借款、生产资料、生产费用、往来结算、货币资金、经营成果和专用基金。资金来源类一级科目比原制度（1973年版）增加了8个，取消了1个，拆分了1个，改变名称的1个；资金运用类一级科目比原制度（1973年版）增加12个，取消了3个。会计报表总体上增加了2张报表。新增报表7张，取消报表5张，报表名称完全相同的1张（但其格式和内容发生了重大变化）。新制度的特点：一是首次提到了从属科目，如固定资产折旧是固定资产科目的从属科目（备抵科目），低值易耗品摊销是低值易耗品科目的从属科目（备抵科目），周转材料摊销是周转材料科目的从属科目（备抵科目），材料价差是采用计划价格核算时各材料科目的从属科目（调整科目）；二是经营成果在会计科目上的首次体现，设置了工程结算、销售、利润和利润分配等会计科目。改变后的会计科目名称更规范，更能反映建筑安装企业经济业务的完整性。

三、转轨经济时期的施工企业会计制度发展阶段（1979—1991年）

随着企业自主权的不断扩大和经济责任制的不断加强，施工企业管理体制和财务管理制度有很大发展，如在实行企业基金制度的同时，还实行了利润留成办法，恢复了按一定比例计算利润的制度；地方施工企业的技术装备费由国家投资改按预算成本或人工成本的一定比例向甲方收取；实行了基建贷款办法等。财政部于1981年8月对1978年颁发试行的《建筑安装企业会计制度》作了修改，制定了《国营施工企业会计制度——会计科目和会计报表》。

新制度主要特点：一是关于会计科目的分类。按照财务管理的要求，将会计科目分为资金来源和资金占用两大类；然后再按资金的不同用途和来源，将资金占用类科目分为固定资产、流动资产、拨付所属资金和待处理财产损失、利润分配、专项资产5类；将资金来源类科目也相应地分为固定资产来源、流动资产来源、待处理财产盘盈、销售及利润、专项资金来源5类。二是关于会计科目的设置。新制度规定了60个会计科目，与原制度（1978年版）比较，增设了15个科目，合并减少了3个科目，净增12个科目，其中：为了加强专项资金的管理和核算，增设了专项物资、专项应收款、专项应付款、专用借款、专用拨款、特种基金6个会计科目；为了加强清算往来资金的管理核算和适应增减、借贷两种记账方法的需要，增设了应收工程款、应付分包工程款、应付内部单位款、应付购货款、拨付所属资金、其他货币资金6个会计科目；为了照顾当前施工企业收尾工程结算等实际情况，增设了预提费用科目；根据国家发行国库券的决定，增设了国库券科目；为了集中核算向甲方收取的有关独立费用，将临时设施包干费并入特种基金科目，作为明细科目核算；考虑到某些企业的特殊情况和今后发展的需要，在正式规定的60个科目之外，还规定了待核销基建支出等12个备用科目，由企业主管部门根据所属企业需要增设或调整。三是关于会计报表的设置。规定基层企业编报的报表共有6张，报表的张数与原制度（1978年版）比较减少3张，其中：除将固定资产表和流动资产表合并为国家基金表之外，取消了主要产品成本表和主要作业成本表。

1982年以后，特别是1984年至1989年间，我国的经济体制改革不断深化，社会主义有计划的商品经济得到了迅速发展。在建筑业和基本建设领域，投资管理体制、建筑安装企业工程的承包方式、企业生产经营方式和内容等都发生了深刻的变化，这些都对施工企业的会计核算工作提出了新的要求。

1990年8月财政部修订印发《国营施工企业会计制度——会计科目和会计报表》。这次修订的会计制度共设置了77个表内一级会计科目，与原制度（1981年版）比较，总数增加了17个。其中，增加的会计科目有20个，减少的会计科目有3个。在增加的20个会计科目中，属于这次修订新增加的会计科目有8个，包括无形资产、对外承包工程支出、多种经营支出、含量工资包干结余、所属上交管理费、上级拨入资金、应弥补亏损、应收销货款科目；属于原制度备用性会计科目，这次改为表内正式会计科目的有5个，包括待核销基建支出、长期投资、基建借款、应交税金、其他单位投入资金科目；属于1982年以后陆续补充这次保留的有7个，包括应收票据、应付债券、应付票据、应交利润、应交教育费附加、专项应交款、有价证券科目；取消的3个会计科目分别是低值易耗品摊销、应交折旧基金、国库券。

原制度（1981年版）设置的会计报表有8张，修订后的新会计制度共设置9张会计报表。与原制度（1981年版）相比，这9张会计报表中，除了保留原制度中的资金平衡表、利润表、工程（产品、作业）成本表、竣工工程成本表、管理费用表和专项资金表6张会计报表外，新增加了3张会计报表，包括流动资金增减情况表、固定资产及折旧表和总公司管理费用表，取消了原制度中的2张会计报表，即企业基金及利润留成计算表和国家基金表。

四、施工企业会计制度与企业会计准则的融合阶段（1992—2006年）

20世纪90年代初，企业财务管理、会计制度发生了深刻而重大的改革。1992年至1993年相继颁布了《企业会计准则》和《企业财务通则》，以及分行业的企业财务、会计制度（简称“两则两制”），为我国企业会计制度与国际会计惯例接轨创造了条件，初步实现了我国企业会计核算模式从适应传统的计划经济模式向适应社会主义市场经济模式的转换，对社会主义市场经济的健康发展起到了积极作用。《施工企业会计制度》正是为进一步规范施工企业会计核算而制定的行业会计制度之一。

1992年1月财政部印发了《施工企业会计制度》。其总账科目65个，分为5大类，其中资产类31个，负债类14个，所有者权益类6个，成本类4个，损益类10个。会计报表4张，包括资产负债表、损益表、财务状况变动表和利润分配表。

2000年12月财政部颁布了各行业统一的《企业会计制度2001》。其发布实施，是我国深化会计核算制度改革，统一会计核算标准的重大举措，它标志着我国新一轮会计改革高潮的到来。为了进一步规范施工企业会计核算，提高施工企业会计信息质量，财政部针对施工企业的特点，结合施工企业的实际情况，于2003年9月25日颁布了《施工企业会计核算办法》。《施工企业会计核算办法》是我国颁布的为《企业会计制度2001》配套的第一个分行业的会计核算方法。新办法共设置90个会计科目，包括资产类科目45个，负债类科目20个，所有者权益类科目6个，成本类科目5个，损益类科目14个。会计报表共设置4张报表，包括资产负债表、损益表、现金流量表和所有者权益变动表。

新办法的会计科目是在《企业会计制度2001》规定的会计科目的基础上增加了补充的会计科目。与1992年版《施工企业会计制度》的会计科目比较，新办法的会计科目发生了以下变化：

（1）新办法保留了一部分原有会计科目，其核算内容和方法也基本没有发生变化，但是根据新的业务和事项更新或者增加了一些新的明细科目，短期投资科目增加了基金明细科目。

（2）由于施工企业业务的特殊性，需要设置特定的会计科目来实现业务核算。例如，工程施工设置了合同工程、合同毛利两个明细科目。

（3）新办法取消了原有的11个会计科目，其相应的经济业务由新的会计科目核算。例如，取消了工程结算收入、工程结算成本、工程结算税金及附加，相应的工程合同收入、工程合同费用及为取得工程价款所支付的各项税费分别通过主营业务收入、主营业务成本和主营业务税金及附加科目核算。

（4）新办法增加了一些新的会计科目，新增会计科目的主要目的是适应新的经济业务核算的要求。例如，增加了短期投资跌价准备等6项资产减值准备科目。

（5）旧制度（1992年版）存在的会计科目，新办法中没有保留，但新办法规定可以由企业根据需要自行决定是否继续设置。例如，内部往来、备用金、采购保管费、拨付所属资金和上级拨入资金等科目。

2006年2月15日，财政部正式发布《企业会计准则》。我国企业会计准则体系的全面确立，符合经济社会发展要求，符合经济全球化和会计国际化的潮流，代表着会计改革与发展的方向。至此，施工企业会计制度完成了历史使命，退出了历史舞台，但其对中国经济的发展做出的突出贡献，在会计史册上应记有浓墨重彩的一笔。

五、启示

70年来，施工企业会计制度从部门会计制度到行业会计制度，从有主管部门到无主管部门的变化；从建筑包工企业会计制度到建筑安装企业会计制度再到施工企业会计制度，不同历史时期名称的变化；从与建设单位会计制度的分设到合并再到分设，分分合合的反复过程；从学习苏联会计核算模式到与西方英美会计准则接轨，其发展轨迹值得我们深思和借鉴，对会计工作尤其是施工企业的会计工作有一定的启示。

一是要处理好理论和实践的关系。理论和实践的关系，是辩证法的经典论述。但是在实际工作中，理论能否指导实践，或对实践引领方向的判定是有疑问的。比如，在20世纪50年代会计理论界对“会计有无阶级性”的争论，其错误的结论就引导实践走向了歧途。一方面，由于其在理论研究方面在一定程度上片面强调阶级性，造成用阶级性掩盖其技术性和国际化，对西方会计方法与技术采取一概排斥态度，致使中国会计理论的发展人为地脱离了会计的国际学术环境（许家林，2010）。另一方面，由于强调会计的阶级性，企业必须坚持群众路线，依靠全体群众参加管理、参与核算，严重地削弱了会计的技术性和专业性，造成了20世纪50年代末“以表代账”和“无账会计”，模糊了人们对财经法规的正确认识。

二是处理好照搬和借鉴的关系。中华人民共和国成立初期，建筑包工企业会计制度是一个未知的领域，借鉴和吸收先进和成熟的经验，可以让我们少走弯路，尽快上路。苏联的建设单位与包工企业使用的是一套会计制度，我国则将其一分为二，“使基本建设会计与生产经营等基本业务相互分离”（项怀诚，1999）。1953年颁布的《国营建筑包工企业统一会计科目和会计报表格式》就是吸收了我国工业企业和苏联基建包工机构成熟的经验后设计出来的。但1956年出台的《国营企业建设单位及国营建筑安装企业基本业务标准账户计划》，和苏联在1940年11月28日公布、1953年修订的标准账户计划的账户分类基本是相同的，这是完全照搬苏联会计模式。结果由于其规定过多、过繁、过细，引起基层会计人员极大的不满，未达到制度设计的目的。在目前我国会计准则与国际会计准则趋同的过程中，这也是准则制定部门和专家学者必须关注的重点。

三是处理好传统手工和智能财务的关系。财政部、国家基本建设委员会1978年11月颁发的《建筑安装企业会计制度》总则里提到，“会计人员要提高核算技术，逐步实现核算机械化”。1992年1月财政部制定的《施工企业会计制度》总说明里提到，“实行会计电算化”。这表明财政部高度关注我国会计电算化应用和发展。尽管与发达国家相比，我国会计电算化工作起步晚了20多年，但经过数十年的努力，我国在会计信息化实践与研究领域已达到国际化水准。随着信息技术和互联网技术的飞速发展，智能财务、会计机器人、财务共享等技术在会计领域的不断扩展，会计与计算机技术加速融合。这对会计人员提出了新的挑战，一是要注重知识的更新与积累，二是抓紧进行财务转型升级。

参考文献

［1］中国会计学会. 中国特色的会计理论与方法体系专题（2000）［M］. 北京：中国财政经济出版社，2001.

［2］许家林，蔡传里. 中国会计发展与改革研究［M］. 北京：华中科技大学出版社，2011.

［3］杨纪琬，杨继良. 中国会计理论与实践［M］. 香港：牛津大学出版社，1998.

［4］中国会计学会. 会计史专题（2000）［M］. 大连：东北财经大学出版社，2000.

［5］郭道扬. 郭道扬文集［M］. 北京：经济科学出版社，2009.

［6］郭永清. 新中国企业会计核算制度变迁研究［M］. 大连：东北财经大学出版社，2003.

［7］财政部会计核算制度改革课题组. 会计核算制度改革方向、模式及实施［M］. 北京：中国财政经济出版社，1993.

［8］朱锜. 1949—1985年国营工业企业会计科目与会计报表的演变［M］. 北京：经济科学出版社，1989.

［9］许家林，蔡传里. 中国会计发展与改革研究［M］. 武汉：华中科技大学出版社，2011.

［10］许家林. 会计理论发展通论［M］. 北京：经济科学出版社，2010.

［11］财政部会计事务管理司《国营施工企业会计制度讲解》编写组. 国营施工企业会计制度讲解［M］. 大连：东北财经大学出版社，1991.

［12］李明. 施工企业会计核算办法解读［M］. 北京：中国物价出版社，2004.

［13］关培. 介绍1953年国营建筑包工企业统一会计科目［J］. 工业会计，1953（3）：2-8.

［14］关培. 介绍国营企业建设单位统一会计科目及国营建筑包工企业统一会计科目［J］. 工业会计，1954（2）：1-4.

［15］项怀诚. 新中国会计50年［M］. 北京：中国财政经济出版社，1999.

［16］杨时展. 1949—1992中国会计制度的演进［M］. 北京：中国财政经济出版社，1998.

［17］杨纪琬. 中国现代会计手册［M］. 北京：中国财政经济出版社，1988.

［18］付磊. 新中国会计制度史［M］. 上海：立信会计出版社，2015.

［19］宋英慧. 中国会计制度经济学研究［M］. 北京：经济科学出版社，2006.

我国企业内部控制缺陷研究的热点、趋势与重点成果（1990—2014）

——基于知识图谱的研究

王海林

（首都经济贸易大学）

摘　要：内部控制缺陷是内部控制的热点问题之一，我们以1990年至2014年25年间我国内部控制缺陷研究的学术文献为样本，利用知识图谱法对我国内部控制缺陷研究的热点、趋势和具有高影响力的成果进行了全面梳理和分析，期望通过客观、全面、准确地总结历史研究成果，为后来者的研究提供参考。研究发现，可以将内部控制缺陷研究分类为内部控制、公司治理、风险管理、会计控制、信息披露、内部控制有效性&质量、内部控制信息披露、内部控制审计八个相关的热点研究主题群。同时，整个研究时段可以清晰地划分为三个阶段，不同阶段相关研究的热点发生了部分改变。

关键词：内部控制缺陷　研究综述　热点　趋势　成果

一、引言

伴随国外《COSO内部控制整合框架》（1992）、《萨班斯–奥克斯利法案》（2002）的颁布和我国《企业内部控制基本规范》（以下简称《基本规范》）（2008）、《企业内部控制配套指引》（以下简称《配套指引》）（2010）的发布实施，我国内部控制方面的学术研究已经从最初以探讨基础性、普遍性问题为主的全面研究（朱华建等，2011），向针对性剖析和专题性探讨延伸。其中，内部控制缺陷研究成为近些年内部控制研究的一个热点。

内部控制缺陷是内部控制无效的结果和表现，通过制定内部控制缺陷分类和缺陷认定标准可以影响内部控制评价结果，通过披露内部控制缺陷评价和缺陷信息可以了解企业内部控制状况、判别内部控制制度的有效性，通过分析内部控制缺陷整改措施可以预估企业内部控制的未来变化……凡此种种，说明内部控制缺陷研究至关重要。基于此，本研究以1990年至2014年25年间我国内部控制缺陷研究的学术文献为样本，利用知识图谱法对我国内部控制缺陷的研究成果、热点和趋势进行了全面梳理和分析，以期量化、客观、全面、准确地总结此方面的研究成果，为后来者的研究提供参考。

二、研究方法与数据来源

（一）研究方法

知识图谱是科学计量学发展的一种新形式。它利用可视化图形描述知识的发展过程和结构关系，为学科研究提供客观、准确的参考。知识图谱的绘制形式有多种，不同形式图谱可以满足不同的研究需求。其中，共词分析、聚类分析和多维尺度分析相结合绘制关键词知识图谱可以用于分析特定领域的研究热点（马费成等，2010；彭绪梅等，2007），以及特定学科的认知结构及演进（张斌和贾茜，2014），是社会网络分析的重要工具。

（二）研究样本选取及规范化

我们以我国知网期刊数据库为数据源，以1990年至2014年发表在CSSCI、SCI、EI和核心期刊上的内部控制缺陷研究文献为对象，剔除非营利组织研究等与企业无关的文献后，共获得研究样本414个。逐一人工收集全部样本的关键词，共获得1 190个关键词样本，出现频次2 072次，平均每个关键词出现1.74次。

为了降低由于不同作者选择关键词和用词习惯上的差异可能带来的对研究结论准确度的影响，研究中首先剔除了反映人名、地名、研究方法等与研究内容和主题无关的词汇，并对原词与其缩写、同一词的中英文表达，以及语意相近的词汇进行了分类合并的规范化处理，最终获得520个关键词样本。设定总频次占比阈值为50%，获得51个高频关键词，其出现频次1 041次，占总频次的50.1%。这些词汇具有很高的代表性，可以据此制作高频关键词汇总表（见表1）。

表1 我国企业内部控制缺陷研究高频关键词汇总表（1990—2014年）

编码	关键词	出现频次	编码	关键词	出现频次	编码	关键词	出现频次
K01	内部控制	221	K18	内部控制体系	15	K35	审计意见	10
K02	内部控制缺陷	85	K19	机制	14	K36	盈余管理	10
K03	公司治理	51	K20	内部控制重大及重要缺陷	14	K37	资本成本	10
K04	信息披露	46	K21	会计控制	14	K38	信息技术	10
K05	商业银行	38	K22	市场作用和反应	13	K39	内部控制信息披露	9
K06	对策与建议	31	K23	会计工作	12	K40	内部控制审计	9
K07	业务风险	29	K24	内部审计	12	K41	会计舞弊	9
K08	上市公司	24	K25	投机&关联交易	11	K42	外部审计	9
K09	风险管理	24	K26	国有企业	11	K43	财务管理	9
K10	会计行为	21	K27	内部控制机制	11	K44	经营目标	9
K11	内部控制制度	20	K28	内部控制监督	11	K45	高级管理层	8
K12	监管机构	19	K29	内部控制有效性&质量	11	K46	制度	8
K13	内部控制环境	19	K30	信贷管理	12	K47	内控审计报告	8
K14	COSO&SOX法案	16	K31	组织结构	10	K48	会计人员	8
K15	财务报告	16	K32	委托代理	10	K49	自愿信息披露	8
K16	金融行业	15	K33	内部控制缺陷认定	10	K50	投资管理	8
K17	出资人	15	K34	稽核	10	K51	风险	8

（三）构建共词矩阵

用规范化处理后的高频关键词替换原有文献数据并导入BICOMB软件，得到$A_{51\times51}$无向对称共词矩阵。为了消除共现频次绝对值差异对多元统计分析结果的影响，本研究采用等价系数法，通过计算关键词之间的Ochiia相关系数（郑华川等，2002）得到共词矩阵的相似矩阵，计算公式为：

$$R_{ij}=\frac{a_{ij}}{\sqrt{a_{ij}}\times\sqrt{a_{jj}}}$$

同时，为了避免相似矩阵中大量零值对分析的干扰，将相似矩阵中R_{ij}用$1-R_{ij}$替代，相似矩阵转化相异矩阵。

三、研究设计与研究过程

（一）中心度分析

中心度分析是通过度量个体在网络中的位置差异来量化分析个体在网络中影响力的方法。中心度衡量指标包括度数中心度、中介中心度和接近中心度。按照上述各指标计算方法，利用社会网络分析软件，可以得到表1中51个高频关键词的度数中心度、中介中心度和接近中心度，见表2。

表2 **关键词中心度计算结果**

关键词	度数中心度	中介中心度	接近中心度	关键词	度数中心度	中介中心度	接近中心度
内部控制	100	20.86	20.86	会计控制	28	0.76	0.76
公司治理	56	3.87	3.87	稽核	26	0.18	0.48
信息披露	54	3.49	3.49	信贷管理	26	0.38	0.38
内部控制缺陷	52	4.02	4.02	高级管理层	26	0.51	0.51
风险管理	50	1.89	1.89	会计舞弊	26	0.48	0.48
会计行为	48	2.29	2.29	国有企业	26	0.28	0.28
业务风险	46	2.54	2.54	风险	24	0.44	0.44
商业银行	46	2.02	2.02	内部控制重大及重要缺陷	24	0.63	0.63
内部控制体系	42	2.22	2.22	外部审计	24	0.43	0.43
金融行业	42	1.29	1.29	制度	24	0.49	0.49
监管机构	42	1.70	1.70	市场作用和反应	24	0.43	0.43
机制	42	1.47	1.47	投资管理	22	0.25	0.25
财务报告	42	1.70	1.91	内部控制有效性&质量	22	0.58	0.58
对策与建议	42	1.91	1.70	内部控制信息披露	22	0.43	0.43
经营目标	40	1.37	1.37	委托代理	20	0.20	0.20
COSO&SOX法案	38	1.70	1.70	会计人员·	20	0.27	0.27
内部审计	34	0.70	1.04	内部控制审计	20	0.24	0.24
会计工作	34	1.04	0.93	财务管理	18	0.27	0.27
投机&关联交易	34	0.93	0.70	内控审计报告	18	0.14	0.14
上市公司	34	1.13	1.13	自愿信息披露	18	0.12	0.12
内部控制机制	32	0.74	0.74	审计意见	18	0.25	0.25
内部控制环境	32	0.79	0.79	资本成本	18	0.29	0.29
内部控制制度	30	0.51	0.51	信息技术	16	0.13	0.13
内部控制监督	30	0.50	0.50	盈余管理	16	0.18	0.18
出资人	30	1.09	1.09	内部控制缺陷认定	10	0.03	0.03
组织结构	28	0.59	0.59				

表2显示，内部控制缺陷研究文献中度数中心度最高的前10个关键词是内部控制、公司治理、信息披露、内部控制缺陷、风险管理、会计行为、业务风险、商业银行、内部控制体系和金融行业。这说明在全部关键词中此10个关键词处于中心地位，对其他关键词影响力最大。表2中各关键词的中介中心度、接近中心度排名情况与度数中心度基本一致，说明度数中心度最高的10个关键词既具有较大影响力，对其他关键词也具有很强的控制能力。

中心度分析结果表明在我国已有内部控制缺陷研究中，内部控制、公司治理、信息披露、风险管理、会计行为、业务风险、内部控制体系等是最突出的研究热点，而包含商业银行在内的金融行业的内部控制缺陷问题受到了研究者的重点关注。

（二）内部控制缺陷研究的可视化

为了更直观、形象地表示出我国内部控制缺陷研究中各关键词所处位置、彼此之间的关系，在中心度量化分析基础上，可以利用软件，进一步绘制我国企业内部控制缺陷研究的共词网络图，如图1所示。这是我国企业内部控制缺陷研究的知识网络的直观表示。

从图1可以看到，“内部控制”度数中心度和中介中心度最大，几乎都与其他点相连，且连线都较粗，说明内部控制研究是整个知识网络的中心。排在前10的数据中，除了“内部控制”“内部控制缺陷”之外，还包括“公司治理”、“信息披露”、“业务风险”、“会计行为”、“内部控制体系”、“对策与建议”和“风险管理”，它们是我国内部控制缺陷研究的核心热点，对其他研究主题具有很强的影响力；“机制”虽然度数中心度也较大，但中介中心度不高，说明它仅对部分研究主题有影响，不是整个研究的核心；“商业银行”的度数中心数和中介中心度都较高，“金融行业”的度数中心度也较高，表明大量内部控制缺陷问题的研究对象是商业银行，金融行业则受到了研究者的特别关注；“财务报告”作为上市公司信息披露的结果，是内部控制缺陷研究的主要依据，它对部分研究主题具有较大影响，而“监管机构”是企业内部控制缺陷研究中受到最多关注的外部组织。

（三）凝聚子群分析

凝聚子群是“行动者构成的一个子集合，这个集合中的行动者之间具有相对较强、直接、紧密、经常或积极的关系”（沃瑟曼和福斯特，1994）。关键词凝聚子群分析是在中心度、共词网络分析基础上，通过关键词之间交互关系的聚类分析，揭示内部控制缺陷研究的基本结构与组成情况，进一步挖掘内部控制缺陷研究热点的方法。

利用子群像矩阵可以得到内部控制缺陷研究的知识图谱简化图，如图2所示。图2非常清晰地描绘出8个子群之间的交互关系。其中“内部控制”是整个网络的中心，它与“公司治理”、“会计控制”、“风险管理”、“内部控制有效性&质量”和“信息披露”几个子群直接相连，“内部控制信息披露”和“内部控制审计”两个子群分别通过“信息披露”子群、“内部控制有效性&质量”子群与“内部控制”子群间接相连，这种交互关系结论也正好与理论相一致。同时，由于“内部控制”、“会计控制”、“风险管理”、“信息披露”和“内部控制审计”5个子群的密度比矩阵整体密度大，表明这些子群具有一定的自反性，子群内各个关键词之间的联系也比其他子群紧密。

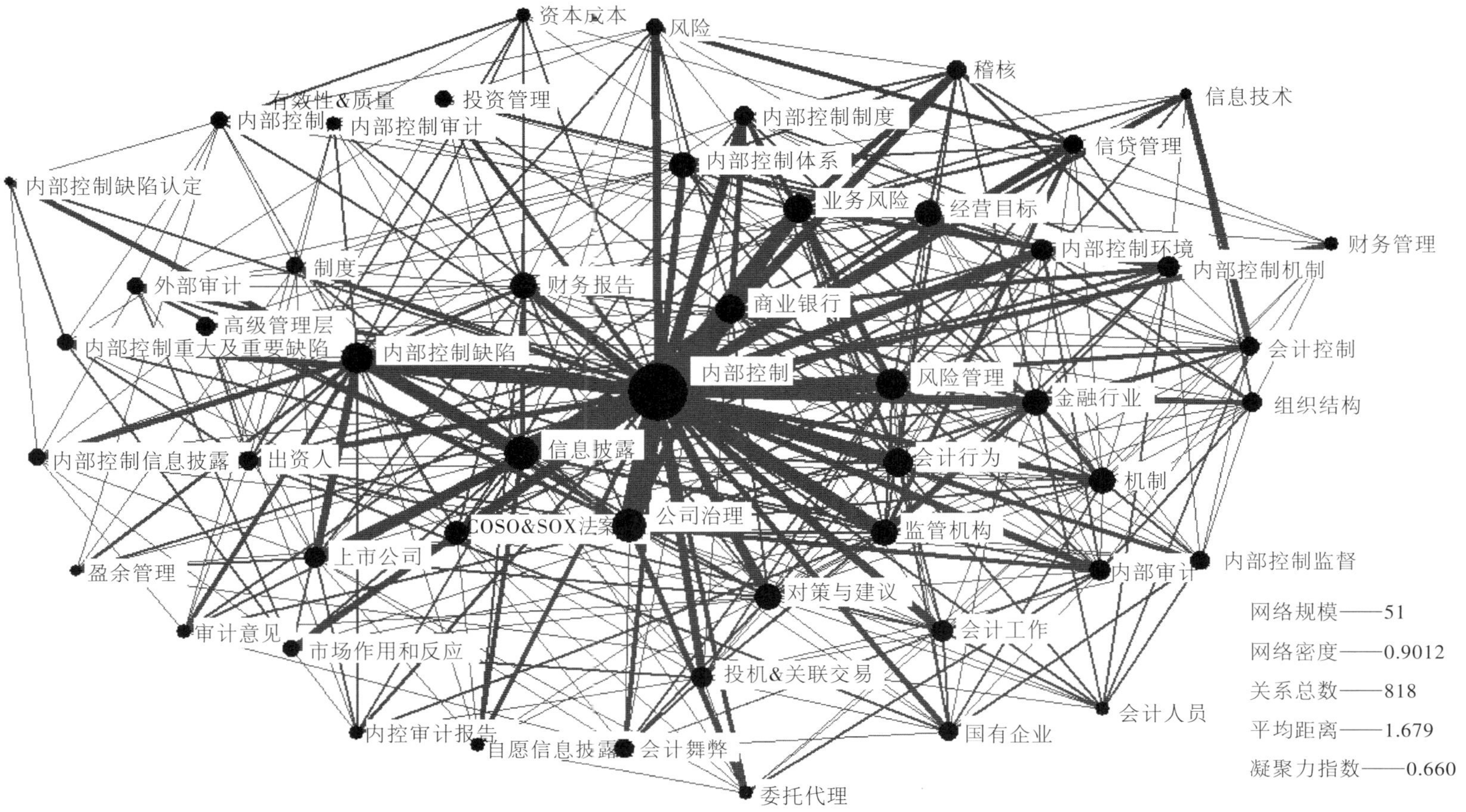

图 1 我国企业内部控制缺陷研究的共词网络

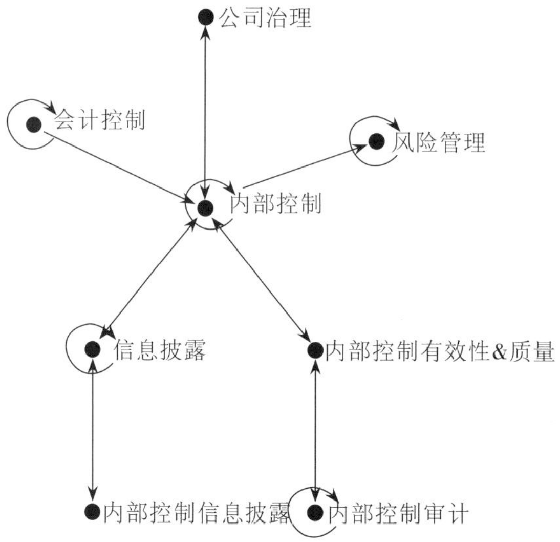

图2 内部控制缺陷研究的知识图谱简化图

（四）多维尺度分析

本研究利用多维尺度分析，能够直观反映关键词之间的相似程度、关键词子群的构成情况和子群之间的关系，而关键词子群的数量和边界可以根据凝聚子群分析的结果确定。用关键词相异矩阵进行MDS分析可以得到关键词二维分布图，进一步绘制出我国企业内部控制缺陷研究的知识图谱，如图3所示。

图3的应力系数（Stress）为0.26157，拟合优度平方（RSQ）为0.75655，说明其拟合效果较好。从图3可以看到，“会计控制”子群处于知识图谱下方，明显远离其他子群，表明其与其他子群相似度较低，“会计控制”相关研究较为独立；“公司治理”子群位于知识图谱正中间，与其他子群的边界都较近，表明其与其他子群可能会存在一定的交叉重叠；“内部控制有效性&质量”、“信息披露”、“内部控制信息披露”和“内部控制审计”几个子群聚集在知识图谱的左侧，说明这几个子群之间相似度较高，相关研究联系较为紧密。

四、研究分析与结论

（一）内部控制缺陷研究的热点与相关重点文献

根据上述研究过程我们已经得到了我国内部控制缺陷研究的八个热点分类，以及各热点的主要研究主题和内容。再结合文献发表的期刊等级、文献被引用次数的数据，可以统计得到这些热点研究中影响力大的重点文献。[①]

1.内部控制

内部控制缺陷研究中的“内部控制”研究主题群主要包含涉及内部控制缺陷的内部控制理论、制度及机制方面的内容。其中，内部控制理论以综述研究居多，内部控制制度及机制方面兼有理论介绍和实证研究。周守华等（2013），李万福等

① 本部分重点文献的选择标准是：全部样本中发表在cssci期刊，截至2016年6月30日被引用30次以上，其中发表10年以上的文献被引50次以上。

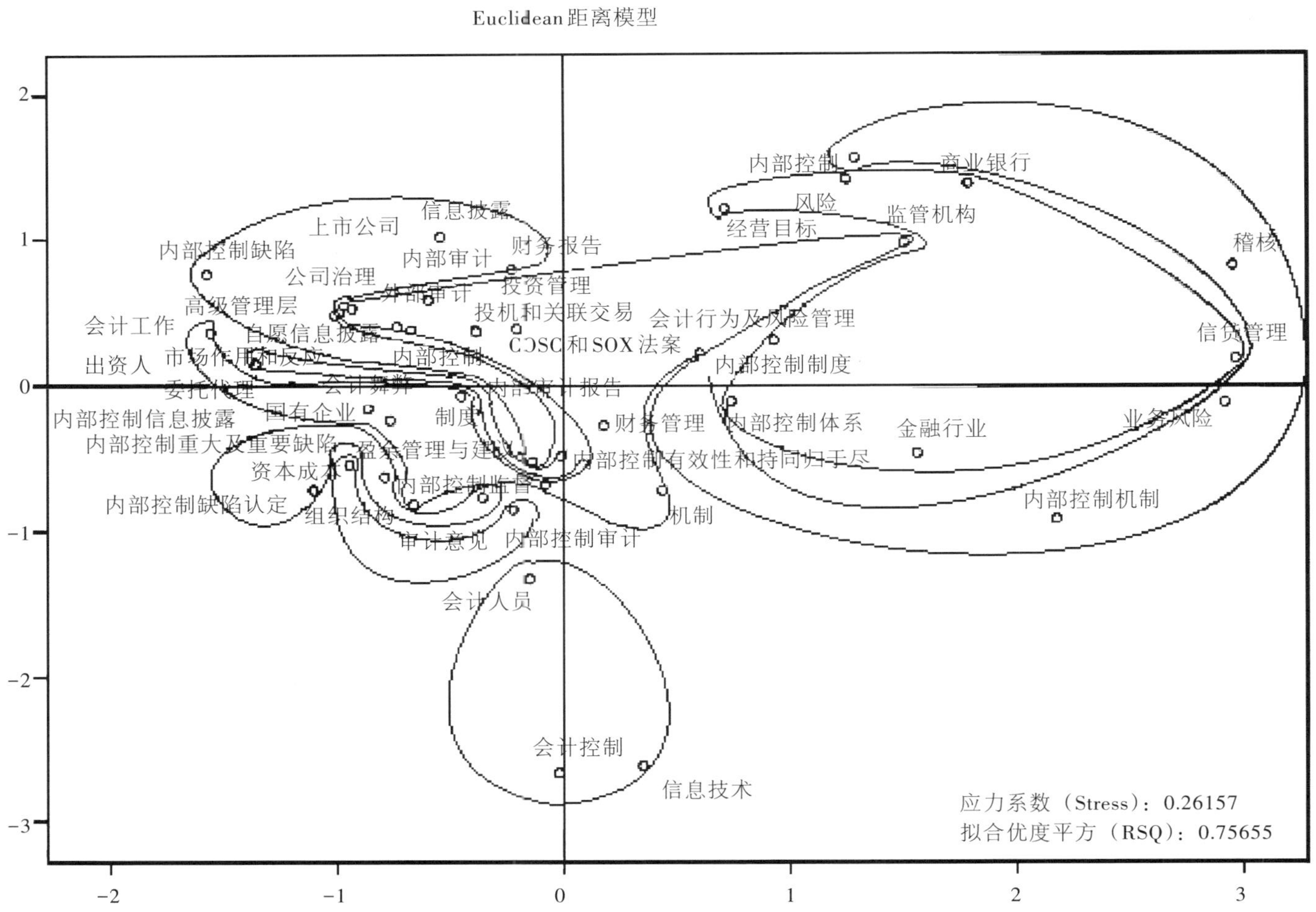

图 3　我国企业内部控制缺陷研究的知识图谱

（2011）、单华军（2010）、《亚新科集团内控管理程序修正》课题组（2001）、王湛（2001）、曹强等（2010）、袁敏（2012）等学者的研究成果在该研究主题中影响力较大。

2.风险管理

“风险管理”研究主题群主要包括以商业银行为研究对象的内部控制体系以及操作风险度量研究、内部控制视角下的企业风险管理和信用担保研究，以及个人投资风险认知等方面的研究。这方面的文献总体上影响力不高。池国华等（2012）、方晓霞（2004）、郝玉贵和刘李晓（2012）的研究成果被引用较多。

3.公司治理

“公司治理”研究主题群包含的关键词最多，围绕公司治理研究呈现出多样化特点，且与其他研究主题存在一定的交叉。该主题可以进一步划分成公司治理、会计舞弊、内部控制环境、理论与影响四大方面。公司治理方面涉及“组织结构”“高级管理层”“外部审计”等关键词，会计舞弊涉及“投机&关联交易”“COSO&SOX法案”等关键词，内部控制环境包含了“内部控制监督”“制度”“机制”“内部审计”“会计行为”等关键词，理论与影响涉及“委托代理”“投资管理”“财务管理”等关键词。刘静和李竹梅（2005）、郑海英（2004）、唐正清和顾慈阳（2005）等在此类主题的研究中具有较高的代表性。

4.会计控制

“会计控制”研究主题群由会计控制和信息技术两个方面构成。文献数量较少，每篇文献的分类和总体影响力有限。陈潇怡和欧阳电平（2013）的研究相对影响较高。

5.信息披露

“信息披露”研究主题群涉及会计和审计报告的信息质量、内部控制缺陷影响因素两大方面内容，信息披露质量改进的对策与建议研究也涵盖其中。刘焱和姚海鑫（2014）、齐保垒等（2010、2011）的文献在此主题研究中影响力较高。

6.内部控制有效性&质量

“内部控制有效性&质量”研究主题群从内部控制有效性&质量的影响因素以及对审计师变更等因素的影响两个方面进行描述。高影响力的文献较少，李万福等（2012）的文献具有一定的影响力。

7.内部控制信息披露

“内部控制信息披露”研究主题群主要包含内部控制信息披露、盈余管理以及内部控制缺陷认定三个方面。这部分文献的总量和高影响力文献都较多。例如，王惠芳（2011）、杨清香等（2012）、杨有红和李宇立（2011）、叶建芳等（2012）、杨玉凤（2007）、田高良等（2010）、齐保垒和田高良（2010）、张晓岚等（2012）、刘亚莉等（2011）、盖地和盛常艳（2013）、董卉娜和朱志雄（2012）、陈丽蓉和周曙光（2010）、陈武朝（2012）、赵息和许宁宁（2013）等的文献。

8.内部控制审计

“内部控制审计”研究主题群涉及内部控制审计和资本成本两个方面。刘玉廷和王宏（2010）、张宜霞（2011）、李明辉和张艳（2010）的成果具有较高的影响力。

（二）我国内部控制缺陷研究的趋势

1.整体研究趋势分析

内部控制缺陷研究最早的文献是对由于计算机犯罪引起的内部控制存在缺陷的研究（许永斌，1990），全部研究样本的年度分布情况如图4所示。根据发文数量，我们可以将25年间我国企业内部控制缺陷研究大致划分成1990—2002年、2003—2008年、2009—2014年三个阶段。2003年以前的相关研究很少，1990—2002年13年里共有24篇文献，年发文量最高6篇。2003年开始研究逐步增多，2003—2008年6年里发文109篇，年发文量从11篇到24篇不等。而2009年之后，研究明显增多，2009—2014年6年里共有280篇相关文献，自2012年开始更是达到了年发文量50篇以上。

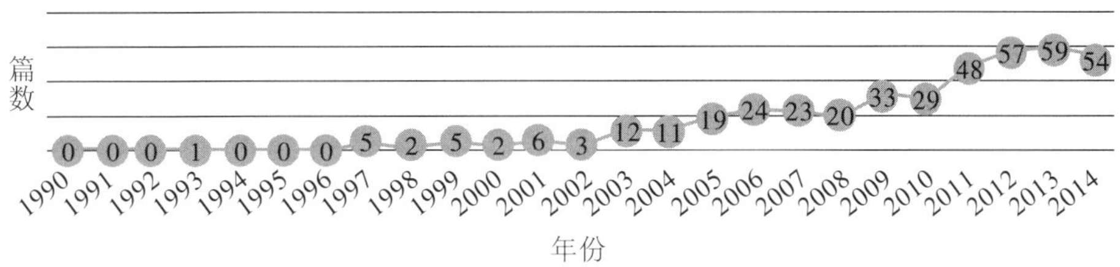

图4　我国企业内部控制缺陷研究趋势图

2.研究主题趋势分析

图5所示是基于高频关键词绘制的我国企业内部控制缺陷研究主题变化趋势。图中显示，研究主题从2003年开始明显发散，研究呈现多样化。其中，“公司治理”“内部控制”类研究多数年份普遍处于领先地位，说明它们一直是内部控制缺陷研究的重要方面；“风险管理”类研究成为1997年最重要的研究主题，2006年到2009年也再次引起关注排在前列，但是从2010年起呈现明显下降趋势；“信息披露”类研究从2003年开始出现，并呈现逐年上升趋势，自2010年开始超越其他研究主题成为第一研究主题并保持不变；“内部控制有效性&质量”、“内部控制审计”与“内部控制信息披露”三类研究从2011年开始整体引起关注，呈现飞跃式上升；“会计控制”类研究在2005年达到研究的峰值，之后整体居于低水平。

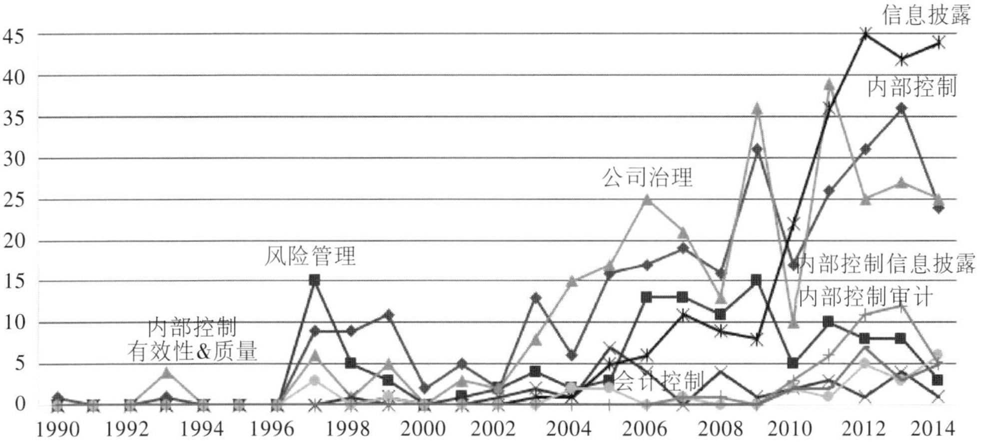

图5　我国企业内部控制缺陷研究主题变化趋势

参考文献

［1］陈武朝. 在美上市公司内部控制重大缺陷认定、披露及对我国企业的借鉴［J］. 审计研究，2012（1）：103-109.

［2］池国华，吴晓巍. 管理控制的理论演变及其与内部控制关系［J］. 审计研究，2003（5）：53-57.

［3］郝玉贵，刘李晓. 关联方交易舞弊风险内部控制与审计——基于紫鑫药业案例的研究［J］. 会计研究，2012（3）：72-78.

［4］何卫红，赵佳. 内部审计研究述评：2003—2009［J］. 审计研究，2011（1）：59-64.

［5］李享. 美国内部控制实证研究回顾与启示［J］. 审计研究，2009（1）：89-98.

［6］李翔，树成琳，陈丽花，等. 内部控制缺陷与信息不确定性——西方内部控制研究文献导读及中国制度背景下的展望（二）［J］. 会计研究，2015（7）：84-91.

［7］李连华，聂海涛. 我国内部控制研究的思想主线及其演变 1985—2005［J］. 会计研究，2007（3）：73-80.

［8］李万福，林斌，宋璐. 内部控制在公司投资中的角色：效率促进还是抑制［J］. 管理世界，2011（2）：81-99.

［9］刘静，李竹梅. 内部控制环境的探讨［J］. 会计研究，2005（2）：73-75.

［10］刘焱，姚海鑫.高管权力、审计委员会专业性与内部控制缺陷［J］. 南开管理评论，2014（2）：4-12.

［11］李明辉，张艳. 上市公司内部控制审计若干问题之探讨——兼论我国内部控制鉴证指引的制定［J］. 审计与经济研究，2010（2）：38-47.

［12］刘玉廷，王宏. 提升企业内部控制有效性的重要制度安排——关于实施企业内部控制注册会计师审计的有关问题［J］. 会计研究，2010（7）：3-10.

行业会计制度的演变及其启示
——基于政府经济管理职能的分析

付磊　陈杰

（首都经济贸易大学）

摘　要：本文从政府经济管理职能的角度对行业会计形成、废除的原因做出了新的解释。我国分部门制定会计制度的做法始于中华人民共和国成立之初。这是由当时的经济建设思想、经济形势和政府经济管理职能所造成的。《关于草拟统一的会计制度的训令》是我国分部门制定会计制度最早的文件规定。计划经济体制下政府业务主管部门根据其经济管理职能对企业实施直接管理，拥有所属行业企业会计制度的制定权，是形成部门会计的直接原因。部门会计制度围绕主管部门财务计划的执行，而各部门的财务计划有所不同，导致了为财务计划服务的部门会计制度之间的差异。改革开放后政府职能的转变，为废除行业会计、最终形成统一的企业会计制度提供了行政管理机制的基础和可能性。从我国行业会计制度演变的历史过程中可以得到的结论和启示是：政府行政职能是形成和废除部门会计的直接原因；统一会计制度、提高会计信息可比性是会计发展的大势所趋；会计制度的改革需要与国家整体改革相适应；会计制度的改革需要循序渐进。

关键词：行业会计制度　演变　政府经济管理职能

改革开放40年来，中国企业会计发生了重大变化，取得了公认的成就，其中之一是企业会计信息的可比性有了大幅度提高。改革开放前，中国企业会计制度由各业务主管部门制定，各种会计制度之间存在差异，导致了会计信息缺乏可比性。改革开放后，为了适应社会主义市场经济的需要，改变了分部门制定会计制度的做法，实现了企业会计制度的统一，从而提高了会计信息的可比性。我国现代会计史中存在的分部门制定会计制度过程，往往被简单地说成是由计划经济体制造成的。这当然不错。但仅停留在如此笼统的解释上，似乎没有把问题讲清楚。考虑到中国由政府主持会计制度的制定，本文尝试从政府经济管理职能的角度对这一历史现象做出解释。

一、部门会计制度的形成

由于不同行业的经济活动和业务方式不同，各行业的会计核算客观地存在差异，这些差异主要表现在成本费用、部分资产的处理上。习惯上，人们将带有行业特点的会计称为“行业会计”。一般意义上的“行业会计”与本文讨论的由各业务主管部门制定的会计制度不同。为了行文的方便，本文将分部门制定的会计制度称为“部门会计”。

我国分部门制定会计制度的做法形成于中华人民共和国成立之初，是当时政治经济环境下的产物。

中国共产党在取得全国胜利之前提出的建设新民主主义经济设想中，已经明确了新中国的经济建设思想是国家对新兴国有经济实行统一和计划管理：“新民主主义经济之不同于普通的资本主义经济，还在于新民主主义的国民经济应该是在某种程度上具有组织性与计划性的经济。由于国家的重点经济命脉——如大工业、大运输业、大商业及银行、信贷机关与对外贸易等，均已掌握在国家手中，由国家对整个国民经济的生产和分配实行有力的领导，即实行某种程度的国民经济的组织性和计划性，是完全可能的和必要的。”① 这一经济管理思想在1949年9月第一届中国人民政治协商会议通过的《共同纲领》中有着充分的体现。《共同纲领》提出：“中央人民政府应争取早日制订恢复和发展全国公私经济各主要部门的总规划，规定中央和地方在经济建设上分工合作的范围，统一调剂中央各经济部门和地方各经济部门的相互关系。中央各经济部门和地方各经济部门在中央人民政府统一领导之下各自发挥其创造性和积极性。”②

从客观经济形势来看，中华人民共和国成立之初革命战争尚未结束，军事开支浩大，连年战争使本来就十分落后的经济雪上加霜，严峻的经济形势迫使政府必须尽快恢复经济，安定人民生活，维护新生政权的稳固。为了尽快扭转经济困难的局面，需要改变由于原各革命根据地独立管理和各地解放时间不同而造成的财政经济分散管理的局面，集中有限资金统一使用，实行以统为主、统分结合的政府经济管理体制，最大限度地发挥现有财力的作用。中华人民共和国成立初期实施的国家经济统制十分有效，国民经济很快得以恢复，也为日后推行计划经济体制奠定了物质基础。

为了保证国家经济工作的推进，中国共产党早在新中国诞生之前即已酝酿建立国家经济管理机构及管理体制。党的七届二中全会（1949年3月，西柏坡）上，中共中央决定建立中央财政经济委员会，统一领导全国的财经工作。1949年5月31日，中共中央发布《关于建立中央财政经济机构大纲（草案）》，要求：（1）成立专业财政经济委员会及其下属机构（即中华人民共和国成立后政务院财经委员会及各部委的前身）；（2）建立大区、省、大中城市财经委员会。1949年9月，根据中央人民政府组织法，成立政务院财政经济委员会，负责指导政府财经各部门、人民银行及海关总署等一切有关经济部门的工作，简称“中财委”。中财委内设财经计划局、技术管理局、财经统计局、私营企业管理局、外资企业管理局、合作事业管理局、财贸人事局、编译室等业务部门；中财委之下设立财政部、贸易部、重工业部、燃料工业部、纺织工业部、食品工业部、轻工业部、铁道部、邮电部、交通

① 张闻天.关于东北经济结构及经济建设基本方针的提纲［M］//. 刘少奇论新中国经济建设.北京：中央文献出版社，1988.

② 中共中央党校党史研究室.中共党史参考资料（七）［M］. 北京：人民出版社，1980.

部、农业部、林垦部、水利部、劳动部、人民银行总行、海关总署等机构。随着中央政府经济管理职能的确定，各地方政府也设立了与中央各经济部门对应的经济管理机构。按照中财委及各部委组织条例的规定，当时中央政府的经济职能远超过旧中国和西方资本主义国家中央政府，接近苏联的做法，对具有一定数量和规模的国有企业（大部分为接收的国民党政府所属企业、国民党官僚私人企业和外国在华企业及小部分原革命根据地公营企业）实行直接管理[①]，故而一段时间内国有企业被称为"国营企业"，即政府直接经营的企业。这样，政府经济管理部门就承担了按行业（部门）管理国民经济和直接管理国有企业的双重职责。[②]

1950年3月中央人民政府发布《关于统一国家财政经济工作的决定》，正式确定全国统一财政收支、统一物资调配、统一现金管理。统一财政经济工作后，除铁路、金融系统由中央政府主管部门直接管理外，对其他国有企业实行"条块结合、分级管理"的办法。这里的"条"指的是上下级政府之间业务内容相同的职能部门，如中央政府的纺织部与地方政府的纺织厅（局）；"块"指的是拥有各种职能部门的各级政府，如中央人民政府、地方人民政府。按照"条块结合、分级管理"的办法，国有工业企业分为三类：中央所属企业、中央所属委托地方代管企业、地方所属企业。在商业外贸方面，中央成立了全国性的国内外贸易专业公司，这些公司在大区、省和市设立分公司和机构，其投资、经营管理和收益归中央所有。[③]政府分部门对行业内国有企业的直接管理，构成了此后几十年企业会计分部门制定的经济管理体制基础。

推行国家财政经济工作的统一，必须统一会计制度。在《关于统一国家财政经济工作的决定》发布的同时，中央人民政府政务院财政经济委员会于1950年3月9日发出《关于草拟统一的会计制度的训令》（财经计字第1033号），称："人民解放战争已获得基本胜利，全国极大部分地区已经或正在转入恢复生产，如何有计划地恢复与发展经济取得经济战线上的胜利，已成为各级人民政府财经部门的重要任务，为完成这个任务，我们就要加强生产事业与各种企业的管理，特别是把经济核算制度建立并健全起来，是一个非常重要的环节。但现在各企业单位的会计是非常紊乱的，由于会计制度的纷乱，不仅影响了经济核算制度的贯彻，且使管理指导与计划上遭遇到许多阻碍，兹为克服以上困难，增进会计事务的效能，从而充分体现经济核算制度，便利指导生产起见，特决定由中央各企业主管部门，分别就所属企业及经济结构草拟各单位统一的会计制度草案，及有关的章则和账簿、报表、单据的样式，并由财政部设置专门机构统一加以审查，各企业主管部门须在本年4月5日前送交财政部审查，财政部须在5月5日以前提出审查意见，报本委核定执行。"[④]训令基于《关于统一国家财政经济工作的决定》中关于中央政府主管部门直接管理其行业国有企业的规定，在提出加强生产事业与各种企业的管理、健全经济核算制度、实行统一会计制度的同时，明确指出了会计制度制定的权限："由中

① 武力.中华人民共和国经济史［M］.北京：中国现代经济出版社，2009：71，82-83.
② 吴承明，董志凯.中华人民共和国经济史（1949—1952）［M］.北京：社会科学文献出版社，2010.
③ 武力.中华人民共和国经济史［M］.北京：中国现代经济出版社，2009：86.
④ 杨纪琬.中国现代会计手册［M］.北京：中国财政经济出版社，1988：105.

央各企业主管部门，分别就所属企业及经济结构草拟各单位统一的会计制度草案，及有关的章则和账簿、报表、单据的样式……由财政部设置专门机构统一加以审查”，即采取由中央各企业主管部门分别制定所管辖行业的企业会计制度的管理方式。“中央各业务主管部门在会计事务管理中发挥着重要的作用，当时其主要任务是根据全国统一会计制度的规定，结合本部门会计工作的实际，制定适合本部门的会计制度，推动本部门的会计工作发展。”[①]《关于草拟统一的会计制度的训令》最早提出由各部门制定会计制度，是我国分部门制定会计制度最早的文件规定。

在财政经济委员会的统一部署下，财政部于1950年4月25日成立了由中央政府有关部门会计专家和部分在京高校会计教授组成的“会计制度审议委员会”，负责审查国务院各部上报的会计制度。重工业部、轻工业部、纺织工业部、燃料工业部、铁道部、交通部、邮电部、贸易部、农业部、卫生部、中国人民银行、中央合作事业管理局、国家出版总署13个中央企业主管部门在较短的时间内报送了各自草拟的会计制度，“会计制度审议委员会”至1950年6月20日审查批准了其中9个部门的会计制度并报财政经济委员会核准实施，1951年上半年审查批准了其他4个部门的会计制度。这些会计制度是我国最早的一批部门会计制度，并从此形成了我国长达40余年的分部门企业会计体系。[②]

在“会计制度审议委员会”的统一指导和要求下，各企业主管部门制定的会计制度在内容、结构上保持了基本一致，均包括总则（含会计原则、会计期间、记账方法、会计核算基础、资产评估原则等）、会计报表（含会计报表的种类、格式等）、会计科目（含会计科目类别、编号、会计科目表、会计科目说明等）、会计簿籍（含会计簿籍的类别、格式、使用规定等）、会计凭证（含会计凭证的种类、格式、使用规定等）、会计事务处理程序（分为普通会计事务处理程序、成本会计事务处理程序、执行生产或业务及财务计划的会计处理程序、执行“提取利润办法”的会计处理程序、执行“折旧基金解缴办法”的会计处理程序五种）、会计格式组织系统图（记账程序）、附则（含交接手续、所属下级机构的权责等）八部分，对会计工作的要求也大体相当。但各会计制度之间也有一些差别。以“重工业部所属企业及经济机构统一会计制度”为例，该制度与其他会计制度相比，“比较特殊的地方”主要有：（1）为防止基本建设资金和经营生产的混用，将基本建设基金与营业资金划分两套账处理；（2）设置成本计算类的“生产支出”科目（相当于后来的“生产成本”科目或“基本生产”科目）；（3）计算各部门发生的成本支出；（4）损益区分为“生产损益”与“营业损益”；（5）折旧、大修理不直接冲减资产的原值。[③]在部门会计形成之初，各业务主管部会计制度之间的差别并不很大，此后随着部门管理习惯和部门利益的形成而逐渐扩大。

从这段历史中可以看到，国家经济管理体制导致了财经统制和部门经济，部

① 余秉坚，高一斌.对新中国会计事务管理发展的几点认识［M］//中国会计学会会计史专业委员会.会计史专题（2000）.大连：东北财经大学出版社，2000：3.
② 时任财政部会计司司长的安绍芸曾认为，我国各种国营企业的统一会计制度“在1950年大体上已基本建成”，见《新会计》第14期第5页。
③ 祁田.介绍中央重工业部所属企业及经济机构统一会计制度［J］.新会计，1951（2）：3-10.

门经济导致了部门会计，部门经济和部门对企业的直接管理是部门会计形成的重要原因。

部门会计体系形成后，我国国民经济管理体制历经调整，但直至改革开放初期，一直没有取消政府业务主管部门对企业的直接管理权，只不过所管理的企业数量、权限大小有所变化[①]，这使得政府主管部门长期拥有和行使制定会计制度的权限，部门会计制度也就长期存在。企业会计制度按不同部门的做法，对有关企业会计工作的重大政策文件予以确认。例如，财政部1965年7月发布的《企业会计工作改革纲要》（1965年7月2日）对会计制度改革的构想是“分别行业、分别企业大小设计会计制度。设计会计制度，既要有统一的要求，又要有因地制宜的灵活性。会计制度必须根据各行各业的特点，分别设计，不能千篇一律。”

中华人民共和国成立之初建立的统一的部门会计制度，改变了旧中国会计落后、散乱的局面，在国家经济建设中发挥了重大作用。但改革开放以后，分部门制定企业会计制度的缺陷越来越明显，我国开始考虑放弃部门会计，实行全国统一的企业会计制度。分部门制定会计制度的缺陷主要表现在三个方面：

其一，会计信息缺乏可比性。不同行业的会计在核算上存在特殊性本是自然之事，国际上有着一些解决会计核算统一性与特殊性较成熟的办法。但是由政府各主管部门分头制定会计制度，难免造成会计标准不统一，导致会计信息缺乏可比性。在会计制度由政府业务主管部门分头制定的体制下，会计制度的管理分三个层次：财政部会计司负责制定工业会计制度、基本建设（含对外承包）会计制度、三资企业会计制度，预算司负责制定预算会计制度，农财司负责制定农业会计制度；凡是有部门特点但又不限于这个部门所属企业执行的会计制度，由财政部和相关主管部门联合颁布，如商业会计制度、粮食会计制度、外贸会计制度、交通会计制度等；主管部门直属企业的会计制度，由主管部门制定，报财政部批准后发布执行，如银行会计制度、保险公司会计制度等。[②] 当时一位全国会计管理工作的负责人曾这样描述多部门分头制定会计制度的状况：“现行会计制度大约四十多种。这四十多种制度，从部门来讲，几乎是一个部门就有一个会计制度，除工业外，同样是搞商品流通的，物资有一个制度，供销有一个制度，粮食、外贸、供销社、新华书店、医药商业、石油商业、烟草商业等，分别有各自的会计制度。现行的会计制度管理体系，部门与部门之间，制度与制度之间说不上话，部门封锁，不能适应改革开放的需要，也不符合《会计法》（1985年公布的《中华人民共和国会计法》）的要求。”[③] 多头分别制定的会计制度各自注重部门管理的需要和行业特点，且因长期以来不同行业企业之间缺乏明确的可供共同遵循的会计核算原则，各种会计制度之间不可避免地存在差异，从而使不同行业企业提供的会计信息可比性差，不利于国家利用会计手段加强宏观调控和决策。以20世纪60年代简化会计制度时期的情况为例，主管商业企业的商业部和主管工业企业的财政部对所属企业的会计报表要求

---

① 武力.中华人民共和国经济史［M］.北京：中国现代经济出版社，2009：75-76，401-404，411，414，528-532，745-746，810-811.

② 本书编写组.企业会计制度讲座［M］.长沙：湖南科学技术出版社，1993：3.

③ 刘玉廷.中国会计改革理论与实践［M］.北京：民主与建设出版社，2003：3.

各不相同：1964年商业企业需向商业部上报的会计报表为利润计划表、分行业分专业亏损计划表、饮食服务企业利润计划表、流动资金计划表和商品流通费计划表5种[①]；而1965年工业企业需向财政部上报的报表为财务成本主要指标表、利润表、销售商品成本表、流动资金表、固定资产表、专用基金表6种[②]。在报表的格式与内容上，两个部门的要求也不相同。前财政部会计司司长杨纪琬先生对此曾尖锐地指出："分行业的会计制度（1992年以前由各业务主管部门分别制定的部门会计制度）说是统一，实际上很不统一。"[③]

部门会计制度之间差异的形成，一是因为部门会计核算要遵从本部门财务制度的规定，为完成本部门财务计划服务，无论会计科目设置、账务处理方法还是会计报表格式和项目设置，都要满足编制和考核计划的需要，而各部门的财务计划、财务要求不尽相同，进而导致了部门会计制度的差异。二是囿于本部门的习惯做法，如不同企业采用不同的记账法，在会计名词、核算方法、报表格式等方面存在不必要的差异（如同一种报表有不同的名称，工业企业称资金平衡表，商业企业称为资金表）。[④]三是基于维护部门利益，如某中央部门曾要求设立"国内账项结算"科目单独计算本部门范围内的易货贸易业务，单独计算盈亏，以盈补亏，收益不计入利润总额，这显然不符合利润核算原则，目的在于维护部门利益。[⑤]

在计划经济体制下，企业的生产经营由主管部门按计划统一安排，资金缺乏在部门之间的流动，会计信息按部门系统上报，为部门计划服务，企业之间（特别是跨部门的企业之间）没有相互了解会计信息和进行信息比较的需要，部门会计之间缺乏统一性和可比性并不妨碍社会经济的运行。经济体制改革后，企业的业务活动突破了部门的约束，逐渐形成了不再区分部门与行业的物资、资本大市场，为部门计划服务的部门会计不能为资金在市场经济的流通提供信息服务，客观形势要求会计制度必须具有适应大市场需要的统一性，会计信息必须具有较强的可比性。此外，对外开放经济政策吸引了大量境外投资，而缺乏一致性且与国际惯例差距较大的会计信息无法满足境外投资者的需要。改革开放初期，一些境外投资者表示"看不懂"中国企业的财务报表，一是因为中国企业的会计政策与国际惯例相距较大，二是因为不同所有制、不同行业企业提供的会计信息存在差异，境外投资者不易理解。部门会计不能满足世界经济一体化的市场需要。

其二，市场经济形成后，企业开展业务活动不再受行业壁垒限制，很多企业实行跨行业多种经营，多行业经营的企业集团层出不穷。与此同时，技术的进步和市场的开发使新兴行业不断涌现，传统的行业划分不能涵盖全部企业类型，多种经营企业和新兴行业无法简单套用原有会计制度，强调单一核算特点的部门会计无法适应多元经济和技术发展的需要。

---

① 参见"商业部关于简化财务会计报表的通知"（商财字第779号），《商业财务会计文件汇编（1950—1980）》。

② 参见财政部1965年8月11日《工业企业会计科目和会计报表格式（草案）》。

③ 杨纪琬.当代中国的会计改革［M］//社会主义市场经济与会计制度改革.北京：中国财政经济出版社，1994：88.

④ 中国管理科学研究院财政经济研究所.社会主义市场经济与会计制度改革［M］.北京：中国财政经济出版社，1994：87-88.

⑤ 刘玉廷.中国会计改革理论与实践［M］.北京：民主与建设出版社，2003：5.

二、企业会计制度的统一

废止部门会计制度，实行统一会计制度，提高企业会计信息一致性的改革是渐进式、分阶段推进的。

1.推行行业性统一的会计制度

财政部在1985年公布的《会计改革纲要（试行）》中，第一次正式提出改革部门会计的设想："按照'统一领导，分级管理'原则，改革会计管理体制。根据《中华人民共和国会计法》[①]关于'国务院财政部门管理全国的会计工作，地方各级人民政府的财政部门管理本地区的会计工作'的规定，各级财政部门对不同所有制、不同行业的会计工作要逐步实行统一管理。""制定统一的会计准则。会计核算制度改革的目标是，以《中华人民共和国会计法》为依据，按照有计划商品经济对会计核算的要求以及宏观经济管理的需要，制定全国统一的会计准则。全国统一的会计准则是制定会计核算制度和组织会计核算的具有法规约束力的基本规范。全国统一会计准则的实施，应当由财政部或由财政部会同国务院有关业务主管部门依据会计准则拟定不同行业的示范会计核算制度，各单位在执行统一会计准则的前提下，可以根据本单位经营方式和特点以及强化内部管理的需要，按照示范会计核算制度的要求，设计本单位适用的会计核算办法。" 在1991年发布的《会计改革纲要（试行）》中，财政部再次提出会计信息标准要打破行业、部门、所有制界限，缩小乃至消除与国际惯例的差异，使会计信息能够满足使用者进行投资决策、经营管理和宏观调控的需要。

依据国家经济体制改革的进展和上述会计改革设想，财政部经过三年的研究[②]，于1992年11月颁布了中华人民共和国第一部《企业会计准则》，并于当年12月至次年3月先后公布了农业企业，旅游、饮食服务企业，商品流通企业，工业企业，房地产开发企业，施工企业，运输（交通）企业，对外经济合作企业，保险企业，运输（铁路）企业，金融企业，邮电通信企业，运输（民航）企业共13个行业会计制度（可称之为行业性统一会计制度），作为《企业会计准则》的落实措施和配套制度。

除了原则、内容之外，在管理模式上新的行业会计制度与原来的部门会计制度有许多不同。

在制度的类别和数量上，新的行业会计制度不再按照部门划分，而是依据业务特点和核算特点分设，将原有的40多个部门会计制度压缩为13个，大大地缩小了会计制度的数量。例如，《商品流通企业会计制度》统一了原来的粮食企业、供销合作企业、外贸企业、物资企业、新华书店、烟草商业、石油商业、医药商业等十几个部门的会计制度；《旅游、饮食服务企业会计制度》统一了原旅游饭店、旅行社、餐饮、美容美发、照相、修理等服务性企业的会计制度；《农业企业会计制

① 指的是1993年修订的《中华人民共和国会计法》。该法取消了国务院业务主管部门可以制定本部门会计制度的规定。

② 杨纪琬.当代中国的会计改革［M］//社会主义市场经济与会计制度改革.北京：中国财政经济出版社，1994：63.

度》包括了原来种植业、养殖业的会计制度；《工业企业会计制度》由所有制造业、加工业的企业执行，等等。

在制度的规范性上，新的行业会计制度遵循《企业会计准则》的统一规定，改变了过去部门会计制度对同一会计事项不同的会计处理、不同的解释口径的情况，提高了会计信息的一致性。实际上，由于处在同样的经济环境和秉承同样的经济理念、会计原理，各部门会计制度原本有着很大的共性，不同行业之间会计核算并无天壤之别，没有必要各自设置独立的会计制度，大幅度合并部门会计制度具有天然的可能。例如，虽然各部门会计的会计科目名称不一，但统计结果表明50%以上的科目性质是相同的；各部门会计的大多数资金占用、资金来源（后区分为负债、所有者权益）项目的划分和核算是相同或接近的；各部门会计的会计报表格式也完全可以统一等。

在会计制度的制定权限上，新的行业会计制度的制定权限集中于财政部，放弃了过去由财政部与主管部门联合制定，或由主管部门制定报财政部批准的做法。这是因为如果延用原有的制度制定权限，“就打不破部门、所有制的界限，行业也没办法重新划分，会计政策、会计方法、会计报表还统一不起来，就保证不了《企业会计准则》的顺利实施。”① 实际上，行业会计制度也一定程度地起到了统一政策、避免经济部门利益割据的作用。

1992年的行业会计制度改变了原来分部门制定会计制度所带来的会计准则分散、会计信息缺乏一致性的局面，“将全国不同行业、不同所有制、不同经营模式的千千万万个企业的会计制度统一起来，共同遵循一个会计准则，这是中国会计制度历史上第一次大统一”，② 迈出了会计制度统一管理的第一步。

2.实现统一的企业会计制度

20世纪90年代中期以后，会计的社会经济环境发生了新的变化：越来越多的企业实施跨地区、跨行业的多元化经营战略，新兴经济体逐步兴起；社会主义市场经济，特别是非国有经济和资本市场迅猛发展，初步形成了以国有经济为主导、多种经济成分并存的格局③；我国成为国际会计师联合会、国际会计准则委员会成员，以及加入世界贸易组织进程的提速，使我国与国际会计标准的协调更为急迫。

1992年制定的企业会计准则和行业会计制度与新形势的要求存在很大差距。其一，1992年企业会计准则和行业会计制度在核算原则、方法上与会计国际惯例有着较大差异。其二，会计信息仍然缺乏一致性。除了行业会计制度，当时还同时存在股份公司会计制度、外商投资企业会计制度、个体工商户会计制度、资产管理公司会计制度、保险公司会计制度等。我国还先后公布了一批核算新型业务的特殊会计规定（如1993—1995年陆续出台的若干涉税会计处理规定、1994年发布的关于外汇会计处理规定、1995年发布的《合并会计报表暂行规定》、1997年颁布的

---

① 财政部《企业会计制度讲座》编写组.企业会计制度讲座［M］. 长沙：湖南科学技术出版社，1993：30.

② 杨纪琬.当代中国的会计改革［M］. 北京：中国财政经济出版社，1994：63-64.

③ 统计资料显示，1999年我国民营企业创造的产值已占到国民经济总产值的48%，1995年至1999年国有企业1 300万下岗职工中的近1 200万人在民营企业中就业，民营企业已成为国民经济中的重要力量。

《企业兼并有关会计处理问题暂行规定》、1997年发布的《企业商品期货业务会计处理暂行规定》等）和具体会计准则（如1997年发布的《企业会计准则—关联方关系及其交易的披露》，1998年发布的《企业会计准则—现金流量表》《企业会计准则—资产负债表日后事项》《企业会计准则—债务重组》《企业会计准则—收入》《企业会计准则—投资》《企业会计准则—建造合同》等）。一般企业执行行业会计制度，外商投资企业执行外商投资企业会计制度和现金流量表、债务重组、或有事项3项具体会计准则，股份制企业执行《股份有限公司会计制度》和10项具体会计准则。不同的会计制度、具体会计准则所规定的会计标准有差异，如股份有限公司根据《股份有限公司会计制度》和具体会计准则的规定可以提取长期投资的损失准备，而其他企业却不能提取投资损失准备。各企业执行不同的会计制度、准则，会计信息缺乏可比性的情况仍然较严重。其三，分行业的会计制度无法满足企业多元化经营的需要。如果一个企业集团既生产和销售产品，又从事旅游、饮食服务，甚至开发房地产，就要同时执行几种行业会计制度，不便于对企业会计数据的统计、考核，也给企业编制合并报表增加了难度。其四，不能满足新兴企业的需要。无论怎样划分，行业类别总是难以覆盖所有的企业类型，如网络公司、软件公司、高科技企业等新兴经济体就难以套用某种行业会计制度。分行业的会计制度已不能适应日益发展和变化的行业对会计信息的需求，形势的发展要求尽快实行国家统一的企业会计制度。

为此，先后二次修订的《会计法》（1993年12月修订和1999年10月修订）[①]、《中共中央关于国有企业改革和发展若干重大问题的决定》（1999年9月22日中国共产党第十五届中央委员会第四次会议通过）、国务院发布的《企业财务会计报告条例》（2000年6月21日）、原国家经贸委发布的《国有大中型企业建立现代企业制度和加强管理基本规范（试行）》（2000年9月28日国务院办公厅转发）等法规和政策文件一再强调建立统一的会计制度，要求企业提供真实、完整的会计信息。

这一时期进行的国家行政管理体制改革，则为实行国家统一会计制度提供了难得的管理体制上的机遇。1998年完成了新一轮的国务院政府机构改革，这次机构改革与以往的历次改革主要着眼于机构精简不同，以推进社会主义市场经济发展为目的，以尽快结束专业经济部门直接管理企业的体制为目标，其历史性进步是推动政府职能转变有了重大进展，突出体现在撤销了几乎所有的专业经济部门，从组织机构上中止了政府部门对企业的直接管理，从行政管理机制上为实现国家统一会计制度提供了可能。[②]

在这样的背景下，财政部于2000年12月29日发布了全国各行业统一的《企业会计制度》。这一会计制度特别突出了统一性的特点，不再区分行业，除了金融、保险企业和小规模企业外，所有企业一律执行。对各行业的特殊核算需要，则采取出台少量特殊行业会计制度和体现行业特点的具体会计核算办法予以解决。2000

① 1993年和1999年修订的《会计法》，均将1985年《会计法》中各省、自治区、直辖市人民政府的财政部门，国务院业务主管部门可以制定本地区、本部门会计制度的规定，改为“可以制定实施国家统一的会计制度的具体办法或者补充规定”。

② 周子勋.从历次政府机构改革看政府职能转变历程［N］. 中国经济时报，2014-11-03.

年的《企业会计制度》结束了我国长期以来企业会计制度多样化、会计信息缺乏一致性的局面，进一步统一了我国企业会计制度。

2000年《企业会计制度》颁布后，在我国经济飞速发展并日益融入世界经济一体化的形势下，2006年颁布了全新的、与国际会计准则趋同的《企业会计准则》。新会计准则的出台，“从根本上讲，是因为经济全球化进入了一个新的发展时期，我国市场经济又进入了一个新的发展阶段。会计准则必须顺时应势，创新趋同。”[①] 2006年的《企业会计准则》是一套完整的准则体系，包括1项基本准则、38项具体准则以及准则应用指南、准则解释。基本准则提出企业会计准则体系的概念基础，是具体准则制定的依据；具体准则规范企业发生的具体交易或事项的确认、计量和报告，分为一般业务准则、报告类准则、特殊业务准则三类，一般业务准则规范一般企业经常发生的业务的核算，报告类准则规范财务报告的列报，特殊业务准则规范特殊业务和特殊行业的业务核算，其中涉及行业业务的如“石油天然气丌采”“生物资产”等；准则应用指南是对具体准则相关条款的细化和重点、难点内容提供的操作性规定，包括会计科目、主要业务的处理方法等；准则解释主要针对企业会计准则实施中遇到的问题做出解释。

2006年的《企业会计准则》出台后，废止了当时存在的一些其他非工商企业会计制度（如2001年制定的《金融企业会计制度》，2003年制定的《民航企业会计核算办法》，2004年制定的《新闻出版业会计核算办法》《保险中介公司会计核算办法》《铁路运输企业会计核算办法》《农业企业会计核算办法》《电影企业会计核算办法》《水运企业会计核算办法》等），企业的特殊业务和某些行业的特殊核算需要，有的通过特殊业务准则规范，有的另行制定单独的会计制度如《社会保险基金会计制度》（2017年）、《彩票机构会计制度》（2013年）、《新型农村合作医疗基金会计制度》（2008年）等，还有的通过出台单独事项会计处理规定解决，如《增值税会计处理规定》（2016年）、《规范“三去一降一补”有关业务的会计处理规定》（2016年）、《可再生能源电价附加有关会计处理规定》（2013年）等。这种强调统一和兼顾特殊核算需要的企业会计制度模式一直实行至今，也是很多国家解决会计规范统一性和特殊性关系的一种通用模式。

三、历史的结论与启示

通过对行业会计制度演变过程的回顾，可以得到这样一些结论与启示：

1.政府行政职能是形成和废除部门会计的直接原因

中国会计史上的分部门会计制度，是在计划经济体制的背景下形成的。一方面，在计划经济体制下，政府业务主管部门根据其经济管理职能，对企业实施直接管理，拥有所属行业企业会计制度的制定权，各个业务主管部门制定部门会计制度，这是形成部门会计的直接原因。部门会计制度围绕主管部门财务计划的执行、统计与考核运转，而各部门的财务计划有所不同，导致了为财务计划服务的部门会

① 王军.关于中国企业会计准则体系建设与实施的若干问题［M］//财政部会计可编写组.企业会计准则讲解（2010）.北京：人民出版社，2010：5.

计制度之间的差异。另一方面，计划经济体制下资本缺乏流动性，不存在资本市场，会计不具估价职能，会计制度不统一，会计信息可比性低，并不妨碍社会经济运转，部门会计为当时的社会所接受。改革开放后，资本流通活跃且大量外资流入，形成了跨行业、跨部门的资本市场，迫切需要改变会计制度不统一、会计信息缺乏可比性的局面。与此同时，政府职能的转换，直接为废除部门制定会计制度的做法提供了可能，最终形成了统一的企业会计制度，提高了会计信息的可比性。

2.统一会计制度，提高会计信息可比性是会计发展的大势所趋

可比性是国际公认的会计信息质量要求，指的是能够通过会计信息对不同企业或同一企业不同时期的状况做出比较，其目的在于为投资者的决策提供帮助。多年来，各界一直重视会计信息的可比性，这是因为一旦失去可比性，会计信息便失去了作用。美国财务会计准则委员会曾这样说明会计信息可比性的必要性："一家企业的信息如果能和其他企业的类似信息相比较，如能和本企业其他时期或其他时点的类似信息相比较，则它的有用性将会大大提高。在企业之间的可比性，以及在一段时间里各种方法在运用上的一致性，可以通过有关经济机遇或业绩的比较而提高信息的价值。"[①] 世界各国的会计准则无不将一致性作为最重要的会计信息质量标准之一，国际会计准则长期致力于各国的会计协调并努力建立为国际社会接受的核心准则，最根本的目的就是提高会计信息的可比性。当今世界经济正在形成全球性的大市场，资本已经冲破国家界限，在全世界范围流动，贸易和资本壁垒遭到大多数人的唾弃，这使得会计信息的可比性比以往更为重要，提高会计信息的可比性是会计发展的大趋势。

中华人民共和国成立以来会计制度的转变也证明了这一点。改革开放后推行市场经济，资源配置由市场决定，原来的部门会计缺乏统一性，会计信息缺乏可比性的状况不适应改革的需要，改进会计信息可比性成为必然。于是，将原来的部门会计改革为行业会计，此后又将行业会计改革为统一会计，实现了企业会计的统一。党的十九大报告强调要"加快完善社会主义市场经济体制"；新修改的《中国共产党章程》（中国共产党第十九次全国人民代表大会2017年10月24日通过）提出要"坚持和完善社会主义市场经济体制"，要"发挥市场在资源配置中的决定性作用"，明确了我国今后的市场经济方向，这必定要持续提高会计信息的可比性，发挥会计在优化资源配置中的作用。尽管过去和将来都会遇到各种困难[②]，但展望将来，中国经济体制改革将不断向纵深发展，企业会计一定会沿着统一会计的道路前进，不会返回原来的老路，会计信息的可比性一定会继续增强，不会也不允许削弱。

3.会计制度的改革要与国家整体改革相适应

会计制度改革是个艰难的过程，需要统筹兼顾，妥善处理各种矛盾，特别要避免由于措施不当而影响改革进程。由于政府部门的经济职能是导致部门会计的直接原因，在统一会计制度的改革中最需要处理好的就是会计改革与国家整体改革进程

① 美国财务会计准则委员会.论财务会计概念［M］.娄尔行，译，北京：中国财政经济出版社，1992：44.

② 一位参与废止部门会计、推行行业制度的同志曾对当时遇到的困难有着生动的描述，参见刘玉延.中国会计改革三十年［M］.北京：民主与建设出版社，2003.

的关系，既不能超前，也不能落后。

改革开放以来国家进行了七次规模较大的政府机构改革，这些改革对会计制度变化有着重大的影响。1982年进行的改革开放后的第一次机构改革以精兵简政为原则，较大幅度地撤并了经济管理部门，并将其中一些条件成熟的单位改变为经济组织。由于没有触动计划经济管理体制，没有实现政府职能的转变，改革后不久政府机构又呈膨胀趋势，1988年不得不再次改革。

1988年的机构改革力图强化政府的宏观经济管理职能，淡化其微观管理职能，将政府部门从对经济和企业的直接管理为主转变为以间接管理为主，但由于后来一系列政治原因，预期的改革部分暂缓。

1993年第三次政府机构改革提出改革的目的是适应建设社会主义市场经济体制需要，但改革之后专业经济部门合并、撤销的少，保留、增加的多，被称作是一次“目的清楚、目标不明确”的机构改革。这次机构改革与推行企业会计准则和行业会计制度同时进行，是行业会计制度改革的行政管理体制背景。虽然当时的会计改革已经意识到了统一会计制度的必要性①，但没能把分散的部门会计全部统一，而是保留了13个行业会计，其重要原因在于政府专业经济部门不撤反增，而且仍然实施对企业的管理，这导致了“我们是计划经济的基础，部门多，这么大的面，各主管部门还需要对企业的经营状况进行宏观管理，这样一来，制定大行业会计制度是唯一的选择”②。如果不顾当时政府经济管理职能的现实，强行提出超前的统一会计制度改革，必然遭受挫折。从这个角度来说，会计制度改革分步进行，保持与政府经济管理体制相适应，是保证改革顺利的明智之举。

2001年实施《企业会计制度》实现会计制度的真正统一，同样是与深化经济体制改革和进一步转变政府经济管理职能相配合的。1998年的第四次政府机构改革撤销了大部分工业专业经济部门，切割了政府对企业的直接管理，为2001年实现会计制度的统一奠定了良好的经济管理体制基础，在这样的环境下实行统一会计制度，顺天应时，统一会计制度的改革取得了成功。

4.会计制度的改革要循序渐进

由于中国经济发展不平衡、企业发展状况存在较大差异，我国的会计制度改革一直奉行“因时因人制宜、区别对待”的原则，这在统一会计制度的改革中有着充分的表现。例如，1992年推行行业会计制度时没有将原有的四十几个部门会计制度一次性全部统一，除了因为当时经济管理体制改革不到位外，还有两个原因：一是我国的会计准则尚未形成体系；二是会计人员素质、社会咨询服务体系还达不到要求。③因此，没有从计划经济模式下的会计核算一步跳跃到市场经济下的统一会计制度，而是以行业会计制度作为过度，这就缓解了跨越式改革对各方面产生的影响。2000年推出的《企业会计制度》则采取逐渐推广的方式，先在股份制企业实

---

① 如1985年的《会计改革纲要（试行）》、1993年12月修订的《会计法》均体现了统一会计制度的思想。

② 刘玉廷.我国1993年的企业会计改革［M］//刘玉廷.中国会计改革理论与实践.北京：民主与建设出版社，2003：4.

③ 余秉坚.会计改革的目标模式［M］//财政部财政科学研究院.社会主义市场经济与会计制度改革.北京：中国财政经济出版社，1994：4.

行，然后再扩大到更多的企业。2006年公布《企业会计准则》之初，为了照顾不同企业的不同情况，其实施范围开始仅限于上市公司和金融企业，几年后才发展到其他大型企业，此后再逐步扩展。在2000年颁布《企业会计制度》和2006年颁布《企业会计准则》后的很长一段时间里，部分企业仍然分别执行1992年制定的行业会计制度，即所谓“制度、准则并行，新旧制度并存”。这些循序渐进的做法看上去步伐较慢，但却适合市场发展和企业现实情况，在会计制度发展过程中收到了很好的效果，保证了会计秩序的稳定和会计改革的推进。

参考文献

［1］中共中央文献研究室．刘少奇论新中国经济建设［M］．北京：中央文献出版社，1993.

［2］中共中央党校党史研究室．中共党史参考资料（七）［M］．北京：人民出版社，1979.

［3］武力．中华人民共和国经济史［M］．北京：中国现代经济出版社，2009.

［4］吴承明，董志凯．中华人民共和国经济史（1949—1952）［M］．北京：社会科学文献出版社，2010.

［5］杨纪琬．中国现代会计手册［M］．北京：中国财政经济出版社，1988.

［6］中国会计学会．会计史专题（2000）［M］．大连：东北财经大学出版社，2000.

［7］财政部会计司．企业会计制度讲座［M］．长沙：湖南科学技术出版社，1993.

［8］刘玉廷．中国会计改革理论与实践［M］．北京：民主与建设出版社，2003.

［9］财政部财政科学研究所．社会主义市场经济与会计制度改革［M］．北京：中国财政经济出版社，1994.

［10］财政部会计司．企业会计准则讲解（2010）［M］．北京：人民出版社，2010.

［11］美国财务会计准则委员会．论财务会计概念［M］．娄尔行，译.北京：中国财政经济出版社，1992.

［12］刘玉廷．中国会计改革三十年［M］．北京：中国财政经济出版社，2009.

改革开放40年的中国管理会计
——导入、变迁与发展

冯巧根

（南京大学商学院）

摘　要：改革开放以后，中国企业要融入全球价值链，导入先进的管理会计经验和方法是不可或缺的。管理会计具有很强的环境依赖性，管理会计变迁是与我国经济的成长历程相适应的。在以“互联网+”和智能制造为特征的新经济时代，延伸管理会计边界，从差异化管理向要素融合方向转变，是构建中国特色管理会计理论与方法体系的一项重要选择。新时代的现代经济体系以“质量第一、效率优先”为原则，通过嵌入企业情境特征，推动管理会计发展、驱动研究范式创新。

关键词：改革开放40年　管理会计　导入　变迁管理

20世纪80年代是我国改革开放的新时期，也是管理学界新概念、新方法大量涌现的年代。其中，作为会计学重要分支的管理会计开始导入我国。改革开放40年来，中国经济的发展引起国际社会普遍关注，学者们不仅注重我国经济改革的进程，也对管理会计的发展状况抱有浓厚兴趣。在这种历史性的机遇面前，管理会计的导入、变迁与发展研究显得尤为重要和迫切。因此，积极借鉴国际上管理会计研究的优秀成果，通过导入、变迁与发展的演进，进一步优化管理会计的控制结构，完善信息支持的执行效率，构建具有中国特色的管理会计理论与方法体系，就成了管理会计研究的一项重要任务。

面对以“互联网+”和智能制造为代表的新时代，管理会计研究必须主动投身企业实践，认真总结和提炼符合企业情境特征的经验与做法，通过完善管理会计的控制系统和信息支持系统，扩展管理控制的边界、创新信息支持的范式，努力提升中国管理会计在全球知识体系中的话语权和影响力。本文试图采用制度演进与管理实践融合的视角研究改革开放40年的管理会计。本文的学术贡献在于：（1）通过“行为–规则”的变迁，以及“路径”的深化，探寻改革开放40年来我国管理会计导入、变迁的动因，以及未来发展的方向；（2）在坚持管理会计“二元观”的基础上，从“经营权控制”与“剩余权控制”等的视角拓展管理会计控制系统的边界；（3）对我国管理会计的未来发展提出建议。

一、管理会计的导入

总结改革开放40年的管理会计，其形成与发展大致分为三个阶段，即执行性管理会计阶段、决策性管理会计阶段与权变性管理会计阶段。在这一演进过程中，有两个概念需要厘清，一是导入，二是变迁；同时，通过导入、变迁促进管理会计发展[①]。

（一）管理会计导入的情境特征

管理会计导入的情境特征表明，早期的导入主要起始于理论界学者们对管理会计的传播（同时得到民营企业的自发应用）；导入后期则是通过政策引导的形式在企业中推广国外管理会计的经验与做法等。

1.管理会计导入与改革开放同步形成与发展。从企业实践来看，导入初期的管理会计具有一定的自发性与本土化特征。比如，民营企业通过市场化手段自发地将管理会计引入企业的生产实践，表现为强烈的利益驱动。国有企业的管理会计则以树立标杆（在局部地区或企业试点等）的形式，通过本土化改造确立内部化标准或制度规范等加以推广（河北省会计学会，2009），关注的是企业整体利益和长效机制，并且与我国经济改革同步形成与发展。广义地讲，管理会计导入包括引进、吸收、消化、提高与创新推进，以及近年来的“全面推进”等。我国管理会计导入采用的是渐进式策略，普遍的观点认为，企业应结合生产流程和经营环境特点，有选择地应用管理会计理念，并非一定要按部就班地套用某种模式，或者整体地采用管理会计的某种或几种工具（苏文兵等，2013）。其积极意义在于：（1）能够吸引更多的企业关注管理会计工具的应用，而不必面对工具的复杂性和完整性望而生畏，可以大胆地从局部、某一环节做起，由简入深，待条件成熟时再逐渐扩大应用范围，提高使用效果。（2）能够增强人们应用管理会计工具的信心。实践表明，管理会计的导入是企业自发且理性的选择，只要对企业有好处，有利于企业的经营决策，自然就有生命力和生存的土壤；反之，如果是盲目跟风或被动应付，不能给企业带来利益，那么这种工具终将消亡。

2.管理会计导入的路径选择。理解管理会计导入的情境特征，不仅要从需求出发，还要结合供给视角加以研究。从需求角度来看，管理会计的发展是因为企业所处的竞争环境在不断变化，带来了企业组织结构与战略的改变，从而对管理会计导入有了新的驱动。从供给角度来看，主要涉及能否得到来自企业实践方面符合成本效益的信息支持，导入的实践基础（制度、技术和文化等情境）是否存在，以及管理者能否得到创新的思想供给等。对此，管理会计导入具有两种情境选择：一是需求视角的管理会计工具引进与传播，它体现的是企业市场需求的自发性；二是供给视角的本土管理会计经验与成果的总结与提炼，它在很大程度上体现的是政府导向

---

① 这里的“导入”是指以本-量-利等为代表的西方管理会计工具在我国企业中的引入与应用。笔者认为，我国拥有自身土生土长的“管理会计”。比如，建国前夕，在被解放的东北，人民政府（东北工业部）已经提出经济核算的要求，其中心任务是降低成本，提高质量，开展反浪费的群众运动，强调定额管理，加强劳动组织和劳动纪律；再比如，50年代开始推行的以班组核算为基础的厂内经济核算，也已具有西方责任会计的理念和行为特征；等等。

性。从需求侧视角考察，管理会计控制系统中的传统盈利管理工具正面临挑战，如基于资产的价值增值模式已发生改变，企业管理重点由过去关注规模向注重质量转变。并且，在“互联网+”、大数据、云计算等的技术环境冲击下，企业的盈利模式也由过去单纯依靠业务部门，转向“业财融合”，会计核算由内部银行向结算中心，进一步转向财务共享中心模式。从供给侧视角考察，随着以国资委为代表的央企推广使用全面预算管理、经济增加值（EVA）、平衡计分卡（BSC）等管理会计工具（于增彪等，2005；潘飞等，2008；汤谷良等，2010；池国华、邹威，2015），总结和提炼具有中国特色的管理会计理论与方法体系成为政府管理部门的一项重要职责。①

不可否认，不同产权性质的企业在市场竞争中存在一定的差异性，管理会计导入也面临市场自主选择与政府引导的具体情境。从理论上讲，管理会计导入体现了市场化条件下企业管理结构优化的自发要求，是一种非自然进程的形成过程。但是，管理会计的“全面推进”则离不开政府的制度规范与政策引导。换言之，计划手段（政府引导）与市场手段（企业自主选择）之间是一个动态博弈的过程，如图1所示。

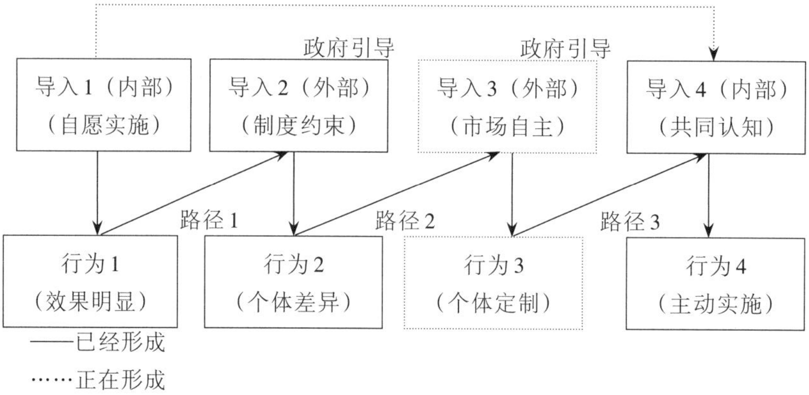

图1　管理会计导入的路径选择

图1表明，由“导入1”而实施的管理会计“行为1”，体现了管理会计导入的“自下而上”特征。20世纪70年代末至80年代初期，理论界的学者们通过发表文章等方式将管理会计以会计新领域的形式导入我国（余绪缨，1983；杨时展，1983；杨纪琬，1984）。这一时期，“导入1”中的实务界情境特征是民营企业主动采纳、自愿实施，管理会计应用主要以局部或碎片化工具、方法的应用为主，但其实践效果（“行为1”）却比较明显②。为了提高企业的盈利能力，民营企业的管理者们意识到，管理会计工具是其最便捷且有效的获利手段。由于这一时期产品不

① 2014年10月，财政部发布《全面推进管理会计体系建设的指导意见》，并争取在3～5年内，在全国培养出一批管理会计师，为全面提升企业和行政事业单位经济效益和资金使用效益服务。力争通过5～10年的努力，使我国管理会计跻身于世界先进水平行列。

② 民营企业家们在追求产量时，重点采用财务会计的利润表进行考核，而在追求销量的情境下往往采用管理会计的利润表（基于变动成本法的利润表）进行考核；同时，在成本降低过程中，对变动成本管理相关的费用一般采用定额方法加以控制，而在固定成本问题上，采用承包或外包等总额方法加以控制，等等。这一时期，民营企业正处于资本的原始积累阶段，需要尽快走完原始积累的路程才能在市场上立足，因而具有强烈的追逐利润最大化的倾向。

愁销路，因此以成本控制、预算管理为主要工具的管理会计得到包括民营企业在内的广大企业的欢迎。政府则通过“自上而下”方式导入管理会计。中国政府通过制度约束和政策引导的方式推广诸如精益生产、目标成本管理、预算管理等，将管理会计推向全国，此时的实务界情境特征是以国有企业为主加以导入和普及。它体现为“路径1”的活动过程。

“路径1”具有明显的制度建设特征，即通过国有企业树立标杆（行业或企业试点）形成管理会计的内部标准或规范等制度形式加以引导，形成“导入2”。这种由“导入2”到“行为2”的演进过程考虑了企业间的差异性，如国有企业统一执行，民营企业参照执行等。在我国企业实践中，相较于国有企业，民营企业面临的竞争压力更大，市场的驱动力往往也更强，一些民营企业出于对利益的冲动与激情，不断驱使着管理会计创新（刘运国，1999）。比如，海尔以小利润中心为代表的跨组织经营主体，改变了传统以责任中心为特征的组织管理机制，调动了企业员工的积极性与主动性（汤谷良等，2010）。表面上看，这是一种市场的自发行为，而实质上它具有计划性与市场性融合的情境特征，尤其表现在“导入3”的阶段，即“路径2”的有序变迁，离不开政府引导的促进。为了防止政府导向型与市场自主选择型之间产生摩擦，避免管理会计工具应用陷入形式主义的泥潭，财政部自2014年起开始将管理会计导入到“全面推进”的发展轨道，也就是图1中的“路径2”和“路径3”。

从“导向3”到“行为3”的演进过程是一种导入与变迁交融的升华阶段。从形式上来看，这一过程充分体现了管理会计工具或方法内在的市场化选择属性，它要求企业根据市场属性自主规范管理会计行为，由微观主体的企业自发导入管理会计，通过行为优化中的“个体定制”，展现我国会计管理当局遵循市场规则的决心。通过“基本指引—应用指引—案例指南—咨询服务”的路线图全面推进管理会计体系的建设，实现政府导向与市场自主选择的融合。目前，“基本指引”和“应用指引”已经完成，企业对管理会计的自主导入也有了规范指南。“路径2”的有序推进与外部环境中的“互联网+”也有一定的相关性，即信息传递的快速性和可靠性使管理会计工作者能够更好地了解企业的经营状况，动态地分析各种数据，提高企业的管理效率，以及通过管理会计创造企业核心优势的竞争能力等。

“路径3”是一种“案例指南—平台服务”的演进过程，即在管理会计“导入4”环节，企业结合案例指南，对企业情境进行系统总结，并在全面考虑行为后果的基础上，主动利用平台服务组织（如咨询机构等）进行管理会计应用的方案测试，减少管理会计工具或方法应用的不确定性，提炼和总结管理会计导入的发展规律（“行为4”）。“导入4”是在“导入3”与“导入2”的作用下，达成的一种嵌入政府导向与市场自主行为融合的管理会计认知行为，从而使管理会计的普及与应用转变为企业的自觉行动。

由此可见，图1所展示的管理会计导入路径体现了管理会计形成与发展的阶段性特征，呈现出了由传统执行性、决策性管理会计向权变性管理会计变迁的演进过程，为中国特色管理会计理论与方法体系的构建提供了一个适宜的分析架构。

（二）管理会计导入的制度空间

改革开放40年来，我国管理会计从早期以强化成本管理和预算控制为主的管理控制“一元观”，向管理控制和信息支持结合的“二元观”转变（王斌、顾惠忠，2014），体现了管理会计发展的内在规律。

1.我国管理会计导入受计划与市场双重因素的影响

管理会计导入具有“双重属性”。一方面，管理会计导入是政府推动的（具有计划的属性），另一方面企业应用管理会计工具的行为又是由其自我决定的（具有市场的属性）。因此，针对管理会计控制系统的结构优化，可以考虑引入经营权控制（Diagnostic Control）与剩余权控制（Boundary Control）两种机制，以提升管理会计控制系统的制度空间。[①]换言之，在完善的企业组织中，委托代理理论要求组织内的各个层级及人员围绕控制权建立经营权机制与剩余权机制，最大限度地发挥控制系统的功效。比如，随着组织结构的变迁，以小经营主体为代表的经营模式创新借助剩余权控制机制能够很好地拓展管理会计的制度空间，并由此形成中国情境特征的管理会计控制系统。今后，随着外部竞争环境的复杂多变，经营权控制与剩余权控制将呈现出一种加速融合的趋势，并对加深管理会计导入的认识和理解有积极的促进效果。

图1中的“路径1”是政府的计划属性与企业市场属性相互结合而达成的一种经营权控制与剩余权控制的协调路径。从本质上讲，管理会计是企业组织的一种控制手段，尤其是当经营权或剩余权需要用货币计量时，管理会计的控制系统将更显重要。“路径2”和“路径3”体现了管理会计权变性的阶段特征，它要求企业主动适应政府导向的制度规范，强化管理会计信息支持系统的效率与效果，进而从经营权与剩余权综合的视角优化企业的管理控制结构。比如，在企业的预算管理活动中，基于KPI指标的应用，通过多维度、反复博弈来实现预算管理的效率与效益，这既是管理控制系统的效益体现，也是信息支持系统的效果反映。

在“导入4—行为4”的演进过程中，结合案例指南，在管理会计行为中嵌入“经营权控制”与“剩余权控制”机制，能够使企业文化、行为动机等因素融入管理会计的控制系统中。一般而言，制造类企业往往通过成本管理、全面预算、业务外包等形式严格实施经营权控制，因为它更注重市场份额，能够为顾客创造价值；而有些企业由于规模过大，内部组织形式容易出现不经济的情形，这时对于一些辅助性或相对独立的组织或单位来说，本着提高效率与效益的原则，可以采用剩余权控制的方式，如以小经营主体的模式进行资产运作等。需要说明的是，以收益为中心的组织也并非是完全的剩余权控制模式，有时其组织内部也会有严格的经营权控制情形。总之，无论是经营权控制还是剩余权控制，管理会计控制系统的目的就是要权变性地应对环境的不确定性，确保企业经营活动的价值增值。

2.中外管理会计制度规范的比较

管理会计导入研究要有动态思维，既要充分认识管理控制系统和信息支持系统

---

① 这里“制度空间”是指企业结合市场环境开展的内部管理创新，比如适应商品经营的需要，权变性地应用企业的经营权控制机制，采取诸如“外包”等的运作方式；针对资本经营模式（尤其是体现实体资本的资产运作）的普及，企业应用剩余权控制机制，构建以“小微企业”为代表的组织创新方式等。

“二元观”的重要性，也要对管理控制系统中的经营权控制与剩余权控制有一种全面认识。换言之，借助于管理会计信息支持系统，对比分析国内外管理会计制度规范的空间，对于丰富和完善管理会计控制系统具有积极意义。下面就英国皇家特许管理会计师公会与我国财政部颁布的管理会计工具进行比较。英国皇家特许管理会计师公会（CIMA）发布的管理会计工具，见表1。

表1　**CIMA的管理会计工具**

类别	基本工具
战略规划与执行	SWOT（态势分析法）PEST（宏观环境分析） PESTEL（大环境分析）BSC（平衡计分卡） KB（看板）SM（战略地图）FFM（五力模型）
计划和预测	RP（滚动计划） ABB（作业预算） SCP（情境与应急规划）CFM（现金流模型）
制造与服务	ABC/ABM（作业成本/管理）LM（精益管理） QM（质量管理）
绩效计量与管理	KPI（关键绩效指标法）BM（标杆管理） PPM（绩效棱柱模型）
公司治理与风险管理	SSC（战略计分卡）ERM（企业风险管理） RHM（风险热度地图）职业道德反思清单 NST（网络安全工具）
价值识别	VC（价值链分析）CRM（客户关系管理） ERP（企业资源计划）客户价值工具

资料来源：根据CIMA相关文告整理。

2017年10月，财政部印发了《管理会计应用指引第100号——战略管理》等22项管理会计应用指引[①]，见表2（表中包含了近期的7项征求意见稿，以“新征”列示）。

表2　**中国的管理会计工具**

类别	基本工具
战略管理（第100-101号）	101战略地图
预算管理（第200-201号）	201滚动预算、202零基预算（新征）、 203弹性预算（新征）
成本管理（第300-304号）	301目标成本法、302标准成本法、 303变动成本法、304作业成本法
营运管理（第400-403号）	401本量利分析、402敏感性分析、 403边际分析、404约束资源优化（新征）
投融资管理（第500-502号）	501贴现现金流法、502项目管理、 503 情景分析（新征）
绩效管理（第600-603号）	601关键绩效指标法、602经济增加值法、 603平衡计分卡、604绩效棱柱模型（新征）
风险管理（第700-***号）（新征）	701风险矩阵（新征）
其他（第800-802号）	801管理会计报告、802管理会计信息模块

资料来源：根据财政部“应用指引”及最近的“征求意见稿”整理编制。

① 财政部本次印发的22项应用指引，包括6项概况性指引和16项具体应用指引。概况性指引以“100”“200”“300”等标示，主要介绍该领域的相关管理程序，风险管理领域的概况性指引（即700号）已在征求意见之中，其他领域没有概况性应用指引；具体应用指引以“101”“201”“202”“301”“302”等标示，主要以管理会计工具方法的应用等内容介绍为重点。

在类别的划分上，表1和表2虽有文字上的差异，但其实质差别不大，如我国的投融资管理内含价值识别的内容，管理会计报告中内含公司治理等的信息揭示。在具体的管理会计工具方面，我国的设置更具开放性，便于企业自主选择与应用，体现了政府导向的计划属性与企业自我决定的市场属性的统一。同时，也便于企业结合情境特征适时地对管理会计工具加以增减补充。比如，预算管理类别中未来可以考虑增加“超越预算”“改进预算”等工具，成本管理中可以考虑增加“质量成本管理”“产品生命周期成本管理”“资源消耗成本管理”“物料流量成本管理”等工具，营运管理中可考虑增加“精益管理”“标杆管理”“全面质量管理”等工具。此外，从决策与战略的角度观察，我国的“应用指引”在有关战略工具类别上仍然需要加强。比如，是否需要增加环境管理会计的工具指引，或者是新设环境管理类别好还是将环境成本等工具直接嵌入现有的类别好，等等。

根据“路线图”，下一步将进入图1中的“路径3”，即财政部将颁布“案例指南”，并提供相应的平台服务（网络资源等）。基于互联网的便捷性特点，建议财政部围绕管理会计应用指引、案例指南等设置相应的专题网站，网站应包括管理会计的拓展知识和增量资源，增进管理会计实务人员对相关信息的了解和认识，促进我国企业和国外管理会计组织的交流与沟通，加速中国管理会计融入全球知识体系的进程。此外，美国管理会计师协会已于2016年11月颁布了《管理会计能力素质框架》，财政部也应加快这方面规范的出台。

二、管理会计的变迁管理

我国管理会计导入有一个共同点，就是鼓励员工的创造力[①]。从图1中的“路径2”“路径3”可以看出，“导入3”与“导入4”已经不再是单纯的以引进、吸收、消化为特征的导入，而是改进、提高与创新推进、全面推进等的“导入”过程，体现了管理会计导入与变迁的融合。

（一）管理会计变迁的制度特征

我国管理会计正处于制度化的关键时期，结合图1中“路径1”、“路径2”和“路径3”的演进过程，可以将改革开放40年来中国管理会计制度变迁分如下三个阶段：

1.以控制为主要制度特征的管理会计发展阶段（1978—1989年）

这一阶段的管理会计注重“一元观”，体现出的主要是“路径1”的情境特征。比如，构建成本管理制度，围绕经济责任制，加强责任会计的制度建设等。管理会计的目的是强化管理控制系统建设，因为该时期产品“供不应求”，只要控制了成本，就等于实现了利润。该阶段管理会计实践中涌现出诸如经营承包制和满负荷工作法等企业管理的典型经验（河北会计学会，2009）。这一阶段的制度背景见表3。

① 我国企业在改革开放的新型劳动关系下，每个人的能动性得到了最大程度的发挥，每个员工都富有创造性、能为企业提供增长动力的资源。比如，海尔集团一向鼓励员工发挥自己的创造力，为企业提供新的利润增加点，甚至规划企业发展前景。各种形式的小经营主体，通过人单合一的“超利分享酬”等制度的创新，充分调动员工的积极性。

表3　以控制为主要特征的管理会计制度背景

发展阶段	时间划分	主要特征	制度环境
以控制为主要特征的管理会计发展阶段	1978—1989	成本管理、预算控制	1979年，中央提出国民经济“调整、改革、整顿、提高”的八字方针；1980年，国家经济贸易委员会发布《全面经济核算暂行条例》；1984年，中共十二届三中全会通过中共中央关于经济体制改革的决定》；1984年3月，国务院发布《国营企业成本管理条例》；1986年12月，财政部发布《国营工业企业成本核算办法》

2.以工具整合与创新为变迁特征的管理会计发展阶段（1990年—至21世纪初期）

该阶段体现出的主要是“路径2”的起点情境。进入20世纪90年代之后，管理会计的职能作用发生了转变，即仅向组织提供管理控制手段已经难以满足生产经营的需要，传统的“一元观”必须向“二元观”转变。这一时期由邯钢创新实行的“模拟市场，成本否决”成为管理会计应用的典范。这一时期注重总结和提炼中国本土企业的管理会计经验，探索具有中国特色的管理会计理论与方法体系（胡玉明，2015）。这一阶段的制度背景见表4。

表4　以工具整合和创新为主要特征的管理会计制度背景

发展阶段	时间划分	、主要特征	制度环境
以工具整合与创新为特征的管理会计发展阶段	1990年—21世纪初期	突出管理会计“二元观”，探索中国特色的管理会计理论与方法体系	1992年10月，党的十四大提出建立社会主义市场经济体制的目标，要求完善市场环境，转换企业经营机制；1993年7月，财政部发布“两则”，即《企业会计准则》和《企业财务通则》；1993年11月，党的十四届三中全会通过《关于社会主义市场经济体制若干问题的决定》，将“国营企业”改称“国有企业”；1999年，国家经贸委发布《关于国有大中型企业建立现代企业制度，加强企业管理的规范意见》；2002年4月，财政部发布《关于企业实行预算管理的指导意见》；2006年7月，财政部成立中国企业内部控制标准委员会；2007年1月1日，新的《企业会计准则》与《企业财务通则》在我国上市公司率先实施；2008年6月，国资委、财政部联合向中央企业下发《关于规范国有控股上市公司实施股权激励有关问题的补充通知》（征求意见稿），它为国有企业加强管理会计的激励机制建设提供了制度依据；2009年12月，国资委颁布《中央企业负责人经营业绩考核暂行办法》，要求全面实施EVA考核。2010年10月，财政部印发《会计行业中长期人才发展规划（2010—2020）》，预计到2020年，高级、中级、初级会计人员比例从2015年的5∶35∶60变成10∶40∶50

3.以“互联网+”和“全面推进”为制度特征的管理会计发展阶段（21世纪初期至今）

该阶段体现出的主要是“路径2”转向“路径3”的情境特征。进入21世纪以来，以“互联网+”为代表的创新理念促进了管理会计的发展，不仅使管理会计中的管理控制系统得到提升，而且使嵌入现代移动通信技术的管理会计信息系统也得到快速发展。自2014年开始，我国管理会计进入“全面推进”的制度化建设阶段，预示着中国管理会计的情境具有了权变性特征。这一时期的管理会计注重服务平台建设，突出管理控制系统的“个体定制”，强化信息支持系统的“共同认知”和“平台服务”。这一时期的管理会计注重创新驱动，通过更好地分配全球价值链的各种资源，解决产能过剩问题，以及为创造全球共享价值等贡献力量。有关该阶段的制度背景见表5。

表5　**以“互联网+”和“全面推进”为主要特征的管理会计制度背景**

发展阶段	时间划分	主要特征	制度环境
以“互联网+”和“全面推进”为特征的管理会计发展阶段	21世纪初期至今	突出管理会计的智能化特征，强调“链式”管理会计向“网式”管理会计转变，以及全面推进管理会计体系建设	2012年，我国首次提出了“互联网+”概念，2015年正式写入政府工作报告；2015年7月，《国务院关于积极推进“互联网+”行动的指导意见》正式发布；2015年8月，国务院发布《促进大数据发展行动纲要》；2015年9月，国务院印发《关于加快构建大众创业万众创新支撑平台的指导意见》；2014年10月，财政部发布《全面推进管理会计体系建设的指导意见》；2016年6月22日，财政部印发了《管理会计基本指引》；2016年10月，财政部发布了《会计改革与发展“十三五”规划纲要》；2017年10月，财政部印发了《管理会计应用指引第100号——战略管理》等22项管理会计应用指引；2016年8月，国务院发布《关于印发降低实体经济企业成本工作方案的通知》

综上所述，在40年的管理会计变迁过程中，我国管理会计从早期的“一元观”向管理控制与信息支持融合的“二元观”转变，体现了现代科技进步的内在要求，展示了管理会计发展的强大生命力。若从经营模式角度考察，前两个阶段仍处于商品经营的惯性思维中，后一个阶段则突出以资本经营为主的经营理念，并对资本经营进行了扩展，即除了实体的资本经营外，还广泛开展虚拟的资本经营。代表企业有联想、华为、阿里巴巴、百度、腾讯等。

（二）管理会计变迁的创新实践

改革开放40年的管理会计实践表明，传统的商品经营模式已经不适应当前的管理会计环境，必须结合资本经营的内在要求强化管理会计的变迁管理。[①]

① 环境变化使得管理会计导入、变迁往往不会按照既定的轨迹自我完成，必须借助于变迁管理加以实现。以管理会计控制系统中的经营权控制与剩余权控制为例，变迁管理就是要将企业文化、行为动机等理念嵌入管理会计的控制系统之中，总结和提炼具有中国本土特征的管理会计方法体系。

1.管理会计控制系统的变迁管理

围绕顾客价值创造经营（Customer Value Added Management：CVAM），管理会计控制系统需要优化行为动机，强化内部控制。可以从以下两个方面归纳、总结企业实践中的创新思想：

（1）经营权控制的变迁管理。经营权控制主要是商品经营模式下的企业管理实践，为优化企业经营行为，实践中可以按照“行为三维度”来规划和创新企业的控制模式，如图2所示。

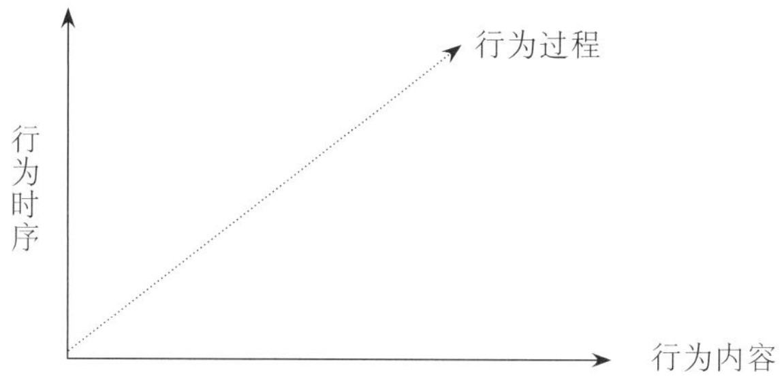

图2　经营权控制的三维模式

图2表明，经营权控制机制的有效发挥需要综合考虑行为的时间、内容和过程。经营权控制的优化需要考虑“在什么时间做什么事，并使行为过程（如控制活动）的效率与效果最佳”。或者说，行为过程（Conduct Process）是过程理性（Process Rationality）与行为理性（Behavioral Rationality）的结合体（刘圻，2010）。根据Simon（1995）的过程理性，控制系统在组织的行为结构选择上遵循的是自我决定的动机理论（Self-determination Theory），凡是“动机结构”中的具体行为能够在既定的时间内满足行为内容的需要，这种经营权控制就是一种满意的行为过程。过程理性是管理控制活动和信息支持活动运行中的行为理性，管理会计导入的初衷就是借助成本管理与预算控制等实现经营权控制行为的过程理性。行为理性是决策执行者按照政府导向的制度约束实施经营权控制活动的程序理性，其具有相容性的内在要求，强调组织间的互惠与合作。比如，企业集聚就是组织行为变迁的理性反映。从单一企业的经营权控制向企业集群区域的管理控制系统转变，是管理会计主体转向企业间管理会计共生的客观追求。单一企业决策流程只有与企业群整体的管理流程相统一，才能在过程理性的同时实现行为理性的时态要求，管理会计控制系统的质量（行为内容）才能得到提高。

首先，在经营权控制机制的变迁管理上，管理会计需要围绕经营活动中的执行性动因，完善企业经营过程中的事前、事中与事后的行为时序配置，通过优化组织的行为过程，调整行为内容。比如，针对现阶段管理会计行为内容中“存货”“责任会计”等的挑战，可以通过经营权控制的变迁管理寻求解决的对策。在“存货”管理中及时引入期货概念；“责任会计”发展中及时引入“互联网+”等手段。其次，要扩展管理会计的控制边界。传统的流动资产与固定资产等的分类将会进一步以“硬资产与软资产”“重资产与轻资产”“根植性资产与互补性资产”等形式出现，这些分类将对企业管理当局的决策价值产生重要影响。同时，“互联网+”情境下“资产”的内涵与外延也在发生改变，并对企业的经营权控制产生影响。比如，用户数量、用户黏性、信息资源、交易平台、行业地位等要素可能成为资产的构成内容。传统“资产—价值—收益”的盈利增长路径正在经受冲击，资源整合、竞争合作与协同共生等要素已成为管理会计的新盈利组合。新时代的“互联网+”等经济形式在带给企业新商业模式、新业态的同时，也给管理会计控制系统建设提供了制度创新的空间和新的发展机遇。

（2）剩余权控制的变迁管理。剩余权控制有助于实现组织创新，它是一种适应资本经营发展模式的价值观与经营理念，它通过组织规则的变革以及行为动机的调整来实现企业整体的发展规划与愿景，具有鲜明的权变性特征①。在“质量第一、效率优先”的现代经济体系下，各种新业态和新模式层出不穷，管理会计的变迁管理必须引导企业适应这种新情境，通过剩余权控制机制的设计与应用来发挥管理控制系统的最佳作用。管理会计剩余权控制的结构性动因主要是股权结构，同时涉及财务治理结构与企业的经营结构等。要围绕结构理性（Structural Rationality）将企业部分剩余管理空间释放出来，使企业决策权配置方面的合约能够在企业价值增值过程中更具灵活性与自发性，提高经营活动的效率与效益。同时，要避免过于注重“生产率”提升的倾向。必须将剩余权控制机制嵌入管理会计的变迁之中，促进经营权控制与剩余权控制的融合，提高管理会计控制机制的综合效率与效益。只有国家宏观、行业或区域的中观与企业的微观管理形成一个立体的“利益链”，使某一层面的“生产率”提升，引发其他层面的“生产率”的连锁提升，则这种剩余权控制机制才是一种正向的好机制。

基于决策权配置和知识的合理储备，为提高剩余权控制效率，需要将知识传递给具有决策权的人，或者将决策权传递给具有知识储备的人。剩余权控制机制的变迁管理就是要明确其作为联结企业战略管理层级的定位。一方面，积极贯彻企业战略管理思想，全面分析企业的内外部环境影响，优化企业的战略决策机制，选择企业可持续发展的价值权衡指标，创建制度化的、富有效率的内部营运机制，建立企业与内部管理层、员工以及外部公司治理机构、投资者、债权人、客户和社区等的联系与沟通体系。另一方面，更多地利用非财务信息辅助企业管理会计的控制系统，加强计划与预算、资金管理、成本管理、税收管理、环境管理，以及内部报表管理等各项工作，积极收集预测决策、业绩评价与管理、战略成本分析等相关的信息与资料，为管理会计控制系统有效决策提供保障，进而提高企业战略管理的有效性和科学性。

2.管理会计信息支持系统的变迁管理

为防止管理会计控制系统脱离行为理性的轨道，必须实施管理会计信息支持系统的变迁管理，通过增加企业经营结构与投资结构中的信息含量，对企业的行为动机加以分析与引导，使行为过程的效率与效益最大化。管理会计信息支持系统的变迁管理内容主要有：（1）未来预测信息。如经营预测、风险预测、发展机会等信

---

① 比如，企业在着力于提升产业集中度优化经营权控制时，充分利用现有的机构与人员，一部分组织或部门进行外包，一部分则实施剩余权控制，设立“小微长”，成立小微公司等来调动大家的积极性。

息。相对于财务会计报告反映企业过去的财务状况、经营成果及现金流量等，未来预测信息对利益相关者进行经营决策的相关性更大。(2) 非财务信息。如有关公司价值评估分析信息，以及企业人才、技术、创新能力等信息。非财务信息有助于企业开展深层次的分析与评价，非财务信息在某种程度上比财务信息具有更大的价值。(3) 社会责任信息。如债权人、职工、消费者、供应商、政府、社区和公众等方方面面责任的履行情况，都需要适当地加以披露。

管理会计信息支持系统借助经营权控制机制来优化企业行为，通过剩余权控制机制合理配置资源结构，通过外部行为内部化等的过程管理，使行为决策人的动机具有高度的自我决定能力，并通过内在行为动机的合理选择实现企业价值增值的最大化。管理会计信息支持系统是新时代企业情境特征下发挥控制系统功能的重要辅助手段。以“互联网+”为代表的技术创新，使我国产业结构发生了重大转变，传统的大型企业已经让位给BATJ之类的创新型企业，价值创造的报告模式已滞后于新经济对信息披露的需求。为防范新经济带来的风险，必须强化管理会计信息支持系统的变迁管理。要加快新模式、新业态情境下的信息报告体系建设，规范企业的盈利模式，确保企业实现可持续的成功。同时，尽快推出中国版的网络安全管理会计工具，为组织共享提供必要的信息支持。同时，关注员工之间的信息共享，重视企业内部的组织、制度和文化建设的结构理性，建立和健全与信息共享有关的考核与激励制度、信息沟通渠道和反馈机制，增强管理会计信息支持系统在经营权控制与剩余权控制中的主动性与有效性。管理会计信息支持系统变迁管理的传导过程如图3所示。

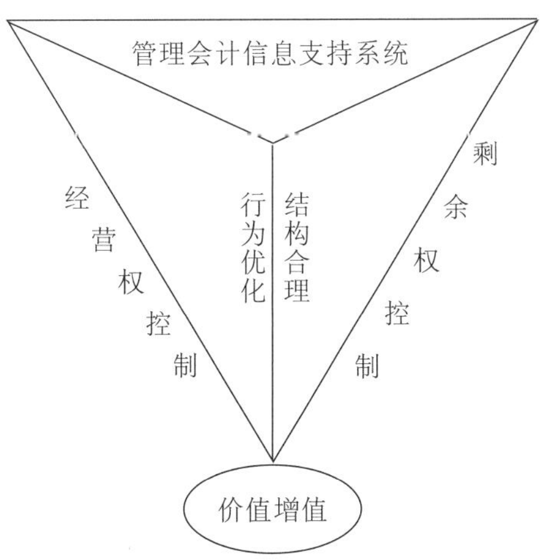

图3　信息支持系统的作用路径

图3表明，“行为优化”和“结构合理”是管理会计信息支持系统服务于经营权控制与剩余权控制的前提或保证，价值增值作为企业的基本目标不仅是管理会计控制系统所追求的，也是信息支持系统必须实现的。满足管理会计控制权机制与剩余权机制中的“行为优化”与“结构合理”的情境特征，是企业价值创造活动中结构理性、过程理性与行为理性的综合反映。在企业的实践活动中，管理会计信息支持系统的变迁管理就是要提高企业与组织之间信息共享的宽度与深度。比如，“共

享经济”是新时代管理会计工具的一种创新范式。当前，共享的资源内容还比较单一，其创造的价值也仅仅是冰山一角，更多的潜在资源和巨大的剩余价值仍然未被挖掘。必须借助信息支持系统规范企业或组织之间的管理会计行为，通过组织间资本共享扩展管理会计的制度空间（杨七中和冯巧根，2017）。未来，随着众包、众筹等方式嵌入管理会计工具创新之中，组织间资本共享的管理理念将会进一步推动企业之间的协作，增强企业间的交流、沟通和服务。

三、管理会计的发展

改革开放40年来，我国管理会计的导入、变迁依据的是一种渐进式的制度路径，它具有从局部到整体、“路径依赖”强、重视与其他经济制度协调，以及政府导向性等的特征（冯巧根，2009）。客观地讲，在国家宏观政策的指引下，我国企业的管理会计改革与创新热潮一直在持续推进中。比如，五矿集团和中化集团围绕预算制度变革，积极地将经济增加值（EVA）和平衡计分卡（BSC）等方法与传统的预算管理进行整合；上海宝钢集团公司针对其连续化、自动化和大规模生产的特点，采用了“预算→执行→改进”三步走的标准成本管理制度。同时，作业成本法（ABC/ABM）（欧佩玉等，2000；朱云等，2000，林斌等，2001）、弹性边际成本法（GPK）、资源消耗成本会计（RCA）和有效益的环境成本管理（EOCM）等也在我国的一些企业中得到了应用（冯圆，2016）。展望未来，管理会计应当重点关注以下问题：

1.丰富和完善管理会计的理论体系

管理会计的变迁过程表明，随着管理会计主体由单一企业向企业集群转变，管理会计的对象、手段与方法将发生相应的变化，并从注重单一企业的管理会计，转向关注组织的未来发展，并进一步向战略视角的企业间联盟与生态结合的组织间资本共享转变。管理会计主体的拓展使企业间的转换成本降低，由于空间上的接近性，知识创新的溢出效应促进企业间的模仿和学习，交易成本大大降低。因此，必须放宽管理会计的组织边界和假设边界，加快诸如跨组织及组织间管理会计的理论体系建设。同时，随着管理会计内涵与外延的不断扩展，传统管理会计理论体系中的核心概念，即“成本性态”理论已经难以统驭新时代的管理会计学科体系，必须丰富和完善管理会计的概念框架。比如，在“成本性态”基础上增加“价值理念”和“工具理性”等核心概念。一方面，通过“价值理念”为管理会计战略与决策、风险管理等提供理论支撑；另一方面，通过“工具理性”进一步丰富管理会计的方法体系，为管理会计工具中的现金流量分析，以及增加值等指标的应用提供理论支撑。

2.加快开发与创新管理会计工具和方法体系。要在管理会计战略导向、融合性、适应性、成本效益性原则的指引下，加快网络安全管理会计工具的开发与应用，强化人工智能条件下管理会计工具的权变性与动态性功能特征。同时，主动地将区块链技术融入管理会计的工具和方法之中，积极把握区块链技术下管理会计工具与方法的新特征。比如，区块链技术能够在信息采集、信息整合和信息分析等方面促进管理会计信息支持系统的功效，可以在降低交易成本、提高交易安全性的同时，保障数据信息安全可靠，使企业或组织之间的融资信任机制得到建立和保障等。此外，区块链技术具有的全面、精确的数据源、及时的资产管理、智能化的经济监控等为管理会计控制系统的功能发挥提供了技术性保证。总之，在以“互联网+”和“智能+”为特征的新时代，实施管理会计工具和方法的创新驱动，从差异化管理向要素融合方向转变，有助于我国企业在全球范围内整合资源，积极参与到发达国家全球公司的水平分工中去，以及围绕“一带一路”倡议向全球价值链体系发出中国的管理会计声音。

3.提高中国管理会计的国际话语权

改革开放40年来，中国经济的发展引起国际社会普遍关注，全球的管理会计组织和学者不仅注重我国经济改革的进程，还对管理会计的发展经验与成果抱有浓厚兴趣。在这种历史性的机遇面前，我国管理会计界必须加快国际化步伐，使中国的管理会计智慧尽快融入全球的管理会计知识体系中去。诚然，40年来，国外文献有了一些关于中国“关系”、“制度”和“政治关联”等的管理会计研究成果，但是客观上讲还是比较片面的，主要存在以下一些问题：（1）认识不够全面。对中国管理会计导入、变迁与发展问题的研究，不仅深度欠缺，而且理论提炼也不充分；（2）学术群尚未形成。从已有的研究文献来看，大都还是华人学者的阐述，对中国管理会计应用情境的挖掘尚未进入广大非华人学者的视野（陈冬华和李真，2017）；（3）本土化程度差。少数国外学者的研究远未达到中国本土化的水平，仍然停留在用“西方主流”的理论来解释中国管理会计的情境现象，难以将中国本土特征从具体的管理会计案例或现象中刻画出来（魏江等，2014）。对此，借鉴国际管理会计经验，扩展中国管理会计的研究空间，构建中国情境特征的管理会计理论与方法体系，是提高中国管理会计国际话语权的一条重要途径。

四、结束语

改革开放40年的实践表明，中国管理会计的导入、变迁与发展是在结合本国国情，广泛融合世界各国先进的管理会计经验和成果的基础上推进的（戴璐和支晓强，2015）。Granlund and Lukka（1998）将管理会计融合的原因划分为经济与制度两个方面：经济方面的因素包括经济活动的全球化、市场竞争与开放，以及生产和信息技术进步的经济合理性等；制度方面的因素包括强制力量、舆论和惯例的力量和模仿的力量等。管理会计的融合并不否定个性和特色的存在，要树立管理会计导入、变迁中的动态思维。既要从宏观视角研究管理会计的现实问题，也要从中观上思考产业转型升级和企业集群变迁问题，更要从微观角度深入挖掘企业行为的动机结构，积极寻求解决问题的对策。

改革开放40年来，尽管我国学者在中国特色的管理会计理论与方法体系上做了大量工作，但是现实中的管理会计变迁仍然存在较大的制度提升空间。我们需要结合供给侧结构性改革，调整管理会计的研究重点，围绕经营权机制与剩余权机制优化管理会计的控制结构，不断吸收各国、各学科、各流派的研究成果，以行为优化和结构合理为导向完善管理会计的信息支持系统。可以预见，在以“互联网+”和智能制造为特征的新经济时代，传统而经典的管理会计理论将在新理念不断导入的同时被逐步替换或淘汰，管理会计的价值观和行为观也将随着管理会计工具的整合与创新而变迁和发展。

参考文献

[1] 陈冬华，李真. 学术评价中的“巴别塔”问题——以我国会计及财务研究为例 [J]. 会计研究，2017（8）：25-33.

[2] 陈良华. 价值管理：一种泛会计概念的提出 [J]. 会计研究，2002（10）：53-56.

[3] 池国华，邹威. 基于EVA的价值管理会计整合框架 [J]. 会计研究，2015（12）：38-44.

[4] 戴璐，支晓强. 企业引进管理会计方法的排斥效应、后续变革与影响因素 [J]. 南开管理评论，2015（2）：103-114.

[5] 冯巧根. 改革开放30年来中国管理会计制度的变迁与发展 [J]. 上海立信会计学院学报，2009（1）：38-48.

[6] 冯圆. 基于环境经营的排污成本管理研究 [J]. 会计研究，2016（3）：72-78.

[7] 河北省会计学会. 改革开放三十年来管理会计在河北省的企业实践与理论探索 [M] //刘玉廷. 中国会计改革三十年.北京：中国财政经济出版社，2009：301-311.

[8] 胡玉明. 强化管理会计理论研究中的“中国元素”[J]. 财务与会计，2015（1）：11-12.

[9] 刘圻. 企业价值管理创新模式研究——基于自发秩序与程序理性的视角 [J]. 会计研究，2010（8）：36-41.

[10] 刘运国. 管理会计在珠江三角洲企业管理中的应用及启示 [J]. 广东商学院学报，1999（2）：69-73.

[11] 林斌，刘运国，等. 作业成本法在我国铁路运输企业应用的案例研究 [J]. 会计研究，2001（2）：31-39.

[12] 欧佩玉，王平心. 作业成本法及其在我国先进制造业的应用 [J]. 会计研究，2000（2）：46-51.

[13] 潘飞，王悦，李倩，等. 改革开放三十年中国管理会计的发展与创新：许继电气与宝钢的成本管理实践与启示 [J]. 会计研究，2008（9）：10-17.

[14] 齐默尔曼. 决策与控制会计 [J]. 邱寒，译.大连：东北财经大学出版社，2000.

[15] 苏文兵，张朝宓，熊焰韧. 管理会计实践及其理论解释：国际比较视角 [J]. 会计与经济研究，2013（5）：12-17.

［16］汤谷良，穆林娟，彭家钧．SBU：战略执行与管理控制系统在中国的实践与创新——基于海尔集团SBU制度的描述性案例研究［J］．会计研究，2010（5）：47-53.

［17］王斌，顾惠忠．内嵌于组织管理活动的管理会计：边界、信息特征及研究未来［J］．会计研究，2014（1）：13-20.

［18］余绪缨．现代管理会计是一门有助于提高经济效益的科学［J］．会计研究，1983（6）：51-54.

［19］于增彪，袁光华，刘桂英，等．关于集团公司预算管理系统的框架研究［J］．会计研究，2005（8）：22-29.

［20］杨时展．现代会计向传统的挑战［J］．会计研究，1983（4）：48-49.

［21］杨纪琬．努力建设适合中国国情的管理会计［J］．中央财政金融学院学报，1984（1）：45-51.

［22］杨七中，冯巧根．组织间资本共享：企业创新的新范式与经济增长的新动力［J］．社会科学，2017（11）：55-59.

［23］朱云，陈工孟．作业成本法在香港应用的调查分析［J］．会计研究，2000（8）：60-64.

［24］DAFT R L.A dual-core model of organizational innovation ［J］. Academy of Management Journal，1978（2）：193-210.

［25］OTLEY.T. The contingency theory of management accounting and control：1980—2014［J］. Management Accounting Research，2016（31）：45-62.

［26］GRANLUND M，LUKKA K.It’s a small world of management accounting practice［J］. Journal of Management Accounting Research.1998（10）：154-171.

［27］GARY M S，WOOD R E.Mental models，decision rules，and performance heterogeneity［J］. Strategic Management Journal，2011，32（6）：569-594.

［28］SIMONS R.Control in an age of empowerment ［J］. Harvard Business Review，1995，20（4）：80-88.

经济改革视域下政府会计的历史借鉴

张涛　韩传模

（天津财经大学）

摘　要：经济盛，虽战乱纷争仍政权稳固、民力丰沛、国体向上；经济衰，纵四海平定也政权堪忧、社会动荡、振兴乏力。经济，国之命脉，牵一发而动全身，系千年而导国运，而会计又为经济之魂魄。国家经济是政府会计之根，政府会计是国家经济之魂。经济波澜壮阔发展必有经济管理之保驾护航；国家政权稳固安定必有政府会计之顺畅运行。本文从历代经济改革视角出发，研究政府会计在其中发挥的作用和功效，得出政府会计是国家经济变革的先导机制；加强国家经济管理中政府会计的基础性控制作用；深化政府会计与财政、统计在国家经济管理中的融合等结论和启示。

关键词：经济改革　政府会计　历史借鉴

政府会计作为国家经济治理的关键环节，数千年来始终处于国家经济体制改革的中心位置。在经济新常态的背景下，政府组织结构与社会经济结构间的不协调造成了国家经济体制改革的内在矛盾，使得完善国家经济治理体系和实现经济治理能力现代化成为政府会计改革的长期目标。长期的历史传统规范着中国政治经济的内生变化，对于中国古代的成功经验，应本着择其善者而从之、择其不善者而去之的态度，牢记历史经验、历史教训和历史警示，为推进国家治理体系和治理能力现代化提供有益借鉴。

一、管仲、商鞅变法与政府会计

为了实现国富民强、称霸诸侯的目标，管仲确立了政顺民心的人本主义思想，并建立了经济集权下的宏观调控经济体制。任何财政制度的实施都无法脱离会计计量和控制工作，经济制度能否取得成效的关键在于会计工作的实施。“不通于轨数而欲为国不可”，这里的轨数指会计核算方法，因此财计被视为国家治理的重要组成部分。“不明于计数，而欲举大事，犹无舟楫而经于水，险也”，就是说如果国家不重视经济管理工作，财政收支计划就无法完成，进一步讲，可能会置政权于颠覆的危险境地。管仲相齐的整套治国方略为后世留下了宝贵的历史经验：其一，通过财政和税收领域的配套改革，形成了系统性的国家经济治理体系；其二，通过一系列经济政策的实施，奠定了会计工作在国家经济管理中的关键地位；其三，盐铁专营政策开始成为国家宏观调控的重要手段，是中央经济集权的重要保障。

商鞅变法在经济上强调以农立国，以土地私有化代替井田制，在增加财政收入的基础上增强了国家经济实力。秦朝统一了政府会计制度，并将经济法制与会计监督相结合，从而加强对经济的控制。中央采取上计制度考核地方财政收支和官吏受托责任履行情况。地方通过递交上计报告的方式，向中央汇报地方财政收支情况并接受考核。首先，秦汉时期在中央和地方财计机构中均有“计”的设置，“计”的工作体现在横向组织关系之中，对钱粮收支管理和核算起到重要作用，成为统治者实现经济集权的基础配置。其次，地方各级“上计吏”的配备使国家上计和考课制度得以贯彻和执行，使统治者对财计的逐级控制成为可能。历史表明，如果没有“计”和“上计吏”的基础工作，国家经济管理工作将全面失灵。

二、汉武帝变法与政府会计

武帝变法前，中央政治集权已经全面完成，“文景之治”留下的财富成为改革顺利推进的客观条件。在此形势下，武帝大力推行专卖政策和平准均输政策，可以称为政府会计制度设计集大成者。在小农经济占主导地位的国家，财政收入来源单一，如果单纯增加土地税收必将激化阶级矛盾，因此必须尽可能开发一切收入来源，满足国家多方所需。当国家控制关系国计民生的产业后，地方诸侯与商贾大家被剥夺了重要的收入来源，在经济上重塑了中央集权制度。但从长期来看，专营政策等实施是等量财富在不同主体间的重新分配，其结果往往导致国强易得，民富难求。

武帝时以桑弘羊为大农，主管国家财政事务，根据政治和经济环境的整体考量确立了以政府会计为核心的经济治理模型。首先，为了筹措军费、防止豪强发展割据势力，国家实施专卖政策和平准均输制度，分别在中央和地方设置相应机构和职官进行管理，一方面遏止了商业资本的投机和兼并等非法活动，另一方面在农业税赋的基础上增加了国家财政收入。自此以后，均输、平准、盐铁专利三大政策成为汉朝政府的定制。其次，从实现集权出发进一步明确了分部建制的组织格局，不仅税收与国库收支控制明确、实行专库专管，而且依据经济环境在运输、钱币铸造和价格平抑方面形成了新的部门制度。进一步讲，会计工作成为经济工作的必要组成部分，体现在横向和纵向组织关系的不同方面，成为统治者实现经济集权的重要抓手。

三、贞观之治、刘晏变法与政府会计

唐朝初期，三省首长共任宰相、权力并重且真正分权而治的三省制正式形成。这种将国家权力机构划分为决策、审议、执行三个系统的联合有机体的成立标志着中央集权制度进入一个分工与制约并重且高效运行的新阶段。在经济发展过程中，国家经济管理活动日益增多，主要包括财政立法、支度国用、财政收支、物价控制和财政审计等内容。为了加强对国家经济的控制，唐朝将对人户的检括与对赋税征纳的监督关系统一起来，开创了我国政府会计全面预算制度之先河。度支部是政府会计组织部门，一方面编制国家预算，负责钱谷在全国各地的转运工作；另一方面担任国家会计工作，上至中央部门、下至地方州县均需向其申报年度会计结果，包括收支与结存之数，并接受其检查。度支部在国家经济管理中的枢纽作用为唐朝后期度支司的调整和转型确立了依据。

三省制被认为是中国古代国家政治体制的典范，确有其极大的优越性，但不出百年就发生了改变并很快遭到破坏。开元天宝后，均田制遭到破坏，导致地方财政收入减少而发生分裂。藩镇势力日盛使得地方财政与中央财政产生了抗衡，中央缺乏对地方的有效控制。逃户增多、户籍失控、籍账失真、赋役不均、转运困难成为唐朝政府面临的严重问题，于是政府围绕增加国家财政收入目标开始谋求制度转型。政府会计部门度支司取得国家经济管理大权，完成了原财计组织使职化的第一步——度支使的形成。开元二十四年《长行旨条》的颁布，将收支项目及其标准从原则上明确下来，进一步形成度支部编制支度国用计划的依据和法规。它的出现标志着预算收支框架内的核算项目的确定与应用进入一个科学阶段，对于国家经济管理的控制成效是前所未有的。

为了解决国家财政收入来源的根本性问题，户部尚书刘晏采取了专卖、转运和均输为一体的专营政策，以盐铁和漕运作为财计管理重点，设置盐铁转运使筹集军国所需，减少支使所耗。此后，度支使和盐铁转运使按照东西两大地区划分财计事务的制度基本被确定下来。为了充分发挥二者在不同地区的财计职能，在行政职能上度支使不再有总揽“支计”的名义，而是各自建立财务收支系统。度支使和盐铁转运使从组织制度层面到财计管理实践层面均成为两个相对独立的政府会计部门，分掌国家不同地区经济管理活动。唐朝兴盛一方面体现在前期所形成的贞观盛世局面，另一方面还体现在面对中央集权衰落后的国家治理。王朝后期由于统治者怠于政事、奸佞擅权、土地兼并严重，原政府会计部门已流于形式、失去效率，使会计在一定程度上适应了环境变化，一方面延续了李唐王朝的统治，另一方面直接并开启了赵宋以降之新局面。

四、王安石变法与政府会计

北宋初期在晚唐使职体制和五代中枢分掌事权的基础上，将宰相职权一分为三，形成中书门下、枢密院和三司对掌国家政权、军权和财权的理政模式。两府三司政治体制体现了北宋统治者对于秦汉以来“祖宗之法”的诸多调整和权衡。它认识到经济管理对于国家经济和政治集权的核心作用，设置三司使与两府共同执掌宰相权力，将国家经济管理部门的地位提高到前所未有的高度。三司体制确立后的百余年里，围绕集权与分权进行了多次改革。所有制度效用的发挥都要建立在一定的稳定性基础上，财计组织制度在短期内反复变更不仅丧失了制度本身应有的效用，反而造成财计失控、流弊滋生，一场以政府会计为首的整体配套体制改革即将到来。

王安石深刻认识到经济管理在稳定国家政权中的作用，他在理财、整军、富国、强兵的变法目标指导下，制定和实施了一系列新法，其中政府会计组织变革成为变法的起点。熙宁二年（1069年），设置三司条例司作为改革的总机构，罢黜三司使，将盐铁、度支和户部合一，重新将财计大权收归宰相。三司条例司成立后，由宰相对三司进行考课，并做出相关规定：举凡国家经费支出，需要编制预算并依据预算执行，即根据经费支出确定收入数额，再总计天下赋税，分别确定不同项目之钱谷出入，重新确立量出制入之制。经过一段时间运行，有效节省冗费四成，在节用方面颇具成效。由于这一组织体制遭到保守派的反对，仅运行一年多便被撤除，重新并入中书省，财计大权复归三司。

三司条例司的撤除成为王安石变法失败的开端，但经济管理体制存在的问题仍然制约着国家发展。熙宁七年（1074年），宋神宗诏准设立三司会计司总考天下财赋收支。由于这一机构仍然未能解决实践中财计管理政出多门、无法逐级汇总核算的弊端，还未进入实际运行阶段便宣告流产。三司会计司成为会计史上独立负责国家会计工作的政府机构，会计司的名称和组织形式是历史性的，它的出现确立了会计部门在中央财计组织中的重要地位，对后世产生了深刻影响。王安石变法的结果远未及其带来的影响重要。“政事所以理财”的思想说明王安石已将国家经济管理和国家政权稳定等同起来认识，从政府会计制度着手，进而保障国家政权之安稳成为其变法的逻辑链条。在实践上，“三司条例司”的设置体现了政府会计的重要地位和职能，然而因其未能处理好事权统一与集中的关系，造成职官与使职体制相互冲突的局面。王安石变法的失败是历史性的，此后宋朝对于国家经济管理的目标又锁定为恢复祖宗之法基础上的高度集权。

五、结论与启示

国家是由若干政治和经济组织构成的有机系统，内部组织之间具有足够的弹性和独立性，彼此适应、协调发展，以维护国家政权的运行。在国家经济管理系统出现恶性事件之前，政府会计运行机制已显露出流于形式之态势，即国家衰落之预兆。一方面，调整后的政府会计制度能够与制度环境相互适应时，原有国家经济系统结构能够得到部分或阶段性恢复。因为在生产关系所能容纳的全部生产力发挥出来以前，国家是不会灭亡的。另一方面，调整后的政府会计制度无法适应现有环境，则原有国家经济系统结构会被形成新结构取代，产生新的王朝或演化到新的社会形态。

欲实现和维护国家财政经济的良性循环以及国家的长治久安，必须首先注重建立、健全、调整政府会计制度。任何朝代和时期，忽视政府会计制度环境和绩效，都将给国家财政经济造成严重的不良影响，而这种影响往往是历史性的。现时代的经济体制改革使得中央实现经济集权由专制统治向社会管理转变，政府会计改革应通过职能的重新定位由统一集中管理向内容区分、环节管理过渡，进一步满足社会公众对可靠经济信息的需求，最终实现社会经济管理效能最大化的目标。

（一）政府会计是国家经济变革的先导机制

回溯经济变革之来路，发展与稳定是其不变的内在逻辑，也成为近现代中国治国理政之国策。两千年经济变革中，从商鞅变法到王安石改革贯穿第一个千年，孜孜以求发展之路；从元丰改制到康乾盛世贯穿第二个千年，极力找寻稳定之法。在历代国家经济变革中，富国安民是变革之目标，政府会计是变革之先导，并直接影响变革效果，成为国家振兴的标志。在世界经济深入调整和我国经济新常态的宏观背景下，改革创新是国家发展的根本出路。政府会计是所有公共管理中最基础的技术，它与法律、政治环境和组织安排一起构成财政经济管理的基础。史实表明：会计组织部门的独立和形成的内部牵制关系是财计组织部门建设的基础，政府会计自古以来处于财计组织的控制核心地位和国家治理的基础环节。改革开放以后，我国经济体制由计划经济体制逐步向市场经济体制转轨，政府由原来的对国家财政的直接分配和投资变为对经济的间接调控。政府职能的转变对政府会计的目标提出了新的要求，即由满足政府内部信息使用者的需求向满足多元化信息使用者的需求转变。因此，建立健全政府会计体系是建立大财计部门的重要组成部分，是实现政府职能、使公共资源得到合理配置和使用的应有之义。

（二）强化政府会计在国家经济管理中的基础性控制地位

会计部门在国家经济管理中具有基础性控制地位，会计工作也是国家治理体系和治理能力的衡量指标。会计的基础性控制工作随历史环境的变化而改变，其控制地位逐步提升，并集中体现在财计信息系统建设和簿记报告的演进过程之中。国家治理体系和治理能力集中体现为制度建设本身与制度执行力的结合度与成熟度。作为落实经济管理基础责任的组织，会计部门和制度建设从最初的核算职能逐步向控制职能演进，在国家经济管理工作中成为控制中枢，是国家治理体系和治理能力的重要体现。史实表明：会计工作担负着重要的使命，以会计控制为基础的管理工作是社会经济发展的前提，也是国家政权稳定的基础。因此，经济越发展，会计越重要；会计越发展，控制越重要。

我国政府组织现行会计在制度上被称为预算会计，旨在满足政府预算管理对会计信息的需求，其目标具有单一性和局限性。和古代国家相比，现代国家建立在公共财政体制的基础上，政府会计的目标应在满足政府预算管理的前提下，真实、全面反映政府对于公共资源的确认、计量、记录和报告情况，在满足内外部信息使用者对政府会计信息需求的基础上，提供社会公众对政府受托责任履行情况进行决策的有用信息。由于现行预算会计在管理权上的分散，如何对其进行有机整合将变得十分重要。只有在整合预算会计的基础上，才能逐步实现包含预算会计和财务会计的双轨制政府会计模式，才能在实现预算管理与控制目标的基础上，实现政府会计满足财务管理、绩效管理与评价、促进财政透明的多元会计目标。

（三）深化政府会计与财政、统计在国家经济管理中的融合

财政是国家履行社会职能的产物，是会计核算和控制的基础，没有财政就没有会计在宏观经济管理中的地位。会计起源于史前文明，它在国家成立前形成的计量记录方法称为财政运行的基础，并随财政收支的复杂化而日益发展，若没有会计则财政就失去了其在国家经济运行中的作用。因此，财政与会计自国家建立便形成一体化发展之趋势，并集中体现在经济管理层面。随着经济全球化的纵深发展和数字经济时代的到来，财政、会计和统计工作在国家宏观经济管理中将始终朝着互相配合和融合的方向发展。会计的目的之一是将企业和个人的行为引向特定国民经济政策的执行。会计信息的系统性和精确性决定了会计与统计在宏观经济管理中互相渗透，共同参与宏观经济决策，并形成联合控制系统的可能性。财政与会计的关系具有持久性和永恒性，会计计量方法的科学性和会计法制与宏观经济的密切联系性，决定了会计贯彻国家财政目标和方针政策的可能性。在未来的宏观经济管理中，财政、会计与统计将进一步发挥各自的学科特点，通过协调机制完成对新环境下国家经济的一体化控制。

参考文献

[1] 王素. 三省制略论 [M]. 济南：齐鲁书社，1986：191.

[2] 杜佑. 通典 [M]. 北京：中华书局，1988：1534-1782.

[3] 陈仲安. 汉唐职官制度研究 [M]. 北京：中华书局，1993：53-76.

[4] 李锦绣. 唐代财政史稿上卷 [M]. 北京：北京大学出版社，1995：24.

[5] 郭道扬. 会计史研究第一卷 [M]. 北京：中国财政经济出版社，2004：232-270.

[6] 钱穆. 中国历代政治得失 [M]. 北京：九州出版社，2013：60.

[7] 袁刚. 隋唐三省体制析论 [J]. 北京大学学报：哲学社会科学版，1994（1）：102.

[8] 官士刚. 东晋南朝中央与地方财政问题探析 [J]. 江西师范大学学报，2005（2）：18-19.

[9] 史卫. 隋唐财政制度之北周渊源略论 [J]. 唐都学刊，2007（5）：38-39.

[10] 王韵. 近30年来三省制研究综述 [J]. 中华文化论坛，2011（5）：34-35.

[11] 何汝泉. 汉唐财政职官体制的三次变革 [J]. 西南师范大学学报：哲学社会科学版，1997.

[12] 李文钊，毛寿龙. 中国政府改革：基本逻辑与发展趋势 [J]. 管理世界，2010（8）：15-16.

[13] 何汝泉. 汉唐财政职官体制的三次变革 [J]. 西南师范大学学报：哲学社会科学版，1997（1）：29-31.

[14] 刘后滨. 唐代中书门下体制下的三省机构与职权——兼论中古国家权力运作方式的转变 [J]. 历史研究，2001（4）：15-16.

[15] 邓小南. 走向活的制度史——以宋代官僚政治制度史研究为例的点滴思考 [J]. 浙江学刊，2003（3）：100-101.

[16] 陈国权，黄振威. 论权力结构的转型：从集权到制约 [J]. 经济社会体制比较，2011（3）：103-104.

［17］陈冬华，李真．乡土与城邦［J］．会计研究，2015（1）：7.

［18］张捷．秦汉时期财政运作研究［D］．上海：华东师范大学，2012：25-27.

［19］习近平．对古代的成功经验要择其善者而从之［EB/OL］．［2014-10-14］．http：//news.ifeng.com/a/20141014/42198940_0.shtml.

［20］埃尔登 S．会计理论［M］．上海：立信会计出版社，2013：22.

改革开放对供销社会计核算制度的影响
——以楚雄供销社为例

吕祎茜　余怒涛　邓国玺　董玉竹

（云南财经大学）

摘　要：1978年我国实行的改革开放政策对经济体制的变革产生了重要影响，作为具有中国社会主义特色的供销合作社组织，在经济体制变革背景下，其会计核算制度呈现出阶段性的发展。本文以收集到的云南楚雄供销合作社相关资料以及国家分别于1975年、1982年和1991年颁布的《供销合作社会计制度》为主要研究对象，通过对楚雄供销社在改革开放前后的会计核算制度进行对比，说明改革开放对促进供销社会计发展的重要性和必要性。

关键词：改革开放　楚雄供销社　会计核算制度　发展

一、改革开放

作为社会主义曾经的经济标志之一，计划经济自20世纪50年代以来，曾为中国早期的经济恢复和初步发展做出了巨大贡献，但随着时间的推进其弊端日渐明显。政府对市场调控的力度过大，一切以计划为纲，生产商品的数量都在计划之中，使得消费者即使有钱也买不到需要的商品，由于公有制的存在，且个人不得拥有如“猪、羊”等私人财产，一切的劳动成果都会被均分，人民的劳动积极性被严重削弱，经济发展的动力极其缓慢。在这种情况下，一场改革显得迫在眉睫，1978年11月，安徽省凤阳县小岗村实行“分田到户，自负盈亏”的家庭联产承包责任制（包产到户），拉开了中国对内改革的大幕，

在1978年我国第十一届三中全会中，以邓小平为核心的党中央领导人提出对内改革、对外开放的政策。这场改革运动的目的是以维持社会主义制度为前提，改变生产中不适应生产发展的管理体制和政策，并建立社会主义下的市场经济体制。这场改革的经济方面在农村取得了率先突破，并随之迅速在全国各经济领域内推行。

二、楚雄供销合作社

（一）供销合作社

供销合作社商业是合作社的组织形式之一。专门从事为参加合作社的社员推销

产品和供应他们所需要的商品的商业组织。供销社是为满足农村生产和生活需要而设立的销售工具，生活用品和采购农副产品的集体所有制商业机构。

在清末时期，我国的民族危机严重，因救国救民的需要，合作社的理论被传入中国后，就被一些先进人士如梁漱溟、晏阳初、薛仙舟等人加以研究、改造和推动，这些合作观念得以传播，并且在民间得到了实践。这时期的合作社是自己管理自己的，后来在国民政府统治时期，由于国家体制问题，以及在官僚、地主、军阀等的影响下，合作社渐渐走向衰落和失败。

在中华人民共和国成立后，受苏联的影响，也为了更好地满足广大人民的社会生产生活的需要，我国实行了生产资料私有制向生产资料公有制的转变，成立农村手工生产合作社、农村供销合作社、农村生产合作社、农村信用合作社等四类合作社。这时期所有的货物都归国家所有，由国家统一管理发放，人们需要用布票、粮票、油票等票据才能去购买所需货物。

（二）楚雄供销合作社

1952年9月11日楚雄专区合作办事处拨给楚雄县开办经费，并下达贷款指标筹建合作社，并于当年9月30日成立楚雄县合作社联合社筹备组，同时建成坝区和三街共五个基层合作社（供销社的基层组织，由所在地农民等社员入股筹建）。

由于当时实行的是社会主义计划经济体制，楚雄供销合作社负责当时的生活资料供应，主是面对农村农民的吃穿用生活必需品供应，食盐、煤、烟、酒、茶等是供销合作社门市部、购销店商品必备目录中必须保证供应、不脱销的商品。

楚雄供销社一直在积极贯彻落实国家的政策，对供销社进行整改，因地制宜发展生产、供销、信用三位一体综合合作，利用现代电子信息技术和现代物流方式等推动改革，更好地为民服务。

三、改革开放前楚雄供销合作社会计核算制度

在改革开放前，受到人们文化程度普遍较低的影响，相对于西方会计人员，我国供销社会计人员的专业水平普遍较低，大多数会计人员只是会简单的会计核算，对相对复杂的借贷记账法接受程度较差，成本会计、预算会计等管理型会计人才极为稀少。同时由于在我国计划经济体制以及公有制经济的保护下，基本不存在能够与供销社相竞争的经济体，所以久而久之供销社会计的作用也基本处在简单核算的地步。在这种背景下，我国的会计水平整体偏低，楚雄供销社会计制度基本依据国家供销总社制度，自身并无多大的变动。我们可以通过以下四个方面来研究当时的会计核算水平。

（一）会计科目

以1975年为例，拥有“国家流动资金”“应付款”“专用基金工程”等63个表内科目及“代管商品物资”1个表外科目，以“资金来源及收入类增减的差额=资金占用及支出类增减的差额”为平衡公式，核算资金的收入来源及资金的占用支出类账户。

以“国家流动资金”科目为例，国家及上级拨入、所属单位上缴、利润留成或盈余分配补充等业务记入其增方，上缴上级及拨付下属单位、基层经批准弥补亏损等业务记入其减方。

（二）记账方法

1966年，由于借贷记账法过于复杂，而我国农村地区专业人才又极为缺乏，从事供销社会计工作的会计人员文化程度普遍较低，对于借贷记账法接受程度偏低，所以楚雄供销社响应财政部号召将“借贷记账法”改为“收付记账法”，半年后改为“增减记账法”。

此时的收付记账法主要分为两类，一类为财产收付记账法（张敏，2013），这是由我国广大的农村财务工作者，根据农村特点，通过自身的长期工作实际经验吸收了现金收付记账法的部分经验创造出来的，它在记账方法和记账形式方面都有极大的突破，同时它对资金收付记账、增减记账法都有着良好的推动；另一种为资产收付记账法，其主要用于供销社预算方面，它是由我国预算会计人员通过对古老的记账方法改变而来，以“有收必有付，有付必有收，收付必相等”为记账原则，其于1965年在供销点试用，次年在全国施行。

（三）凭证账簿

1.会计凭证

会计凭证由原始凭证、原始凭证汇总表、记账凭证、记账凭证汇总表等四种组成。一般原始凭证和原始凭证汇总表应该附在相关记账凭证背后，作为附件，并在附件上注明附件张数。

2.会计账簿

会计账簿按照用途分为：总账、明细账及辅助账（备查簿），其中明细账又可以分为分户明细账和序时明细账（日记账）。对一部分科目，在通过实践取得经验的基础上，可以用固定的凭证和表单进行加工整理，代替分户明细账。其余科目，未经试验和省、市、自治区供销社同意，不得采用表单代账的做法。在记账时，不可随意对会计科目进行简化以及使用代号。

（四）会计报表

会计报表按照编制单位分为单位报表和汇总报表。在编制报表前，应该进行结账、检查以及调整并进行平衡试算。会计报表有财务主要指标电讯报告以及资金表等8种报表。

四、改革开放对楚雄供销社会计核算制度的影响

在党的十一届三中全会召开后，我国实行改革开放，以经济建设为中心，我国的经济体制由计划经济体制向社会主义市场经济体制转变。政府采用八字方针对经济进行调整，我国的经济得到了一定程度的恢复。在此过程中，供销社的会计制度也随之发生了变化，由于史料收集所限，故本文将以1982年及1991年这段时间为主讲述改革开放后供销社会计制度的变化。

（一）会计科目

改革开放后，会计科目的变动主要为两个方面，第一是会计科目的增加，第二是会计科目的拆分和细化。其变动见表1。

表1　**1982年及1991年供销社会计科目变动表**

	1982年	1991年
会计科目数量	共计88个表内科目及4个表外科目	共计96个表内科目及2个表外科目
增加	应付货款、应收货款借款、吸收固定资金等表内科目，以及委托待销户等表外科目	应收应付票据、生产与加工、外购成品等科目
删除	利润留成、待摊房屋设备、待处理有问题资金等科目	专用基金存款、扶持生产收款等表内科目；委托代销户、委托代管户表外科目
细化	如：应付款拆分为应付货款和其他应付款；专用基金工程拆分为专用基金工程、专用借款工程、简易建筑工程等科目	如：库存商品拆分为库存农资商品、库存农副产品、库存废旧物资等科目

20世纪80年代中后期，供销社的计划经营思维开始受到市场冲击，原有的供销体制越来越不适应市场，供销社的实力受到了削弱，效益开始下滑。

自1993年7月1日起，全国供销社执行发布的《商品流通企业会计制度》（财政部，1993）。按照此规定，为使之更符合当前经营业务，将众多科目进行改变：

1.细化。例：将“应收应付货款”科目分解为“应收账款”、“预收账款”、“应付账款”和“预付账款”四个科目；将“费用”分解为“经营费用”“财务费用”“管理费用”等。

2.合并。例：将“税金”“教育费附加”合并为“商品销售税金及附加”等。

3.新增。例：新增“坏账准备”，在年度终了时，根据应收账款余额计提坏账准备。

4.替换。例：由“营业外支出”替代“财产损失”，“累计折旧”替换“折旧”。

（二）记账方法

原有的收付记账法与增减记账法并不能适应当时的经济业务，故楚雄供销社根据财务部1985年发布的《国营供销企业会计制度——会计科目和会计报表》，于1986年重新恢复借贷记账法，在采用借贷记账法时，总账科目与其所属各明细科目的记账方向（借方或贷方）是一致的。

（三）会计账簿

在1975年的规定中指出审核凭证的首要任务是检查是否符合党的方针政策，而在1992年的原始凭证审核中去除了该规定，由于在此期间发生了计划经济体制转变为市场经济体制，所以我们可以推测出该项规定的消失与经济体制的改变有关。

（四）会计报表

1.会计报表分类（见表2）

表2　**会计报表分类变动**

年份	会计报表按照编制单位分类
1982年	单位报表、合并报表和汇总报表
1991年	企业报表、汇总报表（本社汇总报表和系统汇总报表）

2.会计报表内容变动

资金表中资金来源部分增加“利润及缴拨款项”，以及资金占用部分增加“提出流动资金”（核算企业根据合同协议规定与其他单位联合经营所投资的固定资产）；经营情况表增加了联营收入等科目。

五、改革开放对供销社会计核算的影响思考

（一）社会经济体制变动对供销社会计制度影响（见表3）

表3　**楚雄供销社经济受社会经济体制变动影响表**

	社会经济体制	供销社状况
1949—1978	社会主义计划经济体制	基本属于“一家独大”的情况，负责对农村农民的吃、穿、用生活必需品供应，保证必需用品不能出现脱销的情况
1978—1984	计划经济为主、市场调节为辅	相较于以往，进货渠道增多，在保证农村农民需求的同时，又获得了较大盈利
1984—1992	有计划的商品经济	个体经济的出现打破了供销社垄断市场的场面，灵活经营的个体经济很快占据市场，加之“承包经营制度”的出现改变了供销社的业务结构，即农村农民生活必需品供应已不是供销合作社的专营业务
1992—现在	社会主义市场经济体制	受到个体工商户的迅猛冲击，在农村供应生活资料方面供销社市场份额变得极小

在我国经济体制由“全面计划经济”到“计划为主、市场调节为辅”再到现在的“市场经济”过程中，供销社从最初的垄断单位到最后差点消亡，可见经济体制影响供销社的业务结构，从而决定了供销社会计制度的发展。

以会计科目的变动为例，会计科目的变动实际就是核算业务的变动。尽管随着

改革开放供销社的市场份额变小，但由于竞争对手的增加，其业务变得复杂起来，在一定程度上也促进了会计的发展。从中我们可以看到一种现象，即当市场竞争激烈的时候，会计技术的改革就会显得刻不容缓，会计制度更新的速度也必须加快，而市场竞争很小甚至出现垄断市场，相关的会计变动就会出现惰性，更新的速度随之变慢。

（二）供销社会计自身发展对其会计制度的影响

中华人民共和国成立至今，楚雄供销社的会计记账方法历经了从借贷记账法到收付记账法、增减记账法再到以借贷记账法为主，这个过程中我们不难发现会计的记账方法与阶级性并无关系，其主要与相关专业人员的知识水平和当时的经济制度有关，即会计记账法是为经济制度服务的工具。

在改革开放前很长一段时间大部分会计人员的专业知识并不高，西方复杂的借贷记账法不便于理解，所以我国会计人员才会在以前的中式记账法基础上创造出收付记账法，在当时简单的计划经济业务下这种方法无疑更适合供销社。在改革开放后市场经济异军突起，供销社经济业务变得复杂起来，单纯地采用收付记账法与增减记账法并不能满足业务需求，同时随着国民教育被重视起来，负责会计工作的专业人员得到培训和提高，此时重新引入借贷记账法就迫在眉睫。

六、结束语

改革开放对供销社会计制度的影响，从横向来说，在会计科目、会计凭证和账簿以及会计报表等方面都有明显体现，从纵向来说，其影响力度一直贯穿至今，指引着供销社会计在适应市场经济发展的道路上不断全面深化改革。

回顾改革开放以来供销社会计制度的发展历程，不妨提出几个方面的展望。第一，由于受到全球化经济的影响，在未来供销社所面临的竞争不仅只是来自国内的个体经济，国际连锁企业对供销社的影响将愈发严重，为解决这种窘迫的境况，供销社的体制改革刻不容缓，供销社的会计改革也刻不容缓，我们不能一味地学习西方会计文化，将其进行简单的中国化之后就放手不管。我们必须在学习西方先进会计文化的过程中加强对我国社会主义体制的学习，在基于我国背景的基础下创新出更加适合我国当今经济发展所应有的会计体制。第二，应该加强对供销社会计的深入研究，在供销社会计研究领域方面首先进行量的突破，而后依托其进行质的飞跃。

参考文献

[1] 张慧．我国会计记账方法的演变［J］．财会研究，2013（4）：31-37.

[2] 财政部（93）财会字第35号文件．供销合作社新旧会计制度衔接账务处理办法［J］．财会月刊，27-31.

[3] 李建中．南阳县供销合作社研究（1949—2010）［D］．南京：南京大学，2010.

[4] 李玲. 新中国会计核算制度改革变迁史 [D]. 青岛：中国海洋大学，2003.

[5] 中华人民共和国供销总社. 供销合作社会计制度 [M]. 北京：中国财政经济出版社. 1975.

[6] 商业部. 财政部 .供销合作社会计制度 [S]. 北京：中国商业出版社.1991.

会计史研究：国际文献回顾与分析

俞俊利

（上海交通大学）

摘　要：本文以北美洲、欧洲、大洋洲的15种刊物自21世纪以来发表的会计史研究文献为基础，就会计起源、会计思想史、方法论等脉络，按会计实务、资本市场、会计职业、会计教育、国际会计、管理会计、财务会计、政府与非营利会计、审计等会计史分支研究领域，比较了不同国别法系和制度差异展开述评，为会计史学者提供主要文献参考，同时为未来会计史研究提供一些启示。研究发现①在刊文方面，传统领域发文量较高，但不同领域差异并不明显，发达国家研究成果较为丰富，合作研究并不如其他学科明显。②在内容方面，会计被认为起源于商业发展和寺庙文化，并促进了会计全球化发展；会计实务发展演变则受到国内外政治、经济、贸易、制度和社会因素，包括殖民、战争和灾害方面影响；资本市场发展受到经济（金融）危机、企业股份制改革、公司治理与社会责任研究兴起等方面影响；思想史集中于西方资本主义各派思想和东方儒家思想，以及意识形态的影响；方法论关注档案数据库建设发掘、研究方法和技术手段应用。③未来研究应中西兼容并包，同时凸显出中国特色，加强国际资源共享或合作研究，萌发新的研究话题和证据，为解释“中国之谜”和其他国家相关研究提供特殊的历史借鉴。

关键词：会计史　国际文献　回顾分析　启示

一、引言

Richardson（2008）提出会计史作为一个学科方向，其研究主题应包含：（1）会计史相关层面（如教育、准则制定）；（2）会计史争议层面（正反案例、历史批判研究、理论与方法论多元化）；（3）会计史组织层面（如学术协会和期刊会议、大学、研究中心和出版商）。会计是一门与社会经济现实环境密切相关的学科，会计史作为会计的重要组成部分，通过历史研究探寻会计发展变化的规律，为当前会计理论和实践改革提供建议，对洞悉会计理论与实务的演进、推动学科长远发展具有重大作用。会计史与会计之间存在互为促进关系，会计史研究的重要性和社会价值日益受到人们的重视。

二、研究样本选择

本文通过对国外会计史研究文献主要期刊来源的甄选，并补充已刊发会计史研究的会计学科顶尖期刊，以21世纪以来发表在北美会计史期刊（Accounting Review、Journal of Accounting Research、Contemporary Accounting Research、Accounting History Journal、Critical Perspectives on Accounting、Accounting Horizon、Internal Journal of Accounting）、欧洲会计史期刊（Accounting History Review、British Accounting Review、Accounting, Business & Financial History、Accounting, Organization and Society、European Accounting Review）、澳大利亚会计史期刊（Accounting History、Abacus、Accounting Forum）的690篇文献为基础样本，剔除社论、书评和主题内容大致相同的文献，结合文献的被引情况，提炼出160篇相关研究成果综述而成，为会计史学者提供主要文献参考。

基于此，本文首先从文献主题、研究国别和合作情况进行数据描述分析，探究国际期刊的刊发特点。

（一）文献主题分析（见表1）

表1 文献主题分布

会计起源	会计思想	方法论	会计实务	资本市场	会计职业	会计教育	国际会计	管理会计	财务会计	政府与非营利组织会计	审计	合计
22	54	172	86	56	42	13	15	63	134	52	31	740[注]
2.97%	7.30%	23.24%	11.62%	7.57%	5.68%	1.76%	2.03%	8.51%	18.11%	7.03%	4.19%	100%

注：部分文献存在跨多个主题研究，统计时分别计算（含重复），合计数高于论文总数。

传统领域（会计实务、财务会计、管理会计、会计方法）发文量较高，平均值占8%以上，但其他领域（除会计教育与国际会计比重较小外）差异并不明显，说明研究相对比较分散，各自聚焦各自的领域，未出现明显“扎堆”现象。

（二）研究国别分析

发达国家（英、美、澳、法、意、西）研究成果较为丰富，占到5%以上，其他在5篇以上国家都是典型的大国，政治、经济、社会、历史等各方面发展良好，研究成果也容易集聚（文献研究国别分布见表2）。

（三）合作数量分析

合作研究并不如其他学科明显，一人独著占一半以上，近九成研究成果都在二人及以下完成，这意味着合作研究并非会计史研究的主流，这与当前史学研究的主流模式基本一致（见表3）。

三、研究成果述评

本文是在郭道扬教授2000年刊发于《会计研究》的“回首千年话沧桑——公元11—20世纪会计发展述评”和付磊教授2008年刊发于《会计研究》的“会计史研究三十年”等会计史学综述性研究的基础上，对西方（主要指英语世界）会计史

表2 **文献研究国别分布**

国别	篇数	比例（%）
英国	214	35.67
美国	120	20.00
澳大利亚	53	8.83
法国	50	8.33
意大利	50	8.33
西班牙	32	5.33
日本	19	3.17
新西兰	17	2.83
中国	14	2.33
德国	10	1.67
印度	8	1.33
加拿大	8	1.33
俄罗斯	5	0.83
合计	600[注]	100

注：文献涉及国度除上述外，篇数在5篇以下还包括瑞典、葡萄牙、芬兰、南非、埃及、韩国、尼泊尔、伊拉克、伊朗、斯里兰卡、丹麦、瑞士、奥地利、比利时、土耳其、罗马尼亚、墨西哥、斐济、巴西等，不再列示。

表3 **文献合作数量分布**

合作情况	篇数	比例（%）
独著	353	51.16
二人合著	253	36.67
三人合著	71	10.29
四人及以上合著	13	1.88
合计	690	100

学界21世纪以来的研究成果所进行的整理、回顾与分析。受上述两篇文献的启发并在其基础上，本文进一步从国际视角方面拓展。

按照图1的框架，本文比较国际会计史学文献和著作方面的研究成果，并试图提出一些浅显的观点与看法，希望对中国会计史学研究有些许裨益。

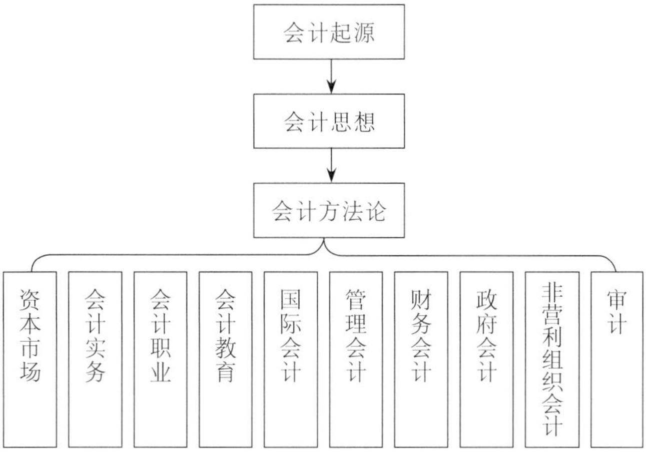

图1　本文文献回顾与分析框架图

（一）会计起源与发展

一般认为，商业发展是会计的主要起源。Antonelli等（2015）通过意大利托斯卡纳公司幸存的商业活动资料和早期成本会计方法的史学分析，以此研究中世纪会计制度的起源。同样，Vollmers（2009）对公元前509—494年波斯帝国留存的关于食物分配、数量以及责任人等簿记记录研究，寻找会计控制系统发展的起源。英国在美洲展开殖民后，会计账簿的法律地位不断得到提升，以账面债务的形式展现商业活动，为不同法系殖民主义会计准则和财务报告检验提供了研究窗口（Wootton和Moore，2000）。与以往文献大多集中在会计如何成为迫害加拿大、美国、澳大利亚和新西兰原住民的工具不同的是，Buhr（2011）从多角度会计史阐述了原住民与会计主体对象的共生关系。尽管经济史和社会史大多采用宏观经济数据，但微观层面数据（如大饥荒和爱尔兰贸易数据）为研究会计史问题提供了新的视角，Hógartaigh（2008）加深了人们对爱尔兰会计、商业和金融史的理解。Baker和Rennie（2013）从制度经济学理论的视角审视了加拿大第一个会计制度的产生。Newson（2013）考察了葡萄牙新基督教商人佩雷斯的个人账户，显示了会计制度如何适应非货币化的经济形态，继而引起了复式簿记和资本主义加速崛起。Sangster（2016）采用新会计史学观的文学分析方法以此认定复式簿记的起源与意大利（尤其是佛罗伦斯）地区商业、法律和金融环境相一致，并受到银行和会计职业界共同驱动。

另一方面，宗教（寺庙）、文化也可视为会计的另一起源。例如英国达勒姆大教堂修道院第一个现存账户中，就包含了收支配比原则和需要审计师验证真实性和准确性的会计资料（Dobie，2008）。古代斯里兰卡佛教寺院被要求保存会计记录并在每年公开宣读这些记录，岩石铭文证据进一步证实了古代宗教机构会计和审计实践（Liyanarachchi，2009）。根据利特尔顿簿记七大因素理论，佛教寺院会计思想被应用在古代斯里兰卡佛教寺庙，其与中世纪庄园会计、意大利合伙制会计和代理会计存在着差异，这也表明会计可以随着现实而不断发展以适应社会需求（Liyanarachchi，2015）。考古证据表明首个书写系统和首次抽象数值的使用是由古代美索不达米亚记录在黏土上的会计系统发展而来，Mouck（2004）运用梅林唐纳德人类认知理论和文化进化论来识别古代会计在进化过程所扮演的角色。

西方会计概念和实践对发展中国家产生了重要作用，推动了会计全球化发展。荷兰东印度公司是日本德川时期（1600—1868）通向西方世界的唯一窗口，研究表明荷兰人使用的复式簿记在日本慢慢传播开来（Camfferman和Cooke，2001）。为了防止账户货物被非法侵占，印度在1510年规定在本国去世或旅行的公民财产需要受到控制和管理，并以“现金和日记账”形式登记，继而产生了复式记账会计制度。中国会计几千年发展主要特征之一是记账方法的演变。会计在中国明清时期已达到顶峰，但会计发展受到社会环境、政治和文化的影响和约束（Ji，2003）。Lin（2003）从历史角度概述中国式记账方法的发明和应用，重点关注了加减簿记方法在20世纪60年代中期到80年代的兴衰，分析了其与意大利式借贷簿记系统相比的优势和不足。中国很早就将成本和利润的概念应用于农业生产，而这些都记载在17世纪《沈氏农书》和《补农书》。从鸦片战争爆发到帝国君主政体推翻期间，中国上海印刷业责任会计研究表明通过商业指标和关键财务比率也可以反映印刷业的经营责任（Lan，2015）。

（二）会计思想史

马克斯·韦伯和维尔纳·桑巴特提出了一个著名的问题：宗教、资本主义和复式簿记的历史基础是什么？在他们看来，复式簿记的宗教基础导致了资本主义的产生（Derks，2008）。19世纪末，受圣西蒙思想的影响产生了新的银行模型，Pezet和Sponem（2015）探究了会计在该模型的发展和演变中扮演的角色。经验主义不能证明范式的真实性，范式的真实性极易屈服于普罗大众的意志和意识形态，从非欧洲中心主义、社会、性别、环境、公共利益的视角也许可以描绘后库恩主义的全貌，忽视上述因素会使得会计史在贫困的档案主义方法下进展更为缓慢（Sy和Tinker，2005）。Tyson和Oldroyd（2007）认为会计史研究更需要批评当前会计概念与原则、理论与实践现状，而这可能会从谱牒（系谱）的档案方法中受益。Sargiacomo等（2012）采用国际比较方法进行会计史研究（尤其是涉及帕乔利之前的复式簿记系统）表明，会计思想家法比奥采对会计理论的贡献和对会计史发展的影响建立在价值理论和权益中心会计系统上。然而，20世纪70年代，伊斯兰银行和其他金融机构采用“伊斯兰会计”，但目前还没有充足的证据表明，中东地区的会计思想和实践对其他地区产生了影响（Napier，2009）。20世纪80年代中期，“新”会计史学家指出前辈们总是认为会计是进步的、会计变革是发展的；然而，从史学角度分析历史编写中“进步”和“发展”概念的使用情况，会发现以“会计进步”进行叙述的方式不应该基于先验的立场（Napier，2001）。一种与英美实践相适应、又以长期建立起来的法国传统为基础的与众不同的财务会计方法，在21世纪依然根植于非洲法语区国家，这一发现为支持“当代盎格鲁-撒克逊会计是一个虚构”的观点提供了证据（Elad，2015）。Hopwood（2007）在反思会计研究近几十年发展时提出会计史研究仍未摆脱美国范式下的研究方法和以制度观解释现实的研究思路，鼓励会计研究加强语境和文化方面反思。Bryer（2000）从会计记录出发提出马克思的会计资本主义理论及其在英国农业、商业和资产阶级革命的应用。

孔子的儒家思想对中国和日本的会计准则演变产生了深远影响（Bloom和Solotko，2003），这在一定程度上解释了“为何面对西方先进的簿记技术，中国依然固守传统的本土会计方法”。韦伯社会历史模型认为会计与组织和社会的关系可以从会计的结构条件、因实质合理和形式合理的冲突产生的历史动态两个层面进行分析。1840年中国遭受列强入侵后，工业和商业迅速发展，会计急需现代化，但接下来半个多世纪里会计技术依然停滞不前，资本主义会计诞生的结构条件在中国清代基本得到满足，取代传统会计实质上具备了形式合理性，但是中国历史文化、条件对实质合理性产生了直接挑战（Pak和Ivory，2003）。同理，已有研究通过探讨中国1949至1957年期间意识形态扩散在政治霸权的产生和维系中所发挥的作用，发现转型时期的会计系统反映了当时的政治形态，，思考并分析了中国过渡时期会计实践是如何反映社会经济活动（Xu等，2014）。

（三）会计史方法论

会计史研究应该扩充或重新诠释已有的档案资料，通过历史洞察现在和未来，这方面档案数据的建设和发掘尤为重要。随着科学研究和网络技术的迅猛发展，这些数据库变得更加易于获得。会计史中鲜有使用人口普查数据展开研究，但是大量人口研究却是从会计视角展开的。正如，澳大利亚殖民时期人口普查提供了大量档案资料可以用来拓展和补充现有的会计史研究题材（Bisman和Bisman，2009）。会计文物作为会计史信息的重要来源和载体，其包含的丰富信息也可以为会计史研究提供独特的视角，从而发现和理解会计文物所反映出的特定历史信息（Francis和Samkin，2014）。意大利学者已经从会计史文献中收集数据并建立了数据库，其包含了1861—2010年1 197本意大利语刊物、1976—2010年56篇国际文献和书籍，每份数据乂包括出版日期、出版类型、时间范围、研究领域、数据来源、作者单位和使用的会计方法，数据库可以为研究者提供多维数据，从而解决“比较国际会计史”研究方法问题（Antonelli等，2011）。

研究方法和技术手段的应用也是拓宽会计边界的重要手段。米勒和纳皮尔（1993）致力于研究计算的边界，探索如何通过英国军队和酿造业采用的政治计算法到统计分析法的转变，描绘出一幅会计计算技术的路径，并将统计分析应用在财务管理中（Talbot和Talbot，2010）。第一次世界战争期间用来支撑西方战线物资补给的会计系统存在缺陷，英国军队通过漫画的方式为会计史研究提供有用的资料，漫画作为会计的一种表现形式，有助于拓宽对于会计边界的认识（Miley和Read，2014）。Walker（2015）采用摄像照片形式记录了美国式生活中的会计元素，展现了会计如何参与政府农业行为及农村日常生活等。Sangster（2016）采用新会计史学观的文学分析方法，借助文学、文本信息等提出与先前研究发现不同的意大利复式簿记起源。

（四）会计实务演进

会计实务的发展演变受到国内外政治、制度和社会因素影响。殖民地宗主国的政治统治往往会对殖民地会计起到一定的影响。例如英国统治经历极大影响了塞浦路斯会计实践发展（Clarke和Varnava，2013）；斐济会计与英国帝国主义政策之间密切联系也表明了会计方式可以有效实现英国间接统治的目的（Davie，2005）；葡萄牙通过控制其统治的巴西会计教育、职业组织、公司治理和政府会计规则（技术），以达到特定的统治目标（Sangster，2013）。同样，组织和会计的变革也会带来制度和政治的转变，地方政府修订会计政策正是这一情况的体现。20世纪早期，新西兰惠灵顿政府会计信息的制定者和使用者通过会计政策制定大讨论发挥了会计变革的重要作用（Colquhoun，2011）。Jeacle（2008）考察了“爱丁堡大学-茶俱乐部”1920年建立以来25年间年度股东大会资料，发现会计在组织和社会运行中具有重要作用。Bracci等（2010）通过意大利圣安娜医院档案资料（包括原始会计账簿、法规和组织手册）观察到组织和会计方法的改变历程，拓展了非盎格鲁-撒克逊国家的会计实务研究，为理解制度变化前后的组织层面和会计发展层面的差异提供了一个内部视角。

会计实务的发展演变也受到经济因素影响，大多研究采用历史档案方法来考察交易活动的会计处理。会计披露是商业网络发展和维系的重要渠道（McWatters和Lemarchand，2013）。18至19世纪美国易货交易账簿档案研究发现了当代贸易会计与税务实践具有显著相关性（Bloom等，2004）。19世纪80年代以前美国不允许铁路资本收回线路投资，导致全行业经济不景气，直到1980年新税法颁布这一现状才得到改变，这体现了美国会计准则与其他会计程序缺乏协调。铁路公司会计实践的案例也表明推进会计实务方面的辩论是至关重要的（Arnold和Mccartney，2003）。19世纪80年代日本航运业开始采用欧式簿记，而在1937年之前，日本很少对会计实务进行监管（Yamaguchi，2001）。会计披露与会计监管并非一定要同时出现，其产生本身依然是一种进步。

会计实务的发展演变也受到战争、灾害因素影响。第一次世界大战之后，奥地利和德国恶性通胀问题激发了大量会计研究。西班牙内战（1936—1939年）对于会计系统和会计报告实务的影响，以及会计形式和内容作为共和党和民族党冲突的焦点，揭示了战时状况以及会计形式可能导致不同政治派别冲突（Fernández-Revuelta等，2002）。第二次世界大战中，日本调查委员会颁布了基于商业会计系统的企业会计法，以加强对公司会计制度的控制（Chiba，1998），日本铁路部门建立了一个基于权责发生制的固定资产会计系统（Sasaki，2001）。良好的会计记录使得1923年关东大地震中兼松贸易公司因为良好的管理而没有遭受损失，这表明突如其来的自然灾害以及随之而来的危机是检验会计记录有效性的测试手段（Yasuhiro和Fujimura.，2010），这是灾害对会计实务影响的一个佐证。

（五）资本市场发展（监管与公司治理）

经济（金融）危机对资本市场发展与监管产生了深远的影响。1847—1848年西班牙经济危机带来了股份公司监管的变化（Lloréns，2000），银行财务报表披露被认为是稳定金融体系的关键，所有新设立的股份制银行需要发布报表以换取有限责任的权限（Lloréns，2004）。Higgins和Toms（2003）通过1919—1920年金融泡沫和危机中英国兰开夏郡棉花纺织公司案例，研究分析负债与资产价值之间的关系以及如何预防后续金融紧缩和重组。Loftus和Purcell（2008）研究亚洲金融危机后的公司治理和金融体系改革发现，20世纪末东亚和东南亚经济快速增长一定程度上是由商业企业和金融部门发展及自由市场改革导致的。股份制改革又进一步推进了资本市场发展。Lopez（2000）通过考察银行会计凭证，发现西班牙银行系统股份制改造推进了公司上市发展。澳大利亚寿险公司股份化与金融部门管制经验也体现了股份制对监管转变的影响（Keneley，2010）。

当然，监管也会促使企业做更多的信息披露和会计报告。20世纪早期，美国公众和私人公司监管包括了利率管制和证券交易所上市要求，使用穆迪分析资料研究表明受监管的公司比不受监管的公司报告了更多的损益信息，受利率管制影响的公用事业单位的损益表报告比工业企业更频繁，从一个方面说明了交易所监管也影响了会计报告（Archambault和Archambault，2005）。20世纪60年代，法国公司采用合并账户会计技术以确保其在纽约证券交易所上市（Bensadon，2015），因为合并财务报表是上市标准之一。英格兰和威尔士特许会计师协会（ICAEW）建议用RoAP22号代替RoAP10号，旨在说服税务局将重置成本作为股票估值的基础（Noguchi，2005）。Rutterford（2010）探讨了19至20世纪英美国家税收和投资之间的关系，复杂的税收系统（例如强调股利支付而不是收益、公司税和个人税的重复征收、公司对纳税会计处理方法的差异）使得大家更关注股利估值法而不是收益估值法。

公司治理研究也对资本市场发展起到一定的作用。意大利蒙蒂公司的属性是银行性质还是类似经济机构，史学家们长期以来一直存在争论，Orelli（2013）利用保存完整的档案资料来研究其治理模式、会计和内部控制实践，并对其会计作为控制工具产生过程进行深度分析解决了这一争论。始于20世纪20年代的关于会计信息披露在公司治理中角色的讨论，也导致1947年英国公司法的颁布为企业设定了更大的社会责任（Maltby，2000）。

（六）会计职业

会计职业化是会计史学家的另一个研究重点，其中尤其受到关注的是会计组织的形成和壮大（Edwards，2010）。不同国家和地区的会计历史形成过程中的正式和非正式制度安排促成了会计职业和协会组织的产生。澳大利亚、新西兰、中国、意大利、日本、葡萄牙、西班牙和美国等国形成了正式的会计史协会或特殊利益集团，而法国和英国则是非正式的会计史团体（Carnegie和Rodrigues，2007）。研究这些团体的性质、规模和动态，有助于了解其在不同法律体系下的发展轨迹。

正式的会计师团体在二战前主要分为以拉美国家为首和以美国为首两大类，其后渐渐发展成遍布全球的职业团体（Lemarchand等，2008）。Lee（2007）研究美国1880年人口普查数据发现，美国在19世纪80、90年代之前已经出现会计职业社团。1914年底的112名非法移民赴美事件，成为研究英国移民对美国会计和审计行业发展影响的重要窗口（Lee，2002）。工会腐败丑闻和会计职业界致力于工会和养老金改革的案例为我们观察“会计职业界如何看待其在美国社会中的地位及其如何被其他团体看待”提供了机会（Doron，2009）。钻石和黄金的发现促使了南非会计师专业组织建立和职业快速增长，然而直到1951年法案成立前，会计师和审计师的专业监管仍然是一个重要问题（Baskerville等，2014）。从麦金农（1986）理论框架分析，印度特许会计师协会（ICAI）的创建可视作印度独立后会计系统的一个重要变革（Verma和Gray，2006）。

非正式的会计协会（主要集中在英法两国）研究则更多地采用史学方法，协会间相互整合是这些国家会计职业的一个重要背景。大英帝国及其联邦国家的专业会计机构和会计人员数量在过去150年间迅速扩大，会计职业团体和成员名称的缘起成为研究热点（Parker，2005）。苏格兰特许会计师苏特罗伯逊通过研究加入公共会计师后的个人生活资料进一步加强了英国维多利亚时代公共会计师职业的研究深度（Lee，2009）。19世纪前叶，苏格兰公共会计事务所的记录展现了公共会计早期培训公司的组织结构和运作方式，以及它与法律、土地所有权、司法权、创业失败之间的关系（Lee，2011）。Lee（2010a）以1854年爱丁堡会计师协会大整合为背景，研究社会团体是否受外部压力和组织任命影响，为现代公共会计的其他组织形成过程中所面临的社会问题研究提供了历史参考。Lee（2010b）以1988年法案要求苏格兰特许会计师协会（ICAS）、英格兰和威尔士特许会计师协会（ICAEW）整合为英国特许会计师协会（ICAGB）为契机，研究会计职业化历史中的协会和个体角色、品牌和职业化与商业化平衡之间的关系。Parker（2004）以英国埃克塞特会计职业团体为研究对象，发现专业会计机构的成立不仅增强了成员的经济地位和社会流动性，还能对埃克塞特这样英国边缘城市起到增强地理流动性的作用。Carnegie等（2000）考察了爱丁堡会计师协会的创始人——约翰·斯宾塞奥美移民到墨尔本后的生活和就业情况，用以解释爱丁堡和墨尔本两地首个会计团体成立时间不同所导致的差异。Bocqueraz（2001）对法国和其他国家专业机构进行比较，发现法国会计职业团体的历史更为悠久。1945年法国就业委员会揭示了工会、商业运营、特许会计师等几大特殊团体之间关系的发展（Capron，2001）。法国两大会计职业组织合并过程突生变故，这一事件因为精英阶层在合并中受到影响，进而阻止了合并进一步发展（Omari等，2013）。而罗马尼亚的会计组织不受监管，成员可以自由进入这个行业，因此会计师来源广泛。1915年罗马尼亚不同政见派系的校友组建校友会垄断了会计行业（Zelinschi，2009）。19世纪末，俄罗斯圣彼得堡公共会计运动史提供了一份详细的协会结构、形成过程、成员规则和财务框架的分析资料（Sokolov，2015）。尽管付出了巨大努力，俄罗斯却从来没有真正建立起职业团体，会计职业更像是一个兴趣小组或是俱乐部。

与会计职业组织本身演进相关的是，会计职业性别构成发生了巨大的变化。1930年会计从业者中只有10%的女性，现在女性比例超过50%，并且53%的会计学位授予给了女性。19世纪晚期和20世纪早期英格兰和威尔士历史证据指出由于男性职业被限制，会计专业开始接纳大量女性（Walker，2011）。19世纪大量中产阶级女性参与会计工作，对一位女性自传进行的研究发现她将当代的秩序观念、等级责任、债务避免、管理信任等会计思想运用到房屋管理工作中（Walker，2006）。Lord和Robb（2010）发现会计系很少由男性主导，他们以女性会计学者和女性会计系学生为研究对象，发现家人和朋友（其中大部分是女性）对女大学生职业选择产生了影响。

（七）会计教育

会计教育的发展经历了职业教育到学校教育这一转变。18世纪商业知识主要通过职业训练、私立学校课程讲授（Rodrigues等，2007）。世界上最先资助学校专门从事会计教学的是葡萄牙政府，该国自此启动商学院教育（Rodrigues等，2004）。英国军队改革（1782—1797年）要求军队需对议会负责并汇报财务状况，而直到1812年，军队才为初等士兵提供普通教育，使得越来越多拥有基础教育的士兵得以参与会计工作（Black，2014）。1831年，美国成立专门教育经济簿记学校，掌握记账是获得就业的重要技能（Clarke，2008）。二战后，澳大利亚联邦会计协会启动会计教育重建计划，两大会计协会通过合作、竞争、冲突等战略实施会计教育，由国家支持的高等教育体系建立，会计教育从此摆脱了之前非专业化要求的被动处境（Birkett和Evans，2005）。会计教育在中国中华人民共和国成立后，随着社会政治环境变迁发生了多次改变，从制度理论框架可以较好地检验规制、规范、文化认知对中国当代会计教育变革的影响（Zhang等，2013）。

会计教育同时也促成了会计教材的产生。1803年法国波尔多的皮埃尔·鲍彻出版了包含农业、航海、商业会计等内容的会计教材，该书的出版推动了法国商业记录技术提高，促进了商业和农业经济增长（Moussalli等，2009）。20世纪早期，美国首次出版了33本会计基础教材，其内容根据使用者的不同而有所侧重，例如会计循环、估值方法、报表分析等（Fleming等，2004）。这些会计教材的出版进一步方便了人们学习会计知识、从事会计职业，为更好开展会计教育奠定了坚实基础。

（八）国际会计

站在国际视野上，通过横向国别考察会计的变化也不失为一个不错的视角，尤其是受同一制度相互影响或同一历史时期的国别之间进行比较研究。Buhr（2012）以比较国际会计史的方法来描述和讨论澳大利亚、加拿大、新西兰、英国和美国这五个英语系国家采用权责发生制会计的动因和发展过程，将权责发生制在这些国家的实施归因于20世纪80年代新公共管理哲学。Burrows和Chenhall（2012）主要从美国和日本的企业层面、经济和会计的文献层面进行目标成本概念的国际比较分析。德语系国家1970—2003年间管理会计和管理控制的结构和发展状况研究加强了对比较国际会计史文献理解（Schäffer和Binder，2008）。Rodrigues等（2015）根据巴西18和19世纪葡萄牙语奴隶制会计和税务方面文件（如奴隶库存列表、租赁协议、保险和收据）解释了奴隶交易的记录和征税情况，并将其与美国和英属西印度群岛的奴隶交易会计和税务事务进行国际化比较。

（九）管理会计

从纺织业、加工业、军队和铁路中寻找成本会计的起源是管理会计的重要研究主题（Fleischman和Tyson，2006）。管理会计发展史研究也是从这些行业率先起步的。

关于纺织、加工业，1732年安东尼奥撰写并印刷了一份备忘录，首次提出了成本核算模型，并将其呈送给当局，这是较早提出使用成本会计的案例（Guillen，2005）。18世纪前叶，葡萄牙成本会计实践案例探讨了1745—1747年间丝绸工厂使用的以复式记账为框架、将成本和财务会计进行综合的会计系统（Carvalho和Craig，2007）。18世纪70年代，塞维利亚皇家烟草工厂质量决策的几个例子说明，质量决策不仅是以指令形式表达的“经理人愿望”，更具有提升工厂生产效率和提高利润的意义（Gutierrez和Romero，2007）。瓜达拉哈拉皇家纺织厂具有国家持股、竞争市场、行会组织、雇用外国专家进行生产操作的特征，以该工厂为研究对象，发现其使用包括控制原材料、控制劳动管理、分配产品成本等在内的成本会计方法，反驳了“原材料控制标准早于劳动力成本实施标准”的说法（Carmona和Gómez，2002）。18世纪后期至19世纪初期，管理会计实践从伦敦账房管理转移到英属北美的皮毛贸易（Margret，2005）。

军事斗争一定程度上推进了管理会计实践的发展。第一次世界大战期间圣詹姆斯啤酒厂管理会计发生变化，特别是研究额外的战争风险成本如何在内部进行分配（Jackson，2014）。同期意大利国家成本预算分析说明预算是一个社会政治过程，也是一个技术过程（Antonelli等，2014）。日本军方最初通过立法和监督实施会计控制，单方面推行成本计算规则并强制在私营企业实施。随着军方和企业的关系变得更加紧密，企业特定的成本核算方法也被归集到军方统一规则中（Noguchi等，2014）。三菱重工名古屋发动机工厂的典型例子证明了日本战时体制下军事对会计的控制，但其设计又体现了足够灵活的商业动机和组织变化的适应性。第一次世界大战期间，对澳大利亚和加拿大肉类行业进行对比发现战争爆发初期两国公司都有详细的成本系统提供相关控制信息，尽管战争期间公司所处的环境发生了巨大变化，但两国公司都没有对会计系统进行重大变更，战争爆发并没有改变控制系统的关键因素（Mcwatters和Foreman，2005）。

在铁路行业，美国南北战争后由于投资的长期性受到短期盈利问题的困扰，继而对管理会计产生了重要影响。19世纪70年代早期，路易斯维尔尝试了通过建立固定成本、变动成本、成本分摊等概念形成一个成本分析系统，衡量铁路运营的效率和盈利能力，这种数学分析方法帮助创建了“数字控制”的商业概念，改变了过去依据软信息进行商业决策的方法（Heier，2000）。1907年，商务委员会发布新的报告规则，要求铁路设备的处理方法转变为折旧会计，新规定引发了强烈抗议，因为铁路部门认为当前系统已经确认了物理折旧（Heier，2006）。20世纪40、50年代铁路国有化过程中引入现代管理会计方法，研究表明新的管理方法只有在兼容的组织结构和强势的权力架构中才能发挥作用（Quail，2006）。

管理会计理论的发展则更为久远。英国在SSAP16正式颁布之前，已经建立起稳定的现行成本会计体系（Rutherford，2007）。以1890—1960年间英国最大、最成功的跨国公司为研究对象，发现其成功的原因部分可归为严格的会计系统和控制手段（Kininmonth和Mckinstry，2007）。1950—1975年间，英国关于使用完全成本还是边际成本一直处于争论之中。在这种利益冲突的情境下，管理会计始终怀着激情倡导和维护成本体系（Dugdale，2003）。瑞典统一原则是在德国成本会计实践的基础上建立的，而德国的实践来自美国成本核算的实践和争论（Segelod和Carlsson，2010）。Díaz和Toledano（2009）通过对会计文本进行分析，描述和解释了西班牙成本会计的起源和发展。20世纪20年代，美国电话电报公司采用图示法表达会计信息的管理会计实践，减少了内部信息不对称而导致的不确定性，提升了运行效率，加强了高管协调和控制公司运营能力（Chandar等，2012）。同期的美国百货公司则广泛采用一种简单的存货估价方法即零售价格库存方法（Jeacle和Walsh，2008）。20世纪90年代还有学者对使用目标记分卡和其他定量数据来指导、评估和控制经营活动的效果提出质疑（Johnson，2002）。为了建立预算控制，公司需要执行能够降低风险、提高预测准确性的发展战略，需要一个高度管理的公司环境，使得预算控制最大化发挥作用，因为其在不稳定的环境中的作用将有所降低（Berland，2001）。

（十）财务会计

财务会计领域的史学研究主要关注财务报告和会计准则的历史演进。19世纪后期，英国非管制公司在账户中披露了分期折旧，发现信息披露积极性与公司是否有外部股东和长期债权人、盈利能力、资产折旧程度、专业审计人员、规模密切相关（Carlon，2003）。Virtanen（2009）回顾了1862—2005年芬兰财务会计的历史发展，指出芬兰财务会计历史有五个主题即企业、学术、管制、职业和金融市场。Camfferman（2012）分析19世纪晚期到20世纪下半叶荷兰财务报告的司法判例，发现合同法是财务报告判决的主要法律依据，但是大陆法和习惯法系国家对财务报告的法律理解是否相似，还有待研究。Beelde（2000）以20世纪早期七家比利时煤矿公司的财务报表为对象，通过分析制度和监管框架如何影响这些公司的财务报告，发现尽管当时比利时的会计监管较少，政府依然可以通过税收和行业监管对报告结果产生影响。1920年穆迪工业投资分析评估了美国工业公司财务报告内容，表明公司治理、运营和融资因素显著影响财务报表披露程度（Archambault和Archambault，2010）。Sivakumar和Waymire（2003）通过检查20世纪美国铁路系统业绩预告的计算规则和条例发现会计准则有助于实现打击（降低）收入平滑现象。Arnold（2014）运用可获得的利润信息以及新获取的利润在行业间的分布情况，通过财务报告预测第一次世界大战期间企业盈利情况。美国联合利华1940年的年报中对控股公司的会计处理（如营业额的分部报告等创新元素）被广泛称赞（Camfferman和Zeff，2003）。1981—1984年法国雷诺合并财务报告国际化案例回答了“为何一个法国国有企业会为了适应IAS而编制合并报表，并从‘八大’会计师事务所选择审计人员”的问题，结果表明采用IAS与国际化密切相关，宽松的与国际接轨的会计政策可以为企业盈余管理留下空间（Daly，2013）。Eierle（2005）基于直接和间接资料回顾德国差异化报告的发展历史，寻找差异化报告框架形成的驱动力和影响因素，为欧洲“使用国际会计准则”的监管要求下差异化报告的讨论提供有趣的视角。

（十一）政府会计

会计在法语中的第一个意义是责任，被用于管理皇室财政（Nikitin，2009），这也是西方“政府会计”一词最早的起源之一。对商业和会计活动监管的创新，可以帮助各国获得统治权和维持国内秩序所需的经济资源（Baker和Quéré，2015）。在一系列对收入实施更强有力的控制政策失败的情况下，1788年法国国王进行了包括集中国库管理、使用复式簿记等措施的改革（Nikitin和Nikitin，2001）。18世纪末期，英法之间长达数十年的战争使得国外特务机关费用显著增加，强调经济责任显得尤为重要，英国政府通过更严格的政府会计控制和问责制对国内外特务机关的经费实施管理（Funnell，2010）。不久之后，英国海军会计改革彻底改变了预算信息方式，新的估计方法中支出按照使用目的进行分类，而非传统的随意分类，试图论证改革在政府预算和政府会计史中的重要地位（Cobbin和Burrows，2010）。Christensen（2002）指出公共部门管理的改革重心在于会计技术改革，在一系列会计技术中，以权责发生制为基础的财务报告显得尤为重要，并探讨了新南威尔士州政府早期采用权责发生制财务报告的改革过程。19世纪，英格兰和威尔士教区和市政公司使用基于封建关系的分期会计或非分期会计，而复式簿记被中央政府部门使用，成为现代官僚组织的重要标志（Care，2011）。Coronella等（2013）对1815和1861年间意大利主要国家采用的政府会计系统进行比较分析，发现统一之后萨丁尼亚王国在意大利范围内强制推行的会计模型，导致了部分国家已有的重大会计创新的丢失。中国在改革开放30年间政府会计发生了翻天覆地变化，Xue和Zan（2012）通过调查中国政府部门会计的变化，探讨了政府公共部门会计如何在国家现代化过程中发挥作用。英属西印度群岛从奴隶制向雇佣劳动转型初期会计的特征和作用是监督工作内容而不是诱导学徒成为工人，这种解放后、工业化前的估价和任务形式，有助于了解会计在维持加勒比地区农奴制中所发挥的作用（Tyson等，2005）。夏威夷甘蔗种植园中种族和会计的联结是会计史上一个尚未解决的问题，1921—1939年Hamakua Mill公司留存下来的档案材料展示了会计在控制劳工所扮演的“黑暗”角色（Dyball和Rooney，2012）。Hollister和Schultz（2010）使用19世纪前叶美国纽约哈德孙河中部的会计分类账探索美国东北部地区奴隶制和奴隶解放运动，资料记录了在奴隶解放之后的工作和薪酬情况，有助于比较北部和南部奴隶制差异，及其如何体现在会计记录中。

战争期间，政府会计也会发生一定的变化。Lippman和Wilson（2007）研究战争期间德国企业和纳粹控制的实体单位对奴工的管理，识别这些单位在运营过程中采用的会计工具和常用的财务分析方法。研究发现，在战争期间会计师和他们提供的会计信息，助长了纳粹对集中营里受害者的迫害行为。日本偷袭珍珠港后，罗斯福总统发布行政命令要求将美国区域内的人员全部撤出，“灾民”被重新安置在收容所，通过战争安置委员会在劳动过程中使用的信息，可以分析会计信息在战争时期的特殊作用（Tyson等，2006）。

（十二）非营利组织会计

非营利组织通常会使用会计和财务报告表明自己存在和行动的合法性。在历史上，医疗机构与会计关系的研究文献大多集中在英美等发达国家。美国芝加哥新成立的西北卫生委员会通过财务报告来证明其运营的合法性，回应对于美国内战时期捐赠资金管理不当的谣言，这一案例有助于了解非营利组织会计的发展历史（Normand和Wootton，2010）。英国医院会计技术发展和传播历史发现早在1948年英国引进国民医疗服务时便开始利用会计数据进行绩效考核和控制尝试（Robson，2003）。

宗教机构的经济和精神地位十分突出，针对宗教组织的会计研究是亵渎行为还是神圣行为，一直未有定论。学术界对宗教会计缺乏研究兴趣，其原因十分复杂（Carmona和Ezzamel，2006）。18世纪西班牙修道院僧侣使用复式簿记系统，将资本租金、土地和牲畜租金、教会会费、宗教仪式收入等收入逐项分类记载，体现了修道院对其资产行驶管理者的角色。1769年后，西班牙政府在天主教堂设立世俗机构从事慈善活动并实施问责制度，这一会计措施对西班牙社会产生了深远的影响（Espejo等，2006）。在干预经济事务的同时，宗教会计体现了其对会计的贡献、特征和职能，也反映了宗教机构作为经济和社会的代理人，能够保护其拥有的资产和特权（Prieto等，2006）。通过对19世纪中国华南和台湾等10个地区的寺庙石柱碑文上的财务报表进行研究发现，这些碑文对中国会计历史研究（尤其是中国宗教对会计影响）具有重要价值。晚清时期的“会计停滞”，而神庙碑文为证明帝国末期财富的重要性，反驳所谓的轻视契约、宗教、金钱的观点提供了证据（Wissler，2013）。

（十三）审计

英国审计目标从“发现欺诈”转变到“报表鉴证”，研究发现英格兰、威尔士特许会计师协会和国家政府部门的谈判最终导致审计程序的修改（Masayoshi和Bátiz-Lazo，2010）。而法国审计“专业化”则发生在20世纪60年代末，此前对账户的鉴证一直被视为是一项“职责”，而不是一种职业（Ramirez，2009）。1929—1931年的经济危机和管理层欺诈行为导致大公司纷纷破产，使得法定审计在1931年被引入股份公司，通过对事务所服务范围、法律形式、股权结构的探究，有助于理解德国现代会计师事务所对第三方的有限责任等关键特征（Quick，2005）。19世纪50、60年代发生在英格兰和苏格兰法院的判例（尤其是著名的Carron公司法律诉讼案）表明，会计师被法院雇佣为一系列欺诈、伪造账户、知情交易等诉讼案寻找证据（Mckinstry等，2002）。20世纪80年代末，西班牙审计行业面临审计责任危机，使得审计团体的立场发生了戏剧性变化——反对责任和法律传统（Barbadillo等，2000）。

对英国和法国审计行业发展进行比较分析发现，审计在不同国家发展所形成的历史差异是重要的，不了解这些差异可能难以实现对审计职业监管的国际协调（Baker，2014）。20世纪尤其是后半叶，美国大型会计公司的合并和收购活动尤为突出，相关研究应从历史的视角入手：（1）并购对大型会计师事务所形成和发展的重要性；（2）贸易全球化和大型会计师事务所国际化之间的关系；（3）会计师事务所应对日益激烈的竞争环境所采取的兼并方式（Wootton等，2003）。20世纪80年代发生的事务所全球兼并和结盟的浪潮，也能为审计史研究提供史实借鉴。

四、启示与展望

会计作为以记录和提供经济信息为基础的具有社会意义的系统控制活动，是一个历史的延续发展的过程，既要研究历史的继承性，又要研究历史的延续性，历史发展中既有必然性，也有很大的偶然性，不同国家之间具有相似性，也有较大的差异性。本文回顾了会计史学研究领域的几个方向，通过对国际文献的梳理给出一个大致的脉络，为会计史感兴趣的读者提供主要文献来源。在未来开展的会计史学研究中，以下几个方面应该引起我们足够的重视。

首先，基于中西方共同研究过的会计史问题，分析中西方研究的差异。以往的中西方会计史领域的研究大多采用本国数据和史料（少量跨国比较），但这并不能有效控制不同国家制度发展差异，例如文化、历史、法制等。这类研究大多从研究者各自掌握的史料出发，即使方向一致，主题也比较分散，缺乏本国与别国的异同点比较和对重人理论问题的探讨，突出表现在会计起源、会计思想、会计史作用、会计教育、政府会计和非营利组织会计方面。虽然目前会计史研究存在第一手资料有限、工作量大、难以出成果等困难，但这类研究若能通过国际资源共享或合作研究等形式开展有效的同期跨国比较，也可以凸显出中国的研究特色。

其次，西方已经研究而中国还未深入研究的会计史问题，分析个中原因和未来方向。与国际上关于国际会计、管理会计、会计职业、会计史方法论研究方兴未艾相对照，这些方向尚未引起国内学术界的高度重视。突出表现在中国作为四大文明古国之一、历史上丝绸之路和边境贸易的繁荣积累很多国际比较会计、管理会计方面的素材留待研究；中国文化传统中重视理论创新而忽视方法技术运用，会计史方法论的研究有其特殊借鉴之处。目前许多国外采用的研究方法仍未在国内使用，“新会计史学派”的兴起未能改变国内采用传统史学方法的现状，诸如田野研究、实证研究等尚未推广。采用计量与实证的研究思路和研究方法，是对会计史研究的有益尝试和创新，研究方法局限也将影响研究问题的科学性和国际交流的深入性。中西兼容并包，更多地引入和运用西方现代历史研究方法，将对中国会计史研究产生深远意义。

最后，西方未研究而中国已经研究的会计史问题，分析中国研究的特殊制度背景。对于中国社会经济发展的理论解释和特有的制度背景，国外学者无法获得相应的研究素材和研究场景，而中国“非正式”制度安排的研究视角给了我们研究创新的巨大空间。不同于其他文明古国已断代消亡、西方文明世界历史起步较晚，中国历史悠久，史料较为丰富和完整（诸如简牍、壁画、少数民族文书等），因而对于这类研究应加强史料整理、甄别、加工等方面的关注，形成中国特色研究的同时，加大国际交流和推广，以此途径对所谓的“中国之谜”提出新的解释，从而为国际学界提供新的研究话题和证据，为其他国家尤其是新兴市场经济国家相关研究提供借鉴，都具有特殊的现实意义和价值。

鉴于本文意欲回顾和分析的国际会计史研究是一个非常广阔、庞杂的领域，所需要的知识、理论和研究积淀远超过作者目前的水平，本文只是一篇粗浅的梳理，最多只能作抛砖引玉之用，留待研究者继续深入研究。

参考文献

［1］付磊. 会计史研究三十年［J］. 会计研究，2008（12）：1-7.

［2］郭道扬. 回首千年话沧桑——公元11—20世纪会计发展述评［J］. 会计研究，2000（1）：3-9.

［3］Alessio，Antonelli. Summa. A research note about an Italian accounting history database［J］. Accounting History，2011，16（4）：459-473.

［4］Antonelli，Alessio，Rossi. Budgetary practices in the Ministry of War and the Ministry of Munitions in Italy，1915—1918［J］. Accounting History Review，2014，24（2）：139-160.

［5］Antonelli，Sargiacomo. Alberto Ceccherelli（1885-1958）：pioneer in the history of accounting practice and leader in international dissemination［J］. Accounting History Review，2015，25（3）：121-144.

［6］Archambault，Archambault.The effect of regulation on statement disclosures in the 1915 moody's manuals［J］. Accounting Historians Journal，2005，32（1）：1-22.

［7］Archambault，Archambault. Financial Reporting in 1920：The Case of Industrial Companies［J］. Accounting Historians Journal，2010，37（1）：53-90.

［8］Arnold，Mccartney. "It may be earlier than you think"：evidence，myths and informed debate in accounting history［J］. Critical Perspectives on Accounting，2003，14（3）：227-253.

［9］Arnold. 'A paradise for profiteers'? The importance and treatment of profits during the First World War［J］. Accounting History Review，2014，24（2）：61-81.

［10］Baker，Rennie. An institutional perspective on the development of Canada' s first public accounts［J］. Accounting History，2013，18（1）：31-50.

［11］Baker.A comparative analysis of the development of the auditing profession in the United Kingdom and France［J］. Accounting History，2014，19（1-2）：97-114.

［12］Baker，Quéré. Historical innovations in the regulation of business and accounting practices：A comparison of absolutism and liberal democracy［J］. Accounting History，2015，20（3）：250-265.

［13］Barbadillo，Humphrey，Benau.Auditors versus third parties and others：the unusual case of the Spanish audit liability "crisis"［J］. Accounting History，2000，5（2）：119-148.

［14］Baskerville，Bui，Fowler.Voices within the winds of change：The demise of KMG Kendons［J］. Accounting History，2014，19（1-2）：31-52.

［15］Beelde.Financial reporting in Belgium：case studies on collieries，1900—1950［J］. Accounting History，2000，5（1）：85-110.

［16］ Bensadon. The adoption of an accounting innovation in France： The case of consolidated financial statements at Pechiney （1956—1971）［J］. Accounting History, 2015, 20（3）：5049-5053.

［17］ Berland.Environmental turbulence and the functions of budgetary control［J］. Accounting, Business & Financial History, 2001, 11（1）：59-77.

［18］ Birkett, Evans.Control of accounting education within Australian universities and technical colleges 1944—1951： A uni-dimensional consideration of professionalism［J］. Accounting, Business & Financial History, 2005, 15（2）：121-143.

［19］ Bisman.The census as accounting artefact： A research note with illustrations from the early Australian colonial period［J］. Accounting History, 2009, 14（3）：293-314.

［20］ Black. "The pen is mightier than the sword"： Linking educational history and accounting history in shaping historical thought［J］. Accounting History, 2014, 20（1）：63-84.

［21］ Bloom, Solotko. The foundation of Confucianism in Chinese and Japanese accounting［J］. Accounting Business & Financial History, 2003, 13（1）：27-40.

［22］ Bloom, Solotko, Bloom.Barter accounting in the US during the late eighteenth and early nineteenth centuries［J］. Accounting History, 2004, 9（1）：91-108.

［23］ Bocqueraz. The development of professional associations： the experience of French accountants from the 1880s to the 1940s［J］. Accounting History Review, 2001, 11（1）：7-27.

［24］ Bracci, Maran, Vagnoni. Saint Anna ' s Hospital in Ferrara, Italy： Accounting and organizational change during the Devolution［J］. Accounting History, 2010, 15（4）：463-504.

［25］ Brigitte. Differential reporting in Germany-A historical analysis［J］. Accounting History Review, 2005, 15（3）：279-315.

［26］ Bryer.The history of accounting and the transition to capitalism in England. Part one： theory［J］. Accounting Organizations & Society, 2000, 25（4-5）：327-381.

［27］ Buhr.Indigenous Peoples in the Accounting Literature： Time for a Plot Change and Some Canadian Suggestions［J］. Accounting History, 2011, 16（2）：139-160.

［28］ Buhr. Accrual accounting by Anglo-American governments： Motivations, developments, and some tensions over the last 30 years［J］. Accounting History, 2012, 17（3-4）：287-309.

［29］ Burrows, Chenhall. Target costing： first and second comings［J］. Accounting History Review, 2012, 22（2）：127-142.

［30］ Camfferman, Cooke. Dutch accounting in Japan 1609-1850： isolation or observation?［J］. Accounting Business & Financial History, 2001, 11（3）：369-382.

［31］ Camfferman, Zeff.The apotheosis of holding company accounting： Unilever's financial reporting innovations from the 1920s to the 1940s [J]. Accounting History Review, 2003, 13 (2): 171-206.

[32] Camfferman. A contract-law perspective on legal cases in financial reporting: The Netherlands, 1880—1970 [J]. Accounting History, 2012, 17 (2): 141-173.

[33] Capron. Accounting and management in the social dialogue: the experience of fifty years of works councils in France [J]. Accounting, Business & Financial History, 2001, 11 (1): 29-42.

[34] Carmona, Gómez. Early cost management practices, state ownership and market competition: the case of the Royal Textile Mill of Guadalajara, 1717-44 [J]. Accounting History Review, 2002, 12 (2): 231-251.

[35] Carmona , Ezzamel. Accounting and religion: a historical perspective [J]. Accounting History, 2006, 11 (2): 117-127.

[36] Carnegie, Rodrigues. Exploring the dimensions of the international accounting history community [J]. Accounting History, 2007, 12 (4): 441-464.

【基金项目】国家自然科学基金项目（71702102）；教育部人文社科规划项目（15YJC790137）；中国博士后科学基金面上资助项目（2016M601606）、特别资助项目（2017T100301）。感谢中国会计学会田志心副秘书长和南京大学陈冬华教授的指导和建议，然文责自负。

美国GAAP演进的思考

杨　鹊

（首都经济贸易大学）

摘　要： 美国GAAP被认为开创了由政府机关或行业组织颁布一般通用会计及原则，该GAAP适用于不同行业的企业，是美国的会计体系。本文通过对GAAP的演进过程和不断修订的内在逻辑进行梳理，分析其形成的必然性，最大程度地规范企业财务行为，尝试分析对我国的借鉴作用。

关键词： GAAP　财务规范　会计标准

美国GAAP研究大约始于1930年，经过多年制定、修订、实施演变形成了一套相对完善的会计标准。从整体的演化过程来看，GAAP在不断适应商业和经济发展以及美国产业结构的转型时，呈现出以下几个主要的发展趋势：其一，逐渐侧重对跨国跨行业公司财务状况的管理。其二，对于企业管理层实施更多的监管与规范，缩小企业"盈余管理"的操作空间。其三，在会计标准制定中进一步扩大对公共权益的保护，特别是在上市公司规范、监管以保护中小股东权益等方面。其四，加强对金融媒体以及外部的监管。其五，从侧重传统制造业制定规范逐渐转变为侧重服务业制定规范。本文侧重于梳理美国GAAP的发展与演变过程，同时结合时代背景进一步理解GAAP演变背后的动因与逻辑。同时，GAAP的变化也呈现出一定事件驱动的特征，即除了主动根据经济规律进行调整，也及时对会计操作中出现的问题进行调整与补救。作为世界第一大与第二大经济体，美国与中国的经济发展轨迹在20世纪90年代后呈现出越来越多的相似之处。分析美国会计准则的演变过程，对中国的会计制度建设与改革也有积极作用。

美国会计制度沿革特征是实践领先于理论，主要是由事件驱动，对已有的GAAP中出现的问题进行纠错。这些事件往往是企业对财务报表的"特殊"处理，或者由于政治与经济环境发生变化，企业出于自身私利考虑进行会计的操作，这些都可能造成对公众的欺诈或是降低信息的透明度。同时会计准则也对政府的会计操作不断进行规范，例如：政府利用会计准则采用不同的核算方法，进而影响对财政政策的评估，使得政策看起来更加具有正面效果。GAAP准则的修订致力于逐步缩小政府与企业在会计操作上隐瞒真实信息的空间，最大程度上保证政府企业财务信息的公开透明。

一、GAAP的演进

（一）GAAP初始建立

1929年美国股票市场经历大崩盘，促使美国人对自身的财务与会计制度进行全面的反思。美国会计师协会（AIA）与纽约交易所（NYSE）合作共同推出五点“广泛接受的会计原则”，并且对审计工作应当遵从的规则提出一般性建议。危机让美国社会意识到，缺乏统一的会计准则会使财务与审计结果难以解读，从而使得投资人难以判断股票价格是否合理，为产生金融危机埋下隐患。

在危机之后的1934年，为了应对未来可能出现的危机，美国成立证券交易委员会（SEC），力求对于上市公司实现严格监管，要求企业增加财务状况透明度，以及追求信息充分公开。SEC成立公司金融部门专门审查企业的财务信息公开是否符合SEC的规定，并且设立首席会计办公室，该办公室坚持企业应当采用历史成本法从而避免企业在财务报表中进行误导性信息发布。在1936年，SEC发布《财务报表监管》，其中正式提出“公认会计准则”的概念，即GAAP。

GAAP的发展面临着众多挑战，其中最重要的就是该准则制定应该由公共部门独立制定，还是应当由私有机构参与共同制定。公立机构制定会计准则对于企业经营运作可能缺乏实践管理经验，而私有机构参与制定会计准则可能会出于私利而损害公共利益。1936—1939年，SEC以微弱的票数优势通过了GAAP的制定应当主要依赖私有机构，并且成立为专门的会计程序委员会（Committee of Accounting Procedure）来详细制定会计准则。该委员会受SEC的直接监管，由3位会计学术界专家和一些业界高层从业者组成，并且建立一个研究团队，负责对GAAP进行完善和更新。

（二）GAAP规范成本、税收核算与管理

在准备财务报表时，不同的会计处理会直接影响企业的成本，而成本高低直接影响企业的利润总额及净利润。

1938—1939年，企业存货盘存计算方式主要采用后进先出法（LIFO），并根据LIFO确定已售商品成本，进而确定企业利润及所得税缴纳。在1940年，随着战争时代拉开序幕，战时经济使得成本方面的限制日益放宽，这一阶段多种成本计算方法可以应用于企业存货已售成本和结存成本计算。1947年，会计流程委员会明确表示先进先出法（FIFO）、后进先出法（LIFO）以及平均成本法均可以作为存货发出成本核算方法。

1948年开始，美国宏观经济进入一个高通货膨胀率的时期，由于企业的支出往往先于企业实现营业收入，因此企业普遍提出需求，希望通过通货膨胀率来对于企业的支出进行调整。会计程序委员会禁止采用通货膨胀率来调整成本，并且到1953年一再重申该会计要求，其目的在于反映成本的真实性。1950年允许采用加速折旧法。很多公司采用通过采用加速折旧方法来降低企业所得税，但如果采用直线（年限）折旧法，会使得财务数据更加好看，提升在资本市场上的融资能力以及推升股价。允许采用加速折旧法之后，企业的大量税收被延后，这种会计收益与应

税收益的不匹配成为GAAP修订工作的重点。

1959年，会计准则委员会（Accounting Principals Borad，APB）替代了之前的会计程序委员会。在四五十年代，由于会计准则大量推出，使企业逐步拥有了更多的选择权，但实际上企业财务信息的透明度、可比度呈现出下降趋势。因此APB主要的职责就是缩小可以选择的会计准则范围，重新形成对会计实践的规范。

1962年，为了刺激经济进一步增长，国会对企业投资进行税收返还(investment tax credit)，拉动企业对资产的投资，一方面促进资产的流动，增强经济活力，另一方面提升企业长期的创新能力。在这样鼓励投资的环境下，如何从会计上处理税收返还引起了社会对会计准则的争议。对于有不同投资需求的公司，税收返还会直接影响企业的营业收入以及总资产。经过会计准则委员会激烈的争论与投票，税收返还从公司总资产中扣除，并且不能被计算为企业的营业收入。SEC这一举措招致大量会计公司与上市公司的不满。在业界力量的强大干预下，SEC最终不得不放弃对税收返还会计处理上的要求，允许企业按照对其自身有利的方式进行计算。

（三）GAAP从“收入与支出”向“资产与负债”转换

1973年5月，财务会计准则委员会（FASB）代替APB成为美国GAAP规则的制定者，GAAP的制定从单纯的收入与利润的考量转向了对于企业资本结构的规范。1974年和1975年FASB颁布了一系列规范，主张GAAP规范从“收入与支出”的角度转向“资产与负债”的角度，进一步强调会计准则对于企业资本结构规范的要求。1981年，随着美国公司在全球的商业规模扩展，对于境外业务，特别是外币结算业务的会计规范成为新的挑战。FASB要求企业必须将外币业务整合进企业当年的盈利或者损失。1993年，FASB进一步规范银行业、股市和债市投资财务问题，经过旷日持久的争论，银行业最终妥协，决定履行FASB的披露要求。

1995年，在IT业初次蓬勃发展时，IT行业投资人往往并不具备开发软件或者硬件的能力，因此股权激励与期权激励快速兴起。在企业资本结构中，企业的股东往往通过共享股权或者期权等形式来激励员工的主观能动性。FASB对股票期权激励进行规范。

由于连续发生“安然”“世界通讯”等财务欺诈事件对国际投资市场造成了重大损害，使得美国国民对于监管产生广泛的质疑，社会普遍认为监管不力导致了这场金融骗局。2002年，美国国会通过了《萨班斯-奥克斯利法案》(SOX法案)，再次给GAAP的修订带来了决定性与制度性的改变。该法案核心是通过立法加强对财务制度和企业内部控制，并加强企业财务透明度和及时对各种缺陷进行修复，保护GAAP的独立性，对资本安全性起到一定作用。

二、GAAP演进的思考

（一）GAAP是经济社会发展的必然结果

GAAP的建立是一个经济社会发展过程的必然结果，其背后呈现出明显的事件驱动性的制度设计。特别是在经济萧条与金融危机的刺激之下，美国相关机构为便于对财务会计行为进行规范，建立了GAAP。在GAAP建立的基础上，设立了SEC作为监管机构负责对企业财务信息的审查。GAAP最初是以“建议”的形式推出，对危机后的企业经营与财务提出一般通用性的规范。在经济萧条的冲击下，投资者对金融市场充满恐慌，对上市企业的信息披露充满怀疑。在这一时期推出会计准则并设立监管机构，也在客观上达到提振美国股市投资者信心的作用，通过制度设计在一定程度上起到稳定市场作用，恢复投资者对于经济发展的信心。随着企业经营活动日益复杂，经济活动呈现多元化趋势，GAAP为企业的财务记录方式订立了统一的标准。

（二）GAAP演进与细化

GAAP由粗放向精细转化。订立标准要求具有可执行性以及可监督性，因此GAAP需要逐步对财务操作进行详尽的规定，使企业有据可寻。随着会计准则的逐步细化，具体的细则也开始触及企业经营的核心利益：会计核算与企业的利润、税收息息相关。不同的企业有着不同的成本结构与投资需求，因此在对GAAP的具体执行中存在着不同的利益诉求。可以说美国GAAP演进与细化是在监管机构与企业的动态博弈中逐渐发展起来的。

在美国资本主义的社会制度下，企业力量对GAAP的演进有着巨大的影响，特别是通过政策游说（lobby）直接干预GAAP的制定。企业处于自身减税、业绩、资本市场等重重压力之下，要求会计准则中多种会计处理办法并行，从而导致会计核算规范性逐步减弱，最终削弱了GAAP规则对企业的约束力。SEC试图通过改革组织机构，设立APB来提升统一会计准则的统一性。然而新的机构APB并没有能够实现SEC的要求，依然受到众多利益集团的干预，没有能够形成统一有效的规范。企业在规则制定中的话语权逐渐占据上风，对企业的限制作用逐步下降。这也符合资本主义的发展周期过程：政策宽松后，经济危机，社会对于监管机构产生压力，政策收紧，随着政策收紧与经济复苏，政策再次宽松。

FASB多次尝试对企业的资本结构会计操作进行规范化，试图与国际会计准则委员会（IASC）颁布的国际会计准则形成统一的标准，然而由于业界的压力未能实现与国际会计准则接轨，导致我们现在看到的GAAP依然与国际会计准则之间存在明显的不同。从1970年起，在GAAP制定过程中来自企业界的干预日益增多，严重阻碍了美国会计问题的规范。随着美国大公司的盈利能力日渐增强，资本回报率进一步提高，其在会计准则制定中的话语权会更强。因此在可预见的未来，美国GAAP的改革依然会举步维艰，甚至存在进一步宽松化的趋势，使得大公司财务状况的透明度进一步下降。

（三）立足本国，吸收并借鉴GAAP的经验

近些年我国企业不断走向国际市场，规范企业核算和管理成为提升企业竞争力所必备的条件之一，同时只有透明规范的会计准则才能进一步吸引国际投资者。我国近些年根据国情和国际经济环境不断推出和修订会计准则，在借鉴学习GAAP制定流程的同时，充分尊重我国国情，也意识到国内外情况的不同。我国会计准则的

制定与修订兼顾企业当时所处的政治、经济环境，兼顾企业间的公平竞争，同时兼顾我国企业拓展海外市场与国际标准接轨。在会计准则设定上，为企业“走出去”赋能，让国际资本看得懂、理解透中国的企业的经营状况。同样，也要帮助国内资本理解中国会计准则与GAAP之间的差别，正确解读美国企业的投资价值。资本输出同样需要规范的会计准则作支撑，规范的会计准则可以保证财务报表信息的披露真实性，避免信息使用者做出错误的判断，减少投资误判，促进经济的健康发展。

本文围绕GAAP的发展史阐述了美国会计准则制定之中的制度设计、准则制定流程和监管方式，从而深入理解GAAP在不同时代演进中的内在逻辑。GAAP准则的核心矛盾是公共权利与企业利益之间的矛盾，企业利益通过政策干预反映到GAAP之中。同时随着出现企业财务欺诈与金融危机，GAAP在SEC的指导下收紧，形成对于企业行为的规范。GAAP根据时代和产业结构的变化进行调整，保证会计标准能够使得企业财务清晰透明，最大程度上规范企业财务行为。

参考文献

[1] 财政部会计司. 美国、加拿大政府会计改革的有关情况及启示 [J]. 会计研究，2013（11）.

[2] 谢龙. 政府会计改革之准则体系构建——基于中、美、国际会计准则体系对比视角 [J]. 财会研究，2018（1）.

新中国行业会计教育的发展与变迁

张云　邢维全　张婧

（天津财经大学）

摘　要：中华人民共和国成立后，行业会计教育是我国学习苏联会计教育经验，培养适应我国社会主义经济体制会计人才的重要手段。本研究对我国行业会计教育从初步形成到在曲折中发展，并最终弱化的基本历史路径进行了梳理和分析。研究认为，行业会计教育是我国会计教育发展历程中不可忽视的重要组成部分，行业会计教育的弱化乃至逐步退出，反映了我国会计教育人才培养目标由培养应用型人才，向培养理论与实务并重的综合型高层次人才的转变，是会计教育尊重社会经济发展规律，服务社会主义经济制度的体现。

关键词：行业会计　会计教育　会计史

行业会计教育是在我国计划经济时代分部门、分行业、分所有制形式进行经济管理活动这一大背景下产生和发展起来的，其存在与发展同我国经济制度的优化和调整进程密不可分。行业会计教育是我国会计教育发展历程中不可忽视的重要组成部分。可以说，中华人民共和国成立以来，行业会计教育为我国高级会计人才的培养做出了不可磨灭的重要贡献。

一、行业会计与行业会计教育

（一）行业会计

所谓行业，是表明经济组织或经济活动类别的概念。在国民经济中，把各个经济组织按照某些标准划分为若干类别，这就是“行业”。行业概念反映经济组织和经济活动普遍的、本质的内容和特征，是揭示经济组织及其活动的一个重要概念。

会计方法和会计核算应用于不同行业的经济核算，核算方式与会计报告方式必然存在一定差异，行业会计应运而生。现阶段我国的会计包括企业会计、行政事业单位会计、非营利性组织会计等，我国企业会计系统按具体行业可以细分为农业会计、工业会计、建筑业会计、房地产开发业会计、交通运输业会计（又可细分为公路运输业会计、水路运输业会计、铁路运输业会计、航空运输业会计、邮电通讯业会计）、商品流通业会计、旅游饮食服务业会计、金融业会计（又可细分为银行业会计、证券业会计、保险业会计）等。历史上，行业会计以及行业会计制度的产生和发展，为行业会计教育提供了现实基础和制度依据。

（二）行业会计教育

按行业门类和行业会计的细分设置专业方向和课程体系是一定历史时期会计教育服务社会经济活动职能的具体体现。新中国行业会计教育伴随着20世纪50年代新中国会计教育体系的形成而初具规模，经历了50年代至60年代中期的发展、“文化大革命”十年的波折、改革开放后至80年代的再次繁荣，到20世纪90年代初期逐渐退出历史舞台。本文试图沿此时间线索，从行业会计教育层次、教育规模、专业设置、培养目标、课程体系等方面对新中国行业会计教育发展脉络进行梳理与阐释。

二、行业会计教育的产生

（一）中华人民共和国成立初期的行业会计制度

中华人民共和国成立伊始，会计工作在十分混乱和落后的基础上艰难起步。在制度建设方面，1950年3月，中央人民政府政务院财政经济委员会公布了《关于草拟统一的会计制度》的文件。同年7月，中央重工业部首先拟定和颁布了所属企业的《统一会计制度》。1950年到1951年上半年，财政部“会计制度审议委员会”审查并通过中财委或财政部审定发布实施的有重工业部、轻工业部、纺织工业部、燃料工业部与铁道、交通、邮电、贸易、农业、卫生等部门，以及中国人民银行、中央合作事业管理局和出版总署等十三个部门的所属企业和经济机构的统一会计制度。1954年，根据加强对私营企业的管理要求，由中华全国工商联合会拟定了《私营企业会计制度》，并于1954年颁行。这体现了中华人民共和国成立初期对不同所有制企业、不同国民经济部门所属企业实行统一会计制度的总体思路，同时也为行业会计教育的产生和发展提供了基本的制度支撑和现实依据。

（二）行业会计教育应运而生

中华人民共和国成立后，财会队伍包括三部分组成人员：第一部分是各革命根据地熟悉业务的财会人才，他们是财会队伍的骨干力量。第二部分是旧中国原有的财会人员，经过思想改造、业务培训而成长起来的，这部分人为数较多，但业务水平高低不齐。这两部分财会人员远不能适应客观形势发展的需要，亟须补充。第三部分是中华人民共和国成立后培养起来的财会人员。中华人民共和国成立初期，我国各大行政区和部分省市经过院校院系调整，各高等财经院校、中等财经学校以及财贸干校相继成立和发展，这些院校很多设有会计系。此外，一些新成立的院校相继设立会计学专业，这些院校为培养会计人才做出了巨大贡献。

1950年10月，在华北大学的基础上，按照“教学与实际相联系，苏联经验与中国情况相结合”的方针，创办了以财经科系为主，兼顾其他的社会主义新型大学——中国人民大学。中国人民大学着重向苏联学习财经学科领域的教育教学思想和方法，制订了各专业的教学计划，培养了大批师资力量，翻译了大量的教学大纲和教材，建立了一套比较完整的教学组织和制度，为全国高等财经院系的教学改革创造了有利条件。

具体到会计教育，不得不提的是中国人民大学财政系簿记核算教研室。它的前身是中国人民大学财政经济研究室，于1950年6月成立会计小组，最初成员有7人，同年7月22日马仁诺夫和高诺诺夫两位苏联专家来校，正式成立簿记核算教研室，归财政系领导，当时成员15人，其中主讲教员6人，实习教员4人，资料员1人，研究生3人及口译1人。两年后，该室成员已增至36人，其中教员22人，翻译7人，行政人员7人，在校研究生已有百余人。在具体专业方向细分方面相继成立了工业、农业、贸易、合作四个专业小组，承担10多门不同的课程，为当时其他高校设置财会专业、建立学科体系提供了借鉴经验，同时在学习和传播苏联簿记核算的经验、培养师资、编写会计系列教材、培养会计专业人才等方面发挥了较大的推动作用。1950年9月至1952年9月的两年时间里，在中国人民大学学习过会计的学生共有数千人，已经毕业离校分配到各个经济部门工作的有2 000余人，他们在社会主义经济建设中发挥了很大的作用。

无独有偶，当时的复旦大学商学院、厦门大学财经学院等公立综合大学以及上海财政经济学院等专门学院设立了会计学系，通常学制四年。一些私立高等学校，例如大夏大学也设有会计学系，学制四年；大同大学商学院经济学系下设会计组，学制四年。有的专门学院例如上海法政学院开设会计专修科，学制两年，以及会计专修班，学制一年；立信会计专科学校、山东会计专科学校等都设有会计科，学制两年。

概括起来，这一阶段我国会计教育的特点是：一方面学习苏联会计教育知识与理念，“政治理论课与专业课相结合，基础课与专业课相结合”，“无论哪一种专业都是将马克思列宁主义理论和专业所需的一般科学知识有机地联系起来”。另一方面为了密切配合国家工业化，国家着重培养工业部门和厂矿企业需要的工业经济和统计会计人才，工业、农业、贸易等行业会计教育体系初步形成。

三、行业会计教育的发展

为了加强领导，集中力量办好财经教育，1952年和1953年全国财经院系进行了两次大规模的调整，调整后全国设有财经系科的院校数量减少，但教育资源更加集中。1954年3月，高等教育部召开了全国财经教育会议，解决了财经教育中存在的一系列问题，并提出《1954—1957年全国财经院系专业设置计划（草案）》。会后，为总结和交流中国人民大学学习苏联的经验，提高教学质量，高教部还专门召开了中国人民大学经验讨论会。此次会议上明确了中国人民大学将继续发挥“工作母机”的作用，为各财经院校培养师资。1958年6月，高教部又参考苏联历年来的特别是1955年的最新教学计划，修订了包括会计专业在内的四年制的统一教学计划。由此可见，我国20世纪50年代的会计教育和会计专业的课程设置在很大程度上是以苏联的做法为样板的，有相当一部分学校都深受苏联会计教育制度的影响，这一体制一直延续到改革开放之前，影响深远。

1966—1976年的“文化大革命”对会计工作产生了严重冲击，导致了会计工作和会计教育出现了停滞甚至倒退。

1978年党的十一届三中全会确立了“以经济建设为中心”的工作重点，各行各业开始拨乱反正，艰苦创业，会计教育也迎来了前所未有的发展局面。1979年8月，教育部会同各有关单位在北京召开了中华人民共和国成立以来第二次全国性的财经教育工作会议，总结了中华人民共和国成立后30年高等财经教育发展的经验教训，认为当时高等财经教育存在的问题是：培养人才数量不足、质量不高，院校布局和专业设置不尽合理。会议明确了高等财经教育的主要任务是要为国家培养德、智、体全面发展的，适应四个现代化需要的财经管理干部、财经理论研究人员以及高等财经院校和中等财经学校的师资。经过讨论，拟定了高等财经院校专业目录（草案）、专业布局、部分主要专业的教学方案、教材编写规划、师资培训计划和函授教育计划等。会议决定，要积极稳步地发展高等财经教育，通过多种渠道培养经济管理人才。

1983年1月，财政部在北京召开了会计专业教学改革工作座谈会，时任财政部副部长的陈为龙指出，现行的教学方案是1978年8月全国高等财经教育工作会议上讨论修改的，此方案基本上是中华人民共和国成立后从苏联学来的，30多年来的实践证明，苏联的东西有的可借鉴，有的不适应我国国情；有的过去适应，现在不适应。我国的课程实务性强，但科学性、系统性、理论性差，会计专业改革势在必行。会计教育进入了一段高速发展和改革创新的时期。

（一）行业会计教育层次体系

中华人民共和国成立初期，高等院校、专科学校以及财贸干校是会计教育的主阵地和主战场。除此之外，为了使更多的工农干部尽快掌握财经知识，提高业务水平，在职干部可以通过在财贸干校学习的形式接受在职教育。在院系调整的基础上，国家有计划地在各省建立了一批财经类高等学校。20世纪60年代，国家又通过调整、充实系科设置，确立了会计系在财经院校中的地位。70年代，会计教育层次体系陷入停滞。

80年代，函授教育兴起，财会相关专业也成为炙手可热的专业，行业会计教育的层次体系不断丰富。例如湖北财经学院当时设有农业会计、商业会计两个专业，主要为湖北省、广西壮族自治区、广东省培养行业会计实务人才；辽宁财经学院开设工业会计、商业会计两个专业，主要辐射东北地区；江西财经学院开设工业会计专业，面向江西省和西南地区招生，仅1982年就招收600名函授生；天津财经学院1980—1982年与天津会计学会合作办学，开设工业、商业、预算和建筑安装等专业会计，参加学习的学员共计23 799人；与此同时，随着深圳特区的设立，天津财经学院还与广东省教委及深圳市教育局等单位合作开展函授教育，为特区培养了大量的会计人才。此外中央财金学院、上海财经学院也通过夜大、函授等形式开办工业会计和商业会计专业。可以说，行业会计教育在本科和专科教育，以及夜大、电大、函大、刊大、业余自修大学等不同教学层次中都有体现，为不同行业输送了大量财会人才。

（二）行业会计教育规模

1951年，全国设有财经类院系的高等学校有70余所，系科30余种，在校生2.5万余人，约占当时全国高等学校在校生总数的17%。当时很多公立综合大学以及专门学院都有会计学系，私立大学、教会大学也有设置会计专修科的。1952年全国18所财经院校撤销了16所，只剩下辽宁财经学院和湖北财经专科学校，高等财经院校几乎陷入绝境。会计理论研究、会计工作及会计教育全面大倒退。这在中国财经教育发展史上是一次极其惨重的教训。1952年暑假，全国范围进行了较大规模的院系调整工作，我国社会主义财经教育体系得以基本建立，但调整后全国设有财经系科的院校数量和招生规模都大为缩减。以1954年为例，开设会计学专业的高校仅有南开大学、西北大学、厦门大学、东北财经学院、上海财经学院、中南财经学院、四川财经学院7所。此外，北京铁道学院铁道会计专业招收四年制本科生。

1957年开设会计学专业的高校略有调整，增加至8所，如表1所示。

表1　**1957年开设会计学专业的高校**

学校名称	专业名称	所属系
南开大学	会计学	经济系
厦门大学	会计学	经济系
西北大学	会计学	经济系
兰州大学	会计学	经济系
东北财经学院	会计学	财政信贷系
上海财经学院	会计学	会计系
中南财经学院	会计学	会计系
四川财经学院	会计学	会计系

粉碎“四人帮”后，中国的财经教育领域也得到了拨乱反正，原有院校先后得到恢复，1979年全国财经院校已恢复到22所。1978年至1985年，全国恢复和新设的普通财经高等院校达41所，专业点从1978年的157个增加到1 116个。这一时期，财经类专业在校学生的年平均增长速度为34.9%，大大高于同期全日制普通高等学校在校生总数平均每年递增10.3%的发展速度。1985年《中共中央关于教育体制改革的决定》做出“加快财经、政法、管理等类薄弱系科和专业的发展”的决策，指出“要改革大学招生的计划制度和毕业生分配制度”，高等财经教育进一步快速发展。1986年，财经院校增长到69所，全国有424所普通高等院校设有财经专业，专业点达1 180个。

天津财经学院可以作为上述发展历程的一个缩影。天津财经学院在1958—1983年间，会计专业培养本科毕业生共计845人，其中1958—1966年为200人；1967—1976年为150人；1977—1983年为495人。

（三）行业会计教育专业方向设置

1949年中华人民共和国成立时，高等院校内部体系为院、系、科。1950年，中国人民大学在苏联专家直接帮助下建立起完全新型的大学，设置了专业。其他院校在50年代初院系调整之后也才逐渐设立专业。以1954年高等学校招生专业为例，当年的会计核算专业下设工业、贸易、农业等专门化专业[5]，经过院系调整，形成了以中南财经学院、上海财经学院、辽宁财经学院、四川财经学院以及中央财经学院为主要力量的财经院校体系。在60年代至70年代末的这段时间，这一体系又得到扩展。

根据《中国高等学校简介》的数据，截至1980年10月，我国开设会计相关专业的院校有28所，除工业会计专业、商业会计专业两个主要以行业命名的专业外，一些院校还设置了如铁道财务会计专业、商业财务会计专业、水运财务会计专业、建材工业财务会计专业、物资财务会计专门化、基建财务与信用专业等具有行业特征的专业。设置行业特色的专业的目标必然是培养专门行业的会计人才。

改革开放以来，我国进行了四次大规模的学科目录和专业设置调整。第一次调整是1987年，将原有的会计学、工业会计、工业财务会计、商业会计、物资会计、财务会计、商业财务会计、财务会计、贸易企业财务管理、农业财务合并为“会计学”（编号1010），沿用至今。第二次至第四次调整，仅对专业代码做了调整。1993年为“会计学”（020203）；1998年为“会计学”（110203）；2012年为“会计学”（120203K）。可以认为，1987年以后，专业名称已不再体现行业特征，以行业名称开头的会计专业名称已成为历史，但是，此时大部分学校会计学专业的课程设置，仍然以中华人民共和国成立初期形成的“老四门”为核心课程，课程设置仍具有分行业的特征。

（四）行业会计教育人才培养目标

中华人民共和国成立初期，会计专业的人才培养目标是“大会计”，没有明显的行业会计培养目标。例如1951年，华东区高等学校统一招生委员会在介绍会计学系时这样描述其人才培养目标：该系培养工业上、金融上与贸易上具有实际工作能力的会计干部[3]。平时的学习力求与业务部门配合，以求学用一致，毕业后将进入工业、金融、贸易等业务部门工作。

到1954年，行业会计培养目标就较为明晰了。例如铁道会计核算是会计核算在铁路业务方面的具体应用，它是一种专门科学，根据严格的凭证制度、用户账户和复式记账、簿记一览表、资产负债表和报表等方法，对铁路一切经济业务用统一的货币尺度加以记录、汇总和分析。铁道会计核算专业培养铁道会计核算方面的高级专门人才，修业期限四年，毕业学生能掌握铁道会计核算的理论与技术。

60年代初期，会计人才培养目标是：深入领会党的方针政策，精通会计专业知识，熟悉各项规章制度，了解有关生产和管理的知识，掌握会计核算技术的专门人才。

80年代会计专业召开教学改革工作座谈会后，改革试点院校的人才培养目标调整为面向培养高级会计专门人才为导向。例如，湖北财经学院的培养目标为：“培养德、智、体全面发展，适应我国社会主义现代化建设需要，面向各级主管部门和企业，同时兼顾有关教学及科研方面需要，完成会计师的基本训练的财务与会计专门人才。”上海财经学院的培养目标为：“培养德、智、体全面发展的会计学高级专门人才，要能够适应我国社会主义现代化建设的需要，胜任会计、会计教学和会计科研工作。”

（五）行业会计教育课程设置

中华人民共和国成立初期，各大区、各部门规模较大的财经院校、中专财经学校相继成立，这些院校会计专业的教学计划和课程设置，全部照搬苏联财经院校会计专业设置。

在高等教育课程改革的过程中，基于部门办学的基本体制，各部委积极参与和协助各种课程标准的制定。同时，为适应我国会计制度，培养高级会计人才，高等财经系科普遍进行了课程改革。1951年初，国家批准成立了“课改委员会”，对会计、统计专业也分别设置了课程改革小组。课改委员会在高教部主持下，拟定了法学院经济系和财经学院各系科课程草案，并将其分发给各院校作为各专业课程设置的参考依据。同时，以中国人民大学为课改试点，把苏联经验与中国实际情况结合在一起，分别设置各专业课程。当时，工业会计专业主干课为四门，即“会计核算原理”“工业会计”“工业经济活动分析”“工业财务”（或称为部门财务）[7]。其他院校会计系的主要课程包括会计学、高等会计、成本会计、银行会计、会计报告分析、会计制度、审计学、货币管理等。中华人民共和国第一批会计人才就是在这一课程体系下学习会计知识的。

到1954年至1955年，课程设置的行业印记更加明显。大多数院校基本按照工业、商业（贸易）和农业三个主要的类别设置具有行业分类的会计课程，除了会计核算原理、国民经济主要部门会计核算（包括工业、基本建设、贸易、农业等部门）、经济活动分析、检查与监督等专业课，还包括两次生产实习，第一次在国营企业实习专门化会计核算，第二次在主管部局实习分析与检查。各专业方向还设有体现方向特色的专业课程，如工业会计方向主要课程还包括工业经济、工业企业组织计划、工业统计、工业主要部门工艺学及工业计算等，农业会计方向主要课程还包括农业经济、农业企业组织与计划、经济统计学与农业统计学等。再如铁道会计核算专业有国民经济计划、财政信贷、经济及交通地理、统计学原理、铁路通论、机车车辆管理、行车知识、铁路计划、铁路统计、会计核算原理、工业和铁路会计核算、铁路经济活动分析等课程。在50年代末期到“文化大革命”前，中国的行业会计教育开始打破苏联会计课程设置的框架，在课程设置与教学方法方面均有明显改进。

可以认为，从20世纪70年代末到80年代初的一段时期，是我国行业会计教育的酝酿改革时期，行业会计教育的一些缺陷开始暴露出来。娄尔行（1984）指出，当时实行的会计学科体系，大体上以“会计核算原理”“专业（工、商、农）会计”“经济活动分析”老三门或再加上“财务管理”形成老四门为基干，再配以其他课程。这一体系的优点是实务性强，容易结合实际。尤其是“专业会计”课程，极容易向现行会计制度靠拢，亦步亦趋，制度里怎么规定，课堂上就怎么讲授，学生现买现卖，可以“依样画瓢”。显然这个体系存在一定的缺陷，主要是前后课程衔接不严密，分工不明确，以致课程内容既有脱节，又有重叠。原理课以工业为对象，形成一门小“工业会计”，到二年级再重学一遍，更是由来已久。

针对会计专业课程分专门化的问题，刘炳炎（1982）也认为，我国50年代会计专业教学计划规定，在学习一个学期会计核算原理后分专门化，按专门化分别学习不同的会计课程和有关专门课程，此种学制存在一定的缺点。分专门化的几门会计课程及有关课程，多属工、农、贸一字之差，教学安排大体一致，而同一性质的课程（如“工业会计核算”或“贸易会计核算”），由于内容不同，所需要的教学时间可能不一致，但计划规定是一致的，从而使学习紧张和松弛程度差别很大。同时，由于种种原因，按志愿参加分专门化课程学习的人数，各专门化差别很大。而且，由于会计理论基础和操作技术过于薄弱，所以专门化的会计课程也学得不深不透。各门会计课程之间，共性多而且强，个性少而且弱。

1983年1月，财政部在北京召开了会计专业教学改革工作座谈会，此次会议确定湖北财经学院（现中南财经政法大学的前身之一）和上海财经学院（现上海财经大学）为这次改革的试点院校。湖北财经学院以“会计原理”“企业会计”“企业成本”“企业财务”“审计学”为主干课，力求保持学科体系的完整性与系统性。根据我国的国民经济结构，确定以工业企业的财务会计作为研究重点，兼顾农、商及其他行业，科学地解决学员知识面的问题，为贯彻德、智、体全面发展的方针，围绕主干课又设备15门必修课和25门指定选修课。这样既突出了重点，又避免了不必要的重复。对部门会计教材的改革，以往是工农商各自独立，各写各的，各讲各的，因而彼此重复，犬牙交错，不成体系，在此次改革中彻底进行改革。湖北财经学院把会计专业教科书分为《企业会计》《企业成本》《企业财务》三部，以讲工业会计为主，其他只讲特点。这样既避免了不必要的重复，又保持了学科的系统性。上海财经学院则以基础会计、财务会计、成本会计、管理会计和审计为核心专业课，把引进与改造结合在一起，以此作为建立会计学科体系的骨干，再配合一般专业课和选修课程，构成一个新的课程设置体系。

20世纪80年代末，国家教委提出了会计学专业课程设置的指导性建议，确立了会计学原理、财务会计、高级财务会计、成本会计、管理会计、审计学、财务管理等7门核心课程和电算化会计、会计史、会计制度设计等专业课程。至此，从顶层设计来看，已经将会计教育中的行业特征基本消除，但会计教育体系的转变仍然需要一定的过渡期。

1994年，我国部分高校开设了注册会计师专门化方向，设计了财务会计、高级财务会计、成本管理会计、财务管理、审计、管理咨询等主干课程，也就是在这一时期，各高等院校的会计学院或会计系都对其原先不规范的课程体系进行了改革，形成了以会计学原理、中级财务会计、高级财务会计、成本会计、管理会计、财务管理、审计为核心课程的新体系。

四、行业会计教育退出历史舞台

通过上述对会计教育体系发展的介绍我们可以看出，无论课程和专业如何设置，基础性的会计知识在各类体现行业特征的会计专业及其课程体系中都是必备的，毕业生需要根据其所在行业的特征，结合当时分所有制、分行业的会计制度进行二次学习，将理论与实践相结合。行业会计教育的优势就在于与行业核算衔接紧密。但是，由于当时行业会计教育客观上不能覆盖所有行业类别，只能以工业、商业和农业作为主要分类，且以工业为主，而在改革开放和经济体制改革的大背景下，显然不能满足社会对会计人才的需求。培养牢固掌握会计核算基础理论，并能适应不同行业实际工作的通用型的会计人才必将成为会计教育改革的方向。一些院校开始尝试改革教学方案，例如，上海财经学院在1982年制定了教学改革方案，在会计学系只开设一个会计学专业，废除原有的按工业、商业、农业三个按国民经济部门设置的专业，目的是扩大学生的知识面，使他们能够适应各种专业的工作。

1992年，党的十四大正式确定建立社会主义市场经济的改革目标。1993年11月的十四届三中全会又提出《中共中央关于建立社会主义市场经济体制若干问题的决定》，提出“整体推进、重点突破”的改革战略，要求在20世纪末初步建立社会主义市场经济体制。在财税领域，配合整体工作思路，逐步实现会计核算标准的统一。1993年，《企业会计准则》、《企业财务通则》以及十三个分行业会计制度实施，其中分行业会计制度具体包括：《工业企业会计制度》《商品流通企业会计制度》《旅游、饮食服务企业会计制度》《交通运输企业会计制度》《邮电企业会计制度》《施工企业会计制度》《房地产开发企业会计制度》《对外经济合作企业会计制度》《金融企业会计制度》《农业企业会计制度》《民航企业会计制度》《铁路运输企业会计制度》《保险企业会计制度》。

行业会计制度突破了计划经济体制下按所有制形式、部门制定会计制度的模式，确定了按照社会经济分工划分的主要行业设计制定会计制度。行业会计制度的制定和实施，是在我国在建立企业会计准则体系的大背景下，为建立统一会计制度所做的必要的准备，可以认为是为最终统一而进行的必要过渡，也为我国会计教育的发展指明了方向。培养新一代能适应不同行业、不同所有制形式企业会计工作的会计人才成为当务之急。

五、结论与展望

行业会计教育体现了计划经济体制下受苏联教育模式影响的会计人才培养目标，即更注重应用型人才的培养，试图使毕业生直接对接国民经济的具体行业，以行业属性划分专业和课程。但面临的现实问题是，学校教育难以覆盖所有行业，特别是在《企业会计准则》发布之前，我国已有近60套行业会计制度，体系庞杂，行业会计教育只能挂一漏万，毕业生必然面临将会计专业基础知识应用于某一特定行业的“具体化”问题。

目前会计教育的行业特征虽然已逐步弱化，但是，行业经营管理的特征是不会消失的，这就要求在课程设置中单独开设《会计制度设计》《行业会计比较》等课程，以保证学生能够将具有普遍性的会计知识，运用于具有特殊性的不同行业之中，这就要求学生不但要学好相对统一的会计制度，还要具备将会计制度用于特定行业的能力。

人才培养要尊重教育发展的客观规律。教育的发展规律决定了教育发展的必然趋势。行业会计教育在我国的产生和发展，正是会计教育发展进程中教育工作者尊重教育发展规律，尊重与教育有关的经济社会发展状况、适应我国经济体制改革进程的体现。行业会计教育支撑和促进了社会经济发展，为不同时代我国的经济建设服务。“经济越发展，会计越重要”，在中国特色社会主义建设进入新时代的当下，会计教育仍要尊重规律，不断改革发展，以适应社会主义市场经济体制改革的需要。

参考文献

[1] 庄瑞澄主编. 行业会计比较 [M]. 沈阳：辽宁人民出版社，1997.

[2] 高治宇. 中国会计发展简史 [M]. 郑州：河南人民出版社，1985.

[3] 华东区高等学校统一招生委员会. 升学指导 [M]. 上海：国光印刷所，1951.

[4] 岳旭琴. 会计教育界学习苏联往事 [EB/OL]. [2016-12-24]. http://news.esnai.com/2016/1224/148652.shtml.

[5] 全国高等学校招生委员会. 1954年暑期高等学校招生升学指导 [M]. 北京：商务印书馆，1954.

[6] 本刊编辑部. 关于财会专业函授教育问题再致读者 [J]. 财务与会计，1982 (2)：19.

[7] 郭道扬. 中国会计教育事业的过去、现在与未来 [C] //第六届国际会计教育会议，日本东京，1987.

[8] 于玉林. 从我院看会计教育事业的发展 [J]. 现代财经（天津财经学院学报），1984 (3)：3-4.

[9] 许家林，蔡传里. 中国会计发展与改革研究 [M]. 武汉：华中科技大学出版社，2011.

[10] 王爱国. 改革开放30年 我国会计教育的回顾和展望 [J]. 财务与会计，2009 (3)：17-19.

[11] 娄尔行. 立志改革，开创高等院校会计教学新局面 [J]. 会计研究，1984 (1)：7-12.

[12] 刘炳炎. 会计专业课程改革问题 [J]. 会计研究，1982 (2)：32-37.

[13] 高洁. 新中国会计教育内容体系发展探析 [J]. 财政研究，2010 (9)：66-68.

[14] 耿建新. 行业会计比较 [M]. 大连：东北财经大学出版社，2003.

[15] 吴敬琏. 当代中国经济改革教程 [M]. 上海：上海远东出版社，2010.

[16] 郭道扬. 会计史研究：历史现实未来（第二卷）[M]. 北京：中国财政经济出版社，2004.

国际会计组织及中国会计教育：被动影响及主动响应

谈多娇

（湖北经济学院）

摘　要：随着经济全球化及中国与全世界经济紧密联系，中国成为国际会计职业的巨大市场。与此同时，国际会计组织也将会计师的市场职业能力要求纳入其相关执业证书的考试大纲，强调对会计师的市场职业能力要求。通过与国际会计组织的联系，中国会计教育也不断融入国际会计教育体系。为此，中国会计教育需要在内容安排和课程设置上进行相关调整，以适应市场对会计师的职业能力需求，同时也有助于培养学生的综合能力，为学生提供更好的职业规划。

关键词：国际会计组织　会计教育　国际会计教育准则理事会　国际教育

1. Introduction

The Economic Globalization and Internet Information Technology have expanded the activity scope of economic organizations. The transaction and operation activities of economic organizations are becoming more and more complex, meanwhile, the international convergence of accounting and auditing standards are becoming more and more obvious. Social changes have put forward higher requirements on professional accountants, furthermore, have put forward the challenge of the accounting professional education in China.

At the same time, the international accounting organizations are also committed to promote the quality of accounting profession, and continuously put forward requirements for the professional ability of accountants according to the requirements of the market. All the changes of accounting are reflected on higher onquirements in accounting education.

International accounting organizations have multiple influences on accounting education. On the one hand, the independent accounting organizations do not intervene in the university curriculum system, but they set accountants qualifications by setting professional examination requests, examination courses and outlines. As the future career development planning of accounting students must include the acquisition and maintenance of relevant professional qualifications, the students' demands for professional qualification examinations determine the course system and teaching contents, thus promote the accounting education reform. On the other hand, the accounting organizations have a close connection with practice. They adjust the qualification examination system and follow-up professional development education requirements by constantly revising the professional qualification requirements of accountants. This is a big influence on accounting teachers, who are the most important roles in accounting education. Therefore, from the perspective of the accounting education, the main influences of accounting organizations are setting training goals, arranging curriculum system and constructing teaching staff.

By studying the accounting organization ' s systematic influence on accounting education, this paper analyzes the accounting education reform, teaching staff training and international accounting education under the environment of increasingly competition employment market.

2. The Professional Ability Requirements of Accounting Organizations

Accounting organizations are organizations or associations of accountants in a particular area, requiring their members to have certain qualifications of accounting. There are many different types of accountants in the world and can be divided into two categories, international and local. International Federation of Accountants (IFAC) and the Chartered Global Management Accountant (CGMA) ① are international ones; Chinese Institute of Certified Public Accountants (CICPA) and American Institute of Certified Public Accountants (AICPA) are local ones. There are also some organizations originated in English - speaking countries but have global influence, such as The Chartered Institute of Management Accountants (CIMA), the Association of Chartered Certified Accountants (ACCA), Institute of Management Accountants (IMA, and its certification is the Certified Management Accountant CMA), and so on. These organizations have affiliated institutions or departments which provide detailed requirements for the competence or qualifications of their members and affect accounting education.

2.1 Requirements of IAESB

International Accounting Education Standards Board (IAESB) is an independent norm-setting institution affiliated with the International Federation of Accountants (IFAC), which is dedicated to the development of professional accounting education standards incorporating technical competencies, professional skills, professional values, professional ethics and attitudes, etc.

There are currently 179 member organizations from about 130 countries and regions

① In 2012, the world's most influential accounting organizations, CIMA and AICPA, jointly launched a new title for management accounting, CGMA.

in IFAC, including associations, sub-associations, regional organizations, and so on, almost covering the major accounting professional groups all over the world. These organizations are recognized by law or consensus of the accounting groups, and as IFAC's members, they have the obligations to support IFAC. They obey the IAESB requirements of professional accounting education.

There are three documents about accounting education in IAESB, the Professional Accountants International Education Standards Framework issued and implemented in December 2009, the International Education Standards, and the International Education Practice.

The revised framework for International Education Standards for Professional Accountants, (2014) is a programmatic document of the IAESB. It details the goal of IAESB, and the purpose and application scope of the framework, the basic concepts of the international education guidelines developed by IAESB and other series of publications. The framework clearly states that there are mainly 5 kinds of stakeholders in accounting international education: universities, stakeholders in the design, transfer or evaluation of educational programs for accountants including employers; supervision departments which are responsible for overseeing the accounting profession; the government departments which are responsible for proposing legal and regulatory requirements for accounting education; accountants and those who are going to become accountants through self-study and self-development; and other groups who are interested in IAESB and its publications on accounting education.

The framework also states that the institutions engaged in accounting education and employers of accounting applications are the most important participants in accounting education and are equally important in the framework. Universities are the most important and the largest providers of accounting education, with the most graduated accounting students and greatest impact on the accountant market. Besides, accounting students must meet the requirements of their basic professional abilities of the employers.

This framework is a programmatic document of the IAESB, whose ideas and specific requirements for accounting education are mainly reflected in its series of documents and publications, among which the most important are the International Education Standards (IES) and the International Educational Practice State (IEPS).

The International Education Standards (IES) include the Initial Professional Development (IPD) and the Continuing Professional Development (CPD), which include the standards of the learning and development of accountants. There is also a list of the good practices for the education requirements of IFAC member groups. The IAESB regulates the style and structure of international education norms. There are eight norms currently, as shown in table 1.

Table 1 Published IES in IAESB

IES1	Entry requirements for professional accounting education projects
IES2	The contents of the professional accounting education project
IES3	Professional skills and general education
IES4	Professional values, morals and attitudes
IES5	Practical experience requirements
IES6	Assessing professional competency and competencies
IES7	Continuing career development: sustainable development projects on lifelong learning and professional competency
IES8	Competency requirements for audit profession

The International Educational Practice State (IEPS) is a supporting document of IES, which mainly explains, elaborates or extends the relevant contents of international educational norms. IEPS is designed to help IFAC member groups understand and nurture the good practices required in IES attached to the recommended methods and practices. IEPS has published three items until now, as shown in table 2.

Table 2 Published IEPS of IAESB

IEPS1	Ways to develop and maintain professional values, ethics and attitudes
IEPS2	Information technology of professional accountants
IEPS3	Practical experience requirements—the initial professional development of professional accountants

IAESB puts forward the systematic requirements of the IFAC to the professional accountant education through the frame, the concrete principles and the practice of the accounting education and instructs its member organizations to propose or revise the corresponding qualification requirements to the members, so as to improve the overall quality of the accountants and to keep pace with the change of the market.

At the same time, these requirements indirect affect the accounting education organizations by influencing the accounting organizations and corporate accounting departments and then influence the accounting education development by market power.

2.2 Requirements for accounting qualification examinations

Most accounting organizations have systematic entrance examinations for their members, which express the organizations' ability requirements for their members by detailed examination outlines and practice requirements. These examinations involve both the educational requirements and professional competence requirements of the IAESB to the member groups.

There are many accounting professional qualifications in the world, and most of them require taking examinations and relevant working experiences before applying for the professional qualifications. Nowadays, the professional qualifications of some English-speaking countries have gradually accumulated more international members by their influence and reputation. For example, the Association of Chartered Certified Accountants (ACCA) and the Chartered Institute of Management Accountants (CIMA) in the UK have more international members and trainees than British members. ACCA and CIMA are becoming more and more internationally influential accounting qualifications.

Taking the example of ACCA, which is headquartered in the UK and have many international members. The qualification examination system of ACCA is divided into two stages, foundation (F) and profession (P). The requirements for ACCA members are very detailed, including the perspectives of knowledge, ability and practice experience. There are 9 courses in F stage of two types, 3 knowledge courses and 6 skills courses. The P stage curriculum introduces the higher professional and knowledge skills required by senior accountants, the core of which is to develop the abilities of accountants to solve more complex problems for those who are going to engage in senior management consulting. From the examination outlines, it can be seen that F and P courses cover the core courses of the undergraduate and postgraduate of accounting education. Candidates who pass the qualification examinations also meet the requirements of the relevant educational qualifications. This is one of the reasons that some universities have included ACCA in their curriculum. Relevant courses in some British universities have been qualified at different levels by ACCA. Nowadays, some Chinese universities have engaged in strategic cooperation with ACCA by including ACCA curriculum in the accounting undergraduate programs. Students can get credits in the universities and at the same time obtain ACCA exemption courses, which helps them to obtain ACCA qualification as soon as possible for better career development.

Another example is CIMA, which has many international members. CIMA has created the only worldwide accountant professional qualification -CGMA- by cooperating with the American Association of Certified Accountants. The membership requirements of CIMA are special, and its examination system is quite different from other accounting qualifications. CIMA focuses more on the application of knowledge and the ability to solve practical problems. After the basic level, which includes five courses, there are three pillars in examination system of CIMA: enterprise, performance and finance. Each pillar has three courses. The operational level (Level 1) include Organizational Management (E1), Management Accounting (P1) and Financial Reporting and Taxation (F1). After passing the examinations of the three courses, there is a comprehensive case study of level 1. Next comes the management level (Level 2), including Project and Relationship Management (E2), Senior Management Accounting (P2) and Advanced

Financial Reporting （F2） . There is a second comprehensive case study after level 2. Finally, is the strategic level （Level 3）, including Strategic Management （E3）, Risk Management （P3） and Financial Strategy （F3） . After level 3, there is a third comprehensive case study, which is also the end of the program of CIMA examinations. After the series of examinations, the practice of experience is required. The application for CIMA membership is allowed after meeting the requirements of management accounting experience.

China Institute of Certified Public Accountants also requires the candidates to pass the qualified examinations to get the membership. The courses and outlines of the examinations include the organization' s ability requirements for the members. Only after meeting the requirements of the education and experience years can the candidates enroll the examinations of the organization. And after passing all courses and certain experience years can the candidates apply for the membership of the organization. Besides, as accounting standards and related norms are constantly adjusted, the members have the obligation to continue studying to maintain membership qualification. Universities need to cover the courses and outlines of the qualified examinations as far as possible if they want the accounting students to pass the qualifying exams as soon as possible.

3. Influences of Accounting Organizations on Accounting Education

The accounting organizations do not directly affect the accounting education, they lead and promote the accounting education reform by influencing the members or potential members. Specifically, there are three paths of influences.

3.1 Affecting accounting education by setting professional admittance standards

Most of the members of the accounting organizations come from the practice field. They know the market's demand for the professional ability of accountants and accordingly adjust the professional admittance standards. The admission standards of the accounting organizations usually put forward the specific requests to the accountants in the accounting procedures and the organization management, which are the summaries of the employers' requests on accountants, as well as the reflects of the markets' anticipation of the qualified accountant ability. And the main goal of accounting education is to cultivate accountants with professional skills to meet market demand and lay good foundations for further career development of students.

At the same time, the professional development of accounting students has a close relationship with the accounting organizations. Most accounting students join one or more accounting organizations and maintain a continuous study of the profession to meet the increasing demands of the market for their professional ability.

Accounting education is closely related to students' future career development, which is essentially the relationship between accounting education and accounting organizations. Although the accounting organizations do not participate in education plans and goals, the future career development of accounting students must conform to the requirements of the professional competence of accounting organizations, and the professional admittance standards put forward the substantive requirements for the educational objectives of accounting students. In order to meet the basic objectives of accounting education, universities try their best to help the students to meet the requirements of the relevant accounting organizations and obtain the professional qualifications in a short time.

3.2 Affecting the curriculum by setting professional qualification examination system

Most accounting organizations have admission standards and related qualification examinations to select the candidates who are willing to join in the organization. So accounting teachers are required to be familiar with the common accounting professional qualification examinations. They must pay attention to the differences and connections between the teaching schedule and the qualification examinations. On the one hand, they should concentrate on the cultivation of students' abilities to achieve the education goal. On the other hand, they should pay attention to the students' needs of professional certificates and guide the students' learning.

3.3 Affecting the students' career development by professional qualifications

As Chinese CPA examination does not open up to the undergraduate students, it is very difficult for the students to obtain the certificate. Under this environment, some western accounting professional examinations are available for them, which provide a choice for the students who want to improve their employment competitiveness.

Nowadays, there are two kinds of international accounting professional qualification examinations. One is the CPA from English-speaking countries. Only the students who complete the undergraduate courses can take the examinations, while some of them can get some exemption courses based on undergraduate courses. Some accounting professional qualifications from Canada, Australia, the United States, Britain and other countries, which entered into China very early, have set up international accounting orientation classes in Chinese universities. They have higher requirements for the selected students, and regularly adjust the curriculum system to help students to meet the requirements of Chinese accounting undergraduate education and the examination system. The students in these classes have some exemptions, and they also have the opportunities to continue their study in overseas cooperative universities. The other kind is from the large organizations, such as ACCA and CIMA. The students can register after entering the universities. They can get the complete knowledge structure through the phased examination system. Simultaneously, it is convenient to involve the examination courses in the curriculum. ACCA and CIMA are different from CPA, they are not specific accounting profession entry qualifications. But their lower test threshold (high school graduation can register to take the examination) provides opportunities to accounting students to obtain professional qualifications before graduation. In addition, ACCA and CIMA are based on IFRS, and their examination syllabus is prepared according to the requirements of professional competence of accounting which is professional by International Federation of Accountants. There is little difference between the professional qualification examination system and the requirements of certificated accountants in English - speaking countries, which provides possibilities for students to obtain other professional qualifications. As a result, the international classes of ACCA and CIMA in China have developed rapidly in recent years.

Usually, after graduation, the accounting students will begin their careers or continue education as postgraduate students, or study abroad. The students from international classes of accounting have systematically studied the international and Chinese accounting system, most of them have completed most courses of the relevant international accounting professional qualification examinations (some ACCA students can even pass all courses before graduation). The passed courses and the complete study system provide strong proof for their professional knowledge system and foreign language ability, which makes them have more employment advantages compared to the peers. Furthermore, the students of international classes are selected through strict procedures. They are students of higher learning performance, which also become a signal to the employers. When deciding whether continue their postgraduate study in China or go abroad, they are much easier to get offers from more prestige universities as they have better English foundation, broader professional vision and systematic international accounting knowledge. Therefore, in recent years, the international classes of accounting have developed rapidly in China. The students have been praised by the employers, which also have attracted more enrolled students.

4. The accounting education internationalization

According to the latest statistics of Chinese college student information consultation and employment guidance center, the number of graduates of accounting is far more than 100 000 in 2016. Accounting students face fierce employment competitions, while the universities with accounting students also need to develop practical competitive strategies to enhance their competitiveness in the accounting education development and student employment.

Due to the high marketability of accounting profession, the characteristics of accounting discipline require that the training mechanism and curriculum system must be updated frequently according to the market change. In recent years, the development strategy of accounting internationalization in China also has put forward urgent requirements for the internationalization of accounting education.

4.1 The international modes

At present, there are two main modes of international accounting education in China.

Mode one is adding international accounting courses to the existing accounting education system. This mode is very common and usually used in the initial stage of international education in accounting. The international accounting courses are arranged under the existing curriculum, some original textbooks are selected in teaching, bilingual or English is also used in teaching, which gradually promotes Chinese internationalization of accounting education. In practice, it has been very common to introduce international curriculum directly, the advantages of which are obvious. It is convenient to introduce the curriculum, and cheap with low entry threshold, so it has little impacts on the curriculum setting and teaching system of accounting and has no real impacts on the current teaching schedule. As universities can gradually introduce and increase international curriculum, which is also used to alleviate the pressure of training teachers, as well as gradually increase the difficulty of the curriculum and improves the requirements to students, then gradually improves the international education of accounting. Besides, introducing bilingual and English - language courses in existing curriculum makes it easier to get the support from students.

The main problems of this mode are as follows. Firstly, there are higher requests for teachers by setting up the international accounting curriculum directly. It is required for the teachers to be familiar with both Chinese and international accounting. They must be able to appraise the two accounting systems in the relevant courses and guide the students to carry out the analysis and discussion. Secondly, there is no systematic curriculum. There are only fixes or changes to the existing system, which is useless to achieve the goal of internationalization, and helpless to the student to grasp complete knowledge structure. Thirdly, there is no effective support to the students in the professional market. Finally, it is useless to guide the student's thinking transformation, neither to renew the curriculum nor to achieve the goal of internationalization.

The second mode is more popular, which is cooperative education mode. By this mode, Chinese universities choose some international accounting organizations from influential English - speaking countries to corporate and set up international orientation classes. They combine the training system of accounting and the professional qualification examination courses according to these organizations curriculum and the members' professional ability requests. Some students can participate in these organizations' qualification examinations under the guidance of the teachers and obtain some exemptions when they complete their undergraduate studies. Setting up the international classes of accounting is also a popular internationalization mode which is used in many universities all over the world. By introducing the international accounting professional qualification examinations and embedding them into the students' curriculum and training system can realize localization and internationalization of accounting education. The focus of this mode is to select and introduce a famous international accounting organization （such as ACCA， CIMA） to train the professional talents with international vision and familiar with international accounting in the process of undergraduate teaching. It is helpful to improve the students ' market competitiveness while developing the internationalization of accounting education， which is also helpful for the students to improve their competitive power in their career development.

There are many advantages of setting up international classes. Firstly， introducing the curriculum about international accounting qualifications is helpful for the students to experience new international education. Secondly， different international classes are corresponding to different international accounting professional qualifications， by which the students can participate in the relevant qualification examinations or obtain some exemptions when they finish related courses. This is helpful to improve their career competitiveness and develop their professional ability. Thirdly， many international accounting courses are basically in line with the abroad courses， which facilitates students' applying for foreign universities and continuing of their study abroad.

In addition， the most obvious advantage of international accounting classes is introducing international accountancy profession qualifications in China. The international accounting classes are usually associated with a specific accounting professional qualification examinations. As members of these classes， students can obtain the exemptions of the international accounting professional qualification under the arrangement of the curriculum， and they can take the international accounting professional qualification examinations under the help of the organizations and universities during their undergraduate years. If these students have attended and passed the exams in accordance with the curriculum， they can usually pass most of the courses required by the international accounting professional qualification certificates when they graduate， which will be greatly helpful for them to get favorable employment. Statistics show that the employment of international classes is pretty good in fact. Moreover， an influential international accounting professional qualification has a profound influence on students' future career development， which is a foundation for their professional development， as well as a proof of their professional ability and an affirmation of accounting education.

However， the second mode also faces some problems， the most serious of which is that the heavy workload affecting the reach of other education goals in universities. The students pay more attention to the international accounting professional qualification examinations and therefore neglect other courses. They usually absent from classes to prepare the examinations, which is a big trouble to the management of universities. The students' paying less attention to the non-professional qualification examination courses also reduces their comprehensive ability. Furthermore, the students may evade or abandon the activities of the students' associations and school organizations to prepare the examinations, which decreases their ability to team cooperation and interpersonal communication.

4.2 The influences of cooperative education mode on accounting education

There are two challenges to the accounting education under the cooperative education mode.

The first challenge is the teaching task of international classes. The international classes still need to conform to the training goal of undergraduate accounting education, and their curriculum must be compliance with the characteristics of university education. At the same time, the curriculum of international classes is arranged under international learning and examinations need, so the requirements must be reflected in the syllabus and planning arrangements. However, since not all courses can match the requirements exactly, integrating the qualification examinations with the university education brings more courses and greater learning pressure to the students of the international classes.

The second challenge is the construction of teaching staff team. Because the international classes require teachers to be familiar with the accounting courses as well as the other courses in the curriculum. It is their task to try their best to help students participate in the global tests and effectively improve the student's international curriculum pass rate during course teaching. There are at least three requirements for the teachers. First, they must be familiar with the curriculum system of international classes and the requirements of the international organizations on the candidates each year. Second, they must have the ability to teach and conduct courses in English. Third, they must keep pace with the latest progresses and changes of international examinations and update knowledge system. These new challenges add a lot of workload to the teachers, which is the possible reason why there are few teachers teach for international classes. At the same time, under the current teachers' salary system in China, preparing the teaching task for international classes doesn't increase the income of the teachers, which also frustrates the young teachers to take the challenge to teach for international courses.

5. The countermeasures of internationalization of accounting education

Under the current fierce employment market competition, the development of international education of accounting in Chinese universities can provide students with more international learning modes and more employment opportunities. It is beneficial for the students but the key problem is to meet the requirements of internationalization education in university accounting education.

Internationalization education of accounting is an important competitive means in the fierce competition of student sources and employment. Perfect international education can attract higher quality students and improve the employment competitiveness of students. Therefore, under the current environment in China, the accounting standards are in full congruence with the International Financial Reporting Standards and the difference in accounting discipline between China and western countries becomes smaller, the internationalization education of accounting is not a temporary expedient, but an important choice in the development of Chinese accounting, which needs to be paid enough attention to and provided support from resources.

The main mode of accounting international education is setting international classes. The international classes are operated by corporation with the big international accounting organizations from English-speaking countries. Therefore, the following suggestions are put forward as the conclusions of this paper.

First, pay attention to the development of international accounting standards and keep in touch with international accounting organizations. Because accounting education is influenced much by professional organizations, the relevant professional qualification examination systems of accounting organizations have put forward the requirements of continuous improvement to accounting education, and these requirements reflect the employer's ability requirements on accountants. Therefore, as the main educational institution of accounting, it is necessary for the universities to follow up the developments and changes of international standards of accounting in time and reflect the changes in accounting education. It requires universities to keep close contact with various accounting organizations and pay close attention to the different factors that affect the accounting profession.

Second, develop in-depth cooperation with the accounting organizations to promote accounting development. Universities are the main suppliers of accounting education, and the demand changes of the accounting profession will have a substantial impact on the employment and career development of accounting students. Therefore, the cooperation with the accounting organizations can help the universities keep the changes of accounting profession market, and adjust the training modes accordingly, thus enhance the accounting education level, the competitiveness in the employment and the admissions markets. The mode of cooperative education in the internationalization of accounting provides a choice of internationalization mode for the universities. Meanwhile, the universities should not be the passive recipients of the international education mode and curriculum system. The universities should actively exchange and cooperate with some professional organizations, which is helpful for them to grasp the global development of accounting profession, so as to improve the level of accounting education.

Third, take into account the long-term goals of education and keep close contact with market demand. The internationalization education of accounting emphasizes the introduction of international accounting professional qualifications and the application of foreign accounting professional education modes, while there are also many great experiences in the development of accounting education in China. Therefore, paying attention to the internationalization education of accounting doesn't mean to forgive the general education of accounting. For example, accounting simulation training courses, including accounting experiment and accounting information system, are designed for Chinese accounting education, which, to some extent, are not suitable for the teaching practice of the international classes. It is needed to solve or alleviate such kinds of situations to improve the students' understanding the accounting knowledge.

The goal of high education is not the short-term employment, but the long-term development of students. The goal of internationalization education of accounting is to enhance students' international competitiveness in the global accounting market, as to provide students with better employment choices and study opportunities. However, in practice, some students always ignore the learning of other courses and the training of comprehensive abilities (such as interpersonal communication skills) in order to obtain international accounting professional qualifications as soon as possible. It is required that teachers should guide students actively in teaching. The universities should create good learning conditions for students and encourage them to participate in different activities actively. It is better for students to pay attention to their improvement in comprehensive abilities, rather than obtain a single accounting professional qualification certificate.

References

[1] Straszak, Kruszewski. Long-term global stability in the world in the years 1960 – The role of the IFAC [J]. IFAC Proceedings Volumes, 2013, 46 (8).

[2] Fakhfakh, Fakhfakh, Martínez. The impact of harmonization by the international federation of accountants [J]. Managerial Auditing Journal, 2008, 23 (8).

[3] Payne, Barry. CGMA at Work [J]. California CPA, 2013, 82 (1).

[4] Anonymous. Chartered institute of management accountants: cima - funded research reveals new approach to target setting process [J]. M2 Presswire, 2009.

[5] Chunfei Wang, Xi Wu, Tiebing Zeng. Audit firm governance of branches and office-level acceptance of initial engagement: evidence from the CICPA survey data [J]. China Journal of Accounting Studies, 2015, 3 (4).

[6] Kaciuba. An instructional assignment for student engagement in auditing class: student movies and the AICPA core competency framework [J]. Journal of Accounting Education, 2012, 30 (2).

［7］ Brivot，Cho，Kuhn. Marketing or parrhesia ： a longitudinal study of aicpa's shifting languages in times of turbulence ［J］. Critical Perspectives on Accounting，2015，31.

［8］ Anonymons The British Accounting Association of chartered certified accountants prize ［J］. The British Accounting Review，2007，39（1）.

［9］ Anonymous. The institute of management accountants： brad monterio of colcomgroup to serve on new IMA XBRL advisory committee ［J］. Science Letter，2009.

［10］ Ryan，Lento，Sayed. Unresolved issues about the proposed CPA certification program ［J］. Accounting Perspectives，2012，11（2）.

［11］ Crawford，Helliar，Monk，Veneziani. International accounting education standards board： organizational legitimacy within the field of professional accountancy education ［J］. Accounting Forum，2014，38（1）.

［12］ Belverd. Needles. Implementing international education standards： the global challenges ［J］. Accounting Education，2005，14（1）.

［13］ Šagud. Initial education and professional development of pre-school teachers ［J］. Pedagogical Research，2011，8（2）.

略述改革开放以来的军队审计发展史：阮啸仙的审计思想与实践

陆晓晖

（审计署审计科研所）

摘　要：阮啸仙是中央革命根据地第一任中央审计委员会主任，主张政府接受民众监督，群众参与国家管理；要进行调查取证，查实问题并提出切实措施；加强反贪污反浪费审计，维护财经法纪；主张重点对单位领导的错误进行纠正和问责；认为审计不仅要揭示问题，也要表扬先进；实行审计结果公开，提高审计的影响力。

关键词：阮啸仙　审计思想　审计实践

阮啸仙，1898年生于广东省河源县，1921年加入中国共产党，是中共早期农民运动的重要领导者，也是中国共产党审计工作的早期领导人。阮啸仙于1927年5月至1928年6月任中共广东省委委员、中共中央监察委员会候补委员等职。1928年6月，在党的第六次全国代表大会上，阮啸仙与刘少奇、孙津川被选举为中央审查委员会正式委员。1929年后曾任党中央审计处处长。1934年2月当选为中华苏维埃共和国第二届中央执行委员会委员，并任中华苏维埃共和国中央审计委员会主任，1935年在率部突围中中弹牺牲。

阮啸仙青年时代研读了很多中国传统文化著述，之后也接触了西方历史、文化、政治、思想学说，加入中国共产党后开始用马克思列宁主义分析中国社会，形成了国家变革与民主监督的思想。担任审计委员会主任前后，阮啸仙起草了《中华苏维埃共和国中央政府执行委员会审计条例》，领导建立了中央苏区的审计制度，带领审计人员开展预决算审计等各项审计工作，在促进苏区执行财经制度、贯彻节省方针、反对贪污腐化和浪费方面发挥了十分重要的作用。

一、主张政府接受民众监督，群众参与国家管理

阮啸仙非常赞成“提倡平民主义，打破军阀制度”，提出要对政府进行监督。他在1921年撰文：“无论商工农士，都要出来争人格，谋自由，监督政府，干预政治，共和民国才有生气”，认为“人人怀着升官发财的念头，自私自利的野心，不从根本上解决，目的上做功夫，虽说是十年百年，恐怕没有成功，还恐愈弄愈糟了”。在领导农民运动的过程中，阮啸仙认识到实现农民的政治诉求比经济利益更加重要，政治上的革新才能保障农民的各项权益。农民要有对政府的财政知情权，

农会要有一定的财政审查权。他一再强调要获得基层的自治权，抵制对农民的强派征敛。“在广东更要进一步取得一部分自治权（乡村的财政，如县长民选，财政公开等）”，“政治方面，至少要有这些要求……乡村自治机关及财政公开”，“凡各区警察学校经费有关于农产品之抽捐，应请县署饬令各该区警察学校详细报告县农会审查。如有害及农民者，应请县署核免之。同时各区警察学校应发给凭证以防滥抽”。在1926年发表的研究农民问题的《中国农民运动》中，阮啸仙更是明确指出农民目前应解决的第一个问题是：“夺取乡中政权和财政权，如乡政由大会选举，财政公开等。”

作为一名参加革命的共产党员，阮啸仙认为对中国共产党领导建立的苏维埃政府，可以让群众检查；可以将政府办理的事情向群众报告，让群众参与管理；对只做官、不为人民谋福利的政府人员，群众可以将其撤换。阮啸仙在1930年撰写的《苏维埃政权的特点》中指出：“苏维埃是工农群众自己的政府”，“很容易检阅自己的错误，容易恢复自己在战争中所受的损失，这是从来任何国家机关所未曾梦见的。因为群众自然而然地知道自己有什么不妥当的地方，非常愿意来纠正其错误。”“苏维埃政府的人员是出自工农群众自己意思的选举，也可以由群众意思而撤换的。”“苏维埃政府的人员……他们可以将自己群众的生活情形向政府做报告，又可以将政府办理的事情向自己群众做报告”，使群众亲身了解政治生活，“自己参加自己的事”。“一切权力集中到代表会议……一切法令及重大问题……是经过会议然后坚决的执行……苏维埃政府是兼有议会制度和直接民权二者之好处……同时有立法行政之权，既彻底自由民主，又实行权力集中，这是最好的工农民主共和国家。”

二、要进行调查取证，查实问题并提出切实措施

阮啸仙是我党社会实际调查研究的开创者之一。他概括的农民运动斗争七条经验，第一条就是“宣传口号一定要根据实际调查研究所得者……”，“事前应有很好的准备，和充分的宣传，才可以提出行动的口号和政纲，所以调查和宣传的工作非常之重要”。他自己则除了“在家里计划及颁发命令、接见群众外，余的多跑到各乡去做工作，早出晚归”。

在《中国农民运动》中，阮啸仙总结了五种方法作为农民运动的准则，即调查、宣传、组织、训练和策略。调查分为五个方面：经济调查、政治调查、教育调查、农村组织调查、风俗习惯调查。对于经济调查，阮啸仙具体列示了调查的内容：“耕几亩田？收几石谷？除田租、肥料、人工、食用外，有没有盈余？是否须种薯类、豆类、茶、花等件，以补助其不足，甚或须抬轿、拖车以助其生活？”还指出如何调查才能获得需要的材料，即调查的方法：切不可直接询问其内幕，以免引起他们的怀疑或惊慌，可从中观察或无意说话间得到之，较为妥当，总之以毋使人怀疑为标准。

阮啸仙来到中央革命根据地江西瑞金，依然延续一贯的严谨深入调查作风。到达瑞金的当天，他就立即投入到紧张的调查研究工作中去，将各种情况陆续汇集到笔记本里。当时中央苏区经济运行中出现了一些不良现象，如苏区财经审计流于形

式、财务管理混乱、账目涂改造假、一些干部奢侈浪费贪污腐化等。阮啸仙将此情况详细地向中华苏维埃临时中央主席毛泽东做了汇报，并提出了一套治理苏区财经混乱状况的方案。担任中央审计委员会主任后，阮啸仙带领审计人员，对政府财务收支进行审计。他说，只有严格审核，把握证据，才能逼使贪污分子缴械投降。在审计中，他严查账目、走访询证，查实了多起贪污案件，追回了款项，维护了法纪，推动苏维埃政府成为“真正的廉洁政府”。阮啸仙还针对苏区企业贪污案，在审计结论报告中提出了加紧反对腐化反对官僚主义、不允许任用亲戚尤其是阶级异己分子、每月公布或审查工厂账目和详细审查决算的三点意见。这些意见不久被中央工农检查委员会公布并推行实施。

三、加强反贪污反浪费审计，维护财经法纪

土地革命时期，增收节支、反对贪污浪费是关系根据地生存发展和苏维埃政权稳固的重大工作。阮啸仙所领导的中央苏区审计工作，紧紧围绕党和苏维埃政府的中心工作，开展了节省运动，大力揭露浪费和贪污腐败。

阮啸仙担任审计委员会主任的时期，正是中央革命根据地最困难的时期，外有军事围剿和经济封锁，内部则一方面供给困难，另一方面还存在贪污浪费。1934年1月，中共中央在瑞金召开了第二次全国苏维埃代表大会，大会总结了两年来苏维埃革命斗争和建设的经验，根据中共中央五中全会给大会党团关于“二苏大会必须特别注意苏维埃经济的建设问题”的指令，进一步明确了根据地经济建设的基本方针和任务。毛泽东代表中央执行委员会和人民委员会向大会所做的报告和结论，指出根据地财政政策的基本方针，是从发展国民经济来增加财政收入，财政的支出应该贯彻节省的方针。中央革命根据地为了应对经济封锁、克服经济困难，大张旗鼓地开展了“节省运动”。《红色中华》报于1934年3月13日发出了《为四个月节省80万元而斗争》。各机关企业事业单位都积极参加这一运动，精打细算，并开展反贪污浪费的斗争。阮啸仙领导的中央审计委员会，在审核和协助各地编制预决算和建立会计制度的过程中，紧紧抓住节省方针、反对贪污浪费和官僚主义中心工作，收到了十分明显的效果。3月22日，他在审核了粤赣省预算总结后，发现他们没有认真执行苏维埃执行委员会关于节省的指示，就写信给粤赣省苏维埃主席团，批评他们的错误，指出他们增加了工作人员，同时批评了雩都县的开支，不执行节省方针，支出增加三倍以上。信中说：“这样忽视上级命令，忽视节省一个铜板为着战争的意义，尤其雩都的贪污浪费，还未有引起你们的警觉，不能不使我们视为惊奇的事！”节省运动在阮啸仙领导的审计委员会推动下，取得了显著的成效，不仅完成了80万元的节省计划，而且超过计划近一倍即130万元以上。

各级苏维埃政府都非常注意廉政建设，对根据地政权机关工作人员中存在的腐败现象，始终保持着清醒的头脑。临时中央政府成立后，即将反腐肃贪作为一项重要的斗争任务列入议事日程。中央执行委员会发布了《关于惩治贪污浪费行为》的训令，节省运动的开展更加大了反贪污浪费的力度和要求。阮啸仙带领审计人员，对中央直属县瑞金县、中央印刷厂、邮政总局、贸易总局、粮食调剂总局等单位进

行财务审计稽核，查出了大量问题，追回大量贪污款项，仅在瑞金县就“追缴贪污款子达六万多元”。阮啸仙说：进行审计监督是我们的职责，检举打击贪污浪费是苏维埃中央政府的号令，任何人也无法阻止。

四、主张重点对单位领导的错误进行纠正和问责

政府官员和组织领导人的执行能力对于政策和措施的落实、政府为人民谋取福利、单位取得绩效、防范违法犯纪起着主导的作用。阮啸仙认识到了这一重要性，在1925年就主张：撤换藐视功令之政府官员也。对于自己领导下的共产党粤区支部，阮啸仙提出：如旧的职员（书记）失职，则令其改组，选择良好分子担任职务；如各同志对于团体观念薄弱与违背本团主义或政策时，则解散亦所不惜。自1927年年末各地苏维埃政府在南方相继成立后，1930年阮啸仙从六个方面论述了如何才能成为工农自己的政府：“苏维埃政府的人员……不好的，就要请他滚开去。那有官僚主义的存在，谁能够摆官僚的空架子？”

在苏区经济紧张，实行开源节流、反贪倡廉的环境下，阮啸仙认为领导干部必须学会管理经济，领导干部不学会管理经济，就不能保证预决算制度的执行。他指出：“有些工农出身的干部，不会写算，不懂管账，差不多成了一般的现象，在这里应警觉我们，提高热忱学习管理自己国家的财政。”在担任中央审计委员会主任期间，阮啸仙根据审计中发现的相关情况，指出会计工作存在的问题，批评有些机关单位的领导不重视预决算制度的错误，各部首长还未将预决算制度“提到与整个苏维埃政策的重要性来重视这一工作，有的没有配合实际工作的需要，来负责检讨经费问题”。有些单位“不明了本身在苏维埃经济上的性质和作用，不知道也不考察产品的成本，不知计算盈亏，没钱向国家主管机关要”。他带领审计委员会辛勤工作，推动中央机关各部委和所属企业事业单位建立健全预决算制度和会计制度，保障根据地财政收支计划的执行，节省开支，同时也推动了各级领导学习经济管理，反对官僚主义的横行。

在节省运动中，一些单位执行不力，如粤赣省苏维埃，阮啸仙公开通报批评；有些机关单位的领导人职位很高，他也毫不迁就隐过如中央机关总务厅厅长赵宝成，严重浪费，阮啸仙领导的中央审计委员会，在审查中央政府预算的总结中进行揭露批评，直至把他拉下马；对于福建省苏财政部“三月以前行政费透支理由报告”里所列的各种所谓的“理由”，阮啸仙撰文发表于1934年6月19日的《红色中华》，毫不留情地逐条加以驳斥，对报告反映出来的浪费、散漫、推诿、不遵守预决算制度，他非常愤慨：“不可争辩的是财政部的负责同志企图籍口政府命令到得迟，来掩盖自己的浪费，却暴露了自己对苏维埃、对中央命令采取不尊敬的态度。”在要求福建省苏改正错误的同时强调：只有把“节省每一个钱，为着战争，争取前线上的胜利”提到省苏面前！

五、认为审计不仅要揭示问题，也要表扬先进

阮啸仙所领导的审计委员会赏罚分明，褒贬得当，既批评存在的问题和揭露贪

污浪费，也表扬取得的成绩，从正反两个方面树立样板，用典型的经验教训指导全面工作。

在对中央各部进行审计后，阮啸仙提出了各部首长很少过问预算决算、阶级警觉性不够、有些干部不会写也算不懂账的问题。而在节省运动审计中，对于一些执行节省方针成绩显著的单位，阮啸仙则及时加以表扬，树立好的榜样。四月份审计委员会稽核了瑞金经济开支总结，发现该县节约开支的成绩突出，政府机关工作人员数量减少。审计委员会就此事在《红色中华》报上表扬了瑞金县，指出："因执行集中指导与个人负责制有了新的转变，工作反而紧张起来了。这说明人委会为着提高劳动纪律，增加工作效能，来重新规定工作人员数目，开展节省运动之完全正确。瑞金县苏坚决执行这一指示，是值得赞扬的"。

对于节省运动审计发现的情况，阮啸仙强调要实事求是，反对平均主义一刀切的做法。在审核粤赣省三月份预算的总结中，指出要防止机械地节省："工作人员不是机械的或平均的减，而是看他实际需要"。在《关于总卫生部系统中五六月节省成绩的总结》中，他批评了不少医院存在"命令摊派"和"过左和锦标主义"的错误。在《关于四个月节省运动总结》中，他指出"打击一些平均主义，不吃菜、不吃饱的过左办法，这些倾向，以后须注意"。阮啸仙纠正了这些脱离群众的平均主义做法，使节省运动朝健康方面发展。

六、实行审计结果公开，提高审计的影响力

阮啸仙在主张人民对政府的监督的思想中，多次提到要做到财政公开，向群众公布政府事项。1934年3至9月，在对政府预算、国家企业等进行审计后，阮啸仙起草并审阅签署了中央审计委员会的七个总结，如《审查三月份中央政府预算的总结》《审核粤赣省三月的预算的总结》《审查国家企业会计的初步结论》等，全部发表在中国共产党中央机关报《红色中华》上。这些审计总结既揭示存在的问题，也肯定取得的成绩，并针对被审计单位存在的问题，提出可行性建议。如《关于卫生部系统中五六月节省成绩的总结》指出：必须更进一步地推动群众积极性创造性，使整个卫生工作的效率飞速提高以配合目前战争的急切要求。不仅如此，阮啸仙还在审计结果报告中指出地方审计机关的不足，提示他们改进工作："省审计委员会虽然建立起来了，还未有根据地方苏维埃组织法和中央审计条例，真正的工作起来，对于这次预算是未有尽到他的作用的。这里希望你们的审委很快的认真工作。"

根据地实行的审计结果公开，增加了审计工作的透明度，有利于加强广大干部群众对政府及有关部门、机构的监督，充分发挥审计纠错防弊和表扬鼓励的双重作用，提高审计的影响力。

参考文献

[1] 中共河源县委宣传部、中共河源县委党史办. 阮啸仙研究史料（内部发行），1985.

［2］李金华. 中国审计史［M］. 北京：中国时代经济出版社，2004.

［3］《阮啸仙文集》编辑组. 阮啸仙文集［M］. 广州：广东人民出版社，1984.

［4］刘林松. 阮啸仙研究［M］. 广州：广东人民出版社，1985.

［5］陈其明. 阮啸仙［M］. 广州：广东人民出版社，2010.

［6］刘路红，廖金龙. 阮啸仙传［M］. 北京：中共党史出版社，2014.

［7］中共中央党史研究室. 中国共产党历史第一卷（1921-1949）［M］. 2版. 北京：中共党史出版社，2011.

从先秦经典文献的记载看我国自然资源核算的渊源

杨世忠

（首都经济贸易大学）

摘　要：根据我国先秦时期的经典文献记载，对自然资源的核算以及环境责任的明确可以追溯到夏代。《山海经》《尚书·禹贡》《管子·地言》《周礼·天官》《荀子·王制》提供了很好的佐证。前三者从技术层面描述了自然资源，后两者则从人文层面明确了责任分工和处理好人与自然关系的正确理念。学习先人典籍，对今天在国家层面开展自然资源资产负债核算具有深远的意义。

关键词：自然资源　描述　核算　先秦典籍

自2013年11月党的十八届三中全会决议提出“探索编制自然资源资产负债表”的要求以来，对自然资源资产负债核算的研究成为国内理论界与实务界关注的热点。笔者以为，研究的视野不仅应面向基于现实的理论和方法，还应从源远流长的中华文明中汲取智慧和启示。纵观中国古代浩瀚的典籍文献，其中不乏对自然资源的文字描述与绘画，这离不开负责确认计量与记录报告的专职核算人员的努力。

中国人对自然资源的认识与分类的文献记载可以追溯到公元前2 000多年的“禹铸九鼎”。大禹治水走遍华夏，功成之后将天下分为九州，然后铸九鼎分置于九州，每一鼎都铸刻了该州的山川地域和物产。成书于春秋时期的《尚书·禹贡》，记录了夏禹治水成果和九州的地理区划。虞夏的《山海经》和西周的《周礼》，春秋时期的《管子》《尚书》，秦汉时期的《神农本草经》，汉代淮南王刘安招集宾客集体创作的《淮南子》，晋代杨泉的《物理论》、张华的《博物志》、郭璞的《穆天子传》和高僧法显的《佛国记》，北魏郦道元的《水经注》、贾思勰的《齐民要术》，唐代高僧玄奘的《大唐西域记》，北宋沈括的《梦溪笔谈》，元代的《马可·波罗游记》，明代郑和七下西洋的记载和马欢的《瀛涯胜览》、徐霞客的《徐霞客游记》、兰茂的《滇南本草》和李时珍的《本草纲目》，清代学者杨守敬主编的《历代舆地图》、费信的《星槎胜览》、巩珍的《西洋番国志》等等，均通过作者的亲身经历，介绍了所到之处的地形地貌、风土人情和物产。这些文献多是用文字、图形和数字来描述自然资源环境与物产。

限于篇幅与作者的能力，本文仅对先秦时期的《山海经》《尚书·禹贡》《管子·地员》《周礼·天官》《荀子·王制》的相关内容进行考证。

一、《山海经》里的自然资源描述

《山海经》是上古先民经行世界的记述，它涵盖上古时期的地理、天文、历史、神话、气象、动物、植物、矿藏、医药、宗教等方面的内容。传至今日，全书分为十八卷，其中《山经》五卷、《海经》九卷、《大荒经》四卷。据统计，全书记载山名五千三百多处，水名二百五十余处，动物一百二十余种，植物五十余种。《山海经》的作者是谁、成书于何时，后人众说不一。传至现代的版本，是经西汉末年刘向、刘歆父子校勘的定本。据刘歆考证，《山海经》的作者是大禹及其属臣益，撰著时间为上古的虞夏之际。对《山海经》的注释，最早的是晋代郭璞，之后是清代的王念孙、郝懿行、毕沅、汪绂，当代的袁珂和方韬。

《山海经》的《山经》五卷分别是南山经、西山经、北山经、东山经、中山经。南山经主要介绍南方三大山系的地貌矿藏、怪兽珍禽及其山神祭祀。其中所述会稽山，其名至今仍存。西山经介绍的众多山名中不少是古今名山，如华山、太华山、昆仑山、玉山、天山、阴山、崦嵫山等。北山经较少有神话，但所介绍的三个山系中提到的隄山、北岳、虢山、少阳山、汾水、雁门之水，以及“白沙山，广员三百里，尽沙也，无草木野兽”等均与当今的山西陕北地形地貌相符。东山经介绍东方四大山系四十六座山的方位和物产。中山经最为浩繁，记录中土十二列山系共一百九十七座山，其中有属于今日嵩山的少室山和太室山，以及荆山、岐山、熊耳山、首阳山、衡山、灵山、龟山、蛇山、洞庭山等今人所熟识之山名，但随着时代变迁，有些山的方位古今不符。最后，“禹曰：天下名山，经五千三百七十山，六万四千五十六里，居地也。”

《海经》九卷分别是海外南经、海外西经、海外北经、海外东经、海内南经、海内西经、海内北经、海内东经、海内经。与《山经》不同，海外诸经记载的是中土本部之外各国的方位和文明。海内诸经记载的是海内的山川、国家、植被、动物及相关的神话传说，范围覆盖今天的沿海各省到西北、东北、华北。

《大荒经》四卷分别是大荒东经、大荒南经、大荒西经、大荒北经。“大荒”应指“荒服”之地，是离国家政治中心最远的圈层。根据《尚书·禹贡》，夏代以国都为圆心，外扩五服分别是甸服、侯服、绥服、要服、荒服。每服地域范围是五百里，以此计算，荒服是指距离国都两千里以外的地方。大荒东经记载了东海之外的山川、河流、国度、物产和神话传说。大荒南经记载了南海一带的山川、国度、鸟兽、物产、古代氏族来源传说和神话。大荒西经记载了中土以西的山川、氏族、物产、神话，其中提及了周族的起源和夷狄两个民族的来源。大荒北经有许多关于氏族血统的记载，尤其是黄帝与蚩尤的涿鹿之战、夸父逐日的故事广为流传。

在《山海经》里，为了记载和描述自然资源环境，用到的方位表述有：东、西、南、北、中，西北、西南、东南、东北和左、右，尤其是有了“中土”的概念，堪称“中国”概念之滥觞。对距离的计量单位用“里”来表述。所用的名数有：万、千、百、十、有、无、多。对水资源的定名有：河（特指黄河）、水、湖、泽、海等。用到的动词有：临、望、流、注、出等。其典型的表述例如：“南山之首曰鹊山。其首曰招摇之山，临于西海之上，多桂，多金玉。有草焉，其状如韭而青华，其名曰祝余，食之不饥。有木焉，其状如榖而黑理，其华四照，其名曰迷榖，佩之不迷。有兽焉，其状如禺而白耳，伏行人走其名曰狌狌，食之善走。丽麂之水出焉，而西流注于海，其中多育沛，佩之无瘕疾病”。

《山海经》不仅对山川河流平原海洋有着方位记载、对各种动植物有所描述，而且对各种物产尤其矿产资源有大量记载，如记载矿物八十九种，记载矿产地三百零九处。比起希腊学者泰奥弗拉斯托斯写于公元前3世纪的《石头志》（书中记载了十六种矿物，分金、石、土三类）要早200多年。

二、《尚书·禹贡》里的自然资源描述

《尚书》作为记载中国远古尧舜时代至周朝期间的历史事迹的典籍，儒家尊为“五经之一”，后人尊为信史。《尚书》依历史的进程，分为虞夏书、商书和周书三个部分，共五十八篇。《尚书》的内容大多是历代君王言行的记载。如《尧典》《舜典》记载了尧、舜的事迹；《伊训》讲的是商代老臣伊尹以德政对商王太甲的劝诫；《康诰》《酒诰》《梓材》是周王朝册封文王之子康叔的告谕和训戒；《甘誓》《牧誓》《汤誓》则是征伐作战之前的誓师词；《文侯之命》是君王任命官员或赏赐诸侯的册命之词。《禹贡》则讲述大禹治水、划分九州，并记载九州的山川、土壤、物产、贡赋等。

据《禹贡》所述，夏代疆域分九州，税赋分五服。九州分别是：冀州、兖州、青州、徐州、扬州、荆州、豫州、梁州、雍州。五服分别是：甸服、侯服、绥服、要服、荒服。五服是以国都为中心，每方圆五百里为一圈层，自内向外扩展。每一圈层的税赋内容和形式均有不同，荒服实际上已近化外之地，象征性地贡物足矣。《禹贡》的田、赋各分九等：上上、上中、上下、中上、中中、中下、下上、下中、下下。土分五色：青、红、白、黑、黄。铜（金）分三品：青铜、白铜、赤铜。水的通称有：江、海、泽、渚、汇、川、三江、猪（潴）。水的专称则有：河、江、漳、恒、卫、济、漯、灉、沮、潍、淄、汶、淮、沂、泗、菏、彭蠡、汉、沧浪、沱、潜、云梦、洛、伊、涧、瀍、荥波、黑水、沔、弱水、泾、渭、漆水、沣、降水、漾、澧、允、大陆泽、雷夏泽、大野泽、震泽、九江、孟猪等。特别值得一提的是《禹贡》里的“河”列入专称，是特指黄河。山的通称与《山海经》相同，即是“山”。山的专称有：梁、岐、岱、蒙、羽、峄、华、岷、嶓、蔡、岍、恒、衡、荆、西倾、终南、三危、积石、龙门、壶口、雷首、太岳、底柱、析城、王屋、太行、朱圉、太华、熊耳、外方、桐柏、陪尾、嶓冢、内方、大别、合黎、大伾等。有的山名与《山海经》的记载相同，如岐山、熊耳山等。《禹贡》对土的通称有：土、壤、斥、坟、流沙等。“流沙”在《山海经》里也出现过，是对沙漠的表述。对土的专称有：桑土、宅土、黑坟、白坟、涂泥、坟垆、青黎、黄壤、赤埴坟等。地（域）的通称有：岛、邦。地（域）的专称则有：冀、兖、青、徐、扬、荆、豫、梁、雍、壶口、太原、岳阳、覃怀、东原、衡阳、原隰、孟津、洛汭、三澨、东陵、陶丘等。用到的方位描述有：阳、阴、东、南、西、北、四隩、四海。距离

的计量单位是“里”，量词有“十、百”。不仅如此，《禹贡》对今天的启示还在于将环境责任（治水）落实到位以后能够产生巨大的成效，一方面是鲧治水失败而招致杀身之祸，另一方面是禹兢兢业业克勤克俭治水成功而成为天下至尊。

三、《管子·地言》的土地分类

《管子》是以春秋时期齐相管仲之名集成的子部名著，汉初有八十六篇，如今尚存七十六篇，其中著名的有《牧民》《形势》《兵法》《封禅》等。《管子》内容博大精深，涉及哲学、政治、军事、农商、地理等各个方面，是先秦文化的重要典籍。《地员》是《管子》第五十八篇，专讲土地的分类及其物产。《地员》首先制定出土地质量标准——以七尺为一施，土壤厚度达到五施（三十五尺）则为厚土，其下有水则种五谷林木无不相宜，水呈青色，居民强壮。此外平原土壤分为“赤垆、黄唐、斥植、黑植”四种。其中，赤垆土厚度四施，适宜耕种，水白而甘，居民长寿。黄唐土厚度三施，只能种黍与高粱，水色发黄有异味，且易水土流失。斥植土厚度二施，宜种菽与麦，泉水味咸，易流失。黑植土厚度一施，宜种稻麦，水黑味苦。至于地势较高的丘陵高山坡地，则依据表土到达地下水的厚度，分为十五种（从六施到二十施）。

四、《周礼·天官》的会计职责

《周礼》原名《周官》，是一部通过官制来表达治国方案的著作，它记载了先秦时期社会政治、经济、文化、风俗、礼法诸制，是周代礼制的集大成者。据《周礼》记载，西周的职官根据天地春夏秋冬分成六类：第一类是天官，由冢宰统属“掌邦治”，负责安邦治国事务；第二类是地官，由司徒统属“掌邦教”，负责宗教祭祀事务；第三类是春官，由宗伯统属“掌邦礼”，负责宗族礼仪事务；第四类是夏官，由司马统属“掌邦政”，负责外交军事事务；第五类是秋官，由司寇统属“掌邦刑”，负责法度刑罚事务；第六类是冬官，由考工统属“掌邦事”，负责工艺营造事务。

在天官里，总负责人是“大宰”（卿），其下设“小宰”（中大夫）和“司会”（中大夫）。“司会”之下分设“司书”（上士）、“职内”（上士）、“职岁”（上士）、“职币”（上士）。其分工为：司会掌管财政，司书负责核算，职内分管税赋收入，职岁负责朝廷开支，职币负责官币结算及收支平衡。五者之中，司会是总管，司书承上启下，节制职内、职岁、职币，负有“厘清家底，明确责权”的重任，其中最值得关注的是司会与司书之间的职权关系。

作为总管，司会负责“国之官府郊野县都之百物财用”，司书“凡上之用，财用，必考于司会”，即涉及朝廷所用，司会都要对司书的核算工作进行考核。司会的职责是“掌国之官府、郊野、县都之百物财用。凡在书契版图者之贰，以逆群吏之治而听其会计。以参互考日成，以月要考月成，以岁会考岁成，以周知四国之治，以诏王及冢宰废置”。意为：司会掌管王国各级官府以及郊野、县城的百物财用。用记载各种财物开支的账册和户籍地图的副本，来稽核各级官吏的呈报及其会计信息。以职内、职岁、职币的记录相互考证，用当月会计文书考核当月的办事结果，用年终结算的会计文书考核全年的办事结果，全面了解各诸侯国的治理情况，以协助国王和冢宰决定对他们的惩罚与奖励。

司书的职责则是“掌邦之六典、八法、八则、九职、九正、九事，邦中之版，土地之图，以周知入出百物，以叙其财，受其币，使入于职币。凡上之用财用，必考于司会。三岁，则大计群吏之治。以知民之财，器械之数，以知田野夫家六畜之数，以知山林川泽之数，以逆群吏之征令。凡税敛，掌事者受法焉。及事成，则入要贰焉，凡邦治考焉”。意为：司书掌管国家的六典、八法、八则、九职、九赋、九贡、九式的文书，以及国家的户籍，土地的地图，以全面了解各种财物的收支情况，经考核后依次记载各种财物的使用情况，接受各级官府的余财并交给职币。凡国王和冢宰所用财物，也必经司会考核。协助冢宰对各级官吏的政绩进行三年一次的大考核，以了解民众的财物、农具和兵器的数目，田地、各家的劳动力和牛马等牲畜的数目，山林和川泽的数目，以及考察各级官吏的征敛命令是否合理。凡征收赋税，主管官吏从司书那里接受所当征收之数，征收完毕后，就将征税记录的副本交给司书。凡对治理国家之法有疑问或发生争执的就到司书那里评判。

从司会与司书的职权职责阐述中可以看出三点：第一，我国的宏观会计早已有之，其核算内容便是朝廷版图之内的“入出百物”；第二，作为朝廷的总会计师，司书不仅要“叙其财”——核算各项财物“民之财，器械之数”和“田野夫家六畜之数”，而且要“知山林川泽之数”——对自然资源也要“知数”；第三，对朝廷版图范围内的“入出百物”要有不同的官职分工经管、互相稽核，并且纳入绩效考核。

五、《荀子·王制》中的可持续发展观与环境责任

可持续发展的观念并非现代才有，早在2 200多年以前，《荀子》中就有这样一段文字：“圣王之制也，草木荣华滋硕之时，则斧斤不入山林，不夭其生，不绝其长也；鼋鼍、鱼鳖、鳅鳣孕别之时，罔罟、毒药不入泽，不夭其生，不绝其长也；春耕、夏耘、秋收、冬藏，四者不失时，故五谷不绝百姓有余食也；污池、渊沼、川泽，谨其时禁，故鱼鳖优多而百姓有余用也。斩伐养长不失其时，故山林不童而百姓有余材也”。意为：圣王的制度是在草木扬花孕育硕果之时，砍伐的斧头不准进入山林，不使林木夭折，不绝林木生长；春天耕种、夏日锄草、秋天收获、冬日储藏，不误农时，因而五谷不绝，百姓存有余粮；在池塘、沼泽、江河湖泊的鱼类繁育之际，不去大肆捕捞，才会使鱼类水产丰厚而百姓享用不绝。砍伐林木与林木生长的节奏相合，就会使林木繁茂而百姓用材源源不断。

同样，对环境责任及其承担者的确认也并非现代才有。《荀子·王制》中也有这样一段话：“修堤梁，通沟浍，行水潦，安水臧，以时决塞，岁虽凶败水旱，使民有所耘艾，司空之事也……修火宪，养山林薮泽草木鱼鳖百索，以时禁发，使国家足用而财物不屈，虞师之事也”。意为：修堤坝，通沟渠，导引水流，储存用水，根据农时开关水闸，虽遇水旱之年，百姓亦可耕耘，这是司空的职责。司空是

官名，即管理水利设施之官。制定野外用火法规，涵养山水湿地令草木繁茂鱼类生长，在规定的时期禁止采伐捕捞，既满足国家百姓的生活需要又使自然资源绵绵不绝，这是虞师的职责。虞师也是官名，即管理山林湖泊之官。

六、启示

人类对客观事物的认识经历了由浅入深、由表及里、由此及彼、从具象描述到抽象衡量、最终从现象到本质的漫长的历史过程，对自然资源的认识、了解乃至于核算管理，何尝不是如此。先秦典籍中关于自然资源的描述，给我们的启示是：首先，一个组织尤其是国家级的组织，向来就有必要清楚地认识其版图范围内的自然资源，即“清家底”的需要由来已久。因为这是决定国家生存发展的自然条件或物质基础。从禹铸九鼎到《山海经》到《禹贡》，再到《管子》，出现对自然资源的描述是必然的。这些典籍实际上是对自然资源进行宏观核算之滥觞。其次，人与自然的关系是最基本的关系。在向自然界索取生活资料以满足人类生存发展需要的同时，又要保证自然资源能够生生不息，使得人与自然和谐相处。先人的智慧值得学习与传承，我们不能因为具有了改造自然的强大力量而破坏了人与自然之间的和谐。对自然界的损害到头来也会损害人类自身。最后，职权与职责总是相连在一起的。早在西周时期就有了核算山水林田湖实践和专职官员，《周礼・天官》和《荀子・王制》的相关记载就是明证。我们寻求承担环境责任的主体，就要从其职权与职责承担者的视角去寻找。

参考文献

[1] 方韬. 山海经［M］. 北京：中华书局，2009：1-6.

[2] 顾迁. 尚书［M］. 郑州：中州古籍出版社，2010：9.

[3] 夏于权. 四库全书精华. 周礼・天官冢宰第一［M］. 呼和浩特：内蒙古人民出版社，2002：132-137.

[4] 杨倞注. 荀子［M］. 上海：上海古籍出版社，2010：95-96.

试析古代农书中的成本核算思想

王遂昆　陈昱冲

（河南大学　暨南大学）

摘　要： 农书是研究农业活动中成本思想的重要资料。本文考证了中国古代农书中的成本思想，并与古罗马奴隶制农业庄园和封建时代欧洲农业庄园经营中的成本思想进行了比较研究。成本思想的萌芽和发展是对农业商品经济发展的客观反映，中国古代追求财富增值的封建地主制经济与中世纪欧洲只知“消费现存的东西”的封建领主制经济存在着一定的差异，这使得中国古代农书尤其是明清时期《补农书》中的成本思想，与欧洲封建时代农书中的成本思想相比处于相对领先地位。现代意义上的成本思想缘起于古代社会的农业经营活动，古代农书中的成本思想对现代农业经营仍具有借鉴意义。

关键词： 会计史　农书　成本思想　成本会计

一、引言

中国古代社会实行的是自给自足的自然经济，农业是当时社会的经济基础。历代王朝和有识之士皆把发展农业和农家管理思想放在“国之大本”的重要地位，悉心研究营农之道，其基本社会制度也是为巩固小农经济的社会基础而制定的。在自然经济占优势的社会条件下，虽然工商业的发展总是被限制在小农经济的范围之内，处于比较弱势的地位，但商品经济和产业经营还是得到了一定程度的发展，农产品的商业化程度也有一定的提高，成本核算思想在农业生产中也逐渐得到应用和普及。这些成本核算思想广泛散播于古代社会的历代农书中，但到目前为止仍缺乏系统整理和综合研究。

关于成本会计史的研究已有许多成果，国外学者保罗·加纳、利特尔顿、查特菲尔德，以及国内学者郭道扬、林万祥和宋小明等，对成本会计的起源和发展问题进行了比较深入的探究。但已有研究成果具有一定的局限性。由于史料所限，已有研究侧重于从企业层面来进行成本会计史研究，并且大都把研究的时间跨度局限在近代英国产业革命至20世纪中期的较短时期里。对人类社会早期发展中的成本核算问题，尤其是对中国古代社会的成本核算思想缺乏研究，这种比较狭隘的视野不利于全面和系统地理解成本会计的历史演进和社会价值。

会计的发展是反应性的。社会经济环境的发展变化，决定着成本会计的发展变化，成本核算与控制作为一种在人类社会组织中具有普遍意义的实践活动，其演进与政治、经济、文化以及科技的发展都有着直接关系。本文重点分析中国古代农书，尤其是明清时期《补农书》中的成本核算思想，既有利于系统研究成本会计产生与发展的历史运行过程及规律，揭示其与社会制度演进及环境变化之间的内在关系，也有助于传承和弘扬我国在成本费用管理方面的思想精髓和悠久的会计文化。

二、古代农书中的成本核算思想简述

中国是一个“以农立国”的文明古国，很早就有十分完整的农业生产形态。在自然经济条件下，人们主要依赖农业生产经营来维持生计，农业技术革新对农业生产率的提高至关重要。因此，从很早的时候起，中国人就已经意识到农业文献的重要性，在清代以前的3 000多年里，历代农学家共编著了500余部农书。这些农书多以讨论农业生产为主，内容多涉及种植、养殖和农产品加工，同时也涉及田庄管理和农产品经营，其目的是指导农业生产经营管理活动。注重提高经济效益是古代农书的一大特点，其中也蕴涵着丰富的成本核算思想。

（一）《汜胜之书》的成本核算思想

秦汉时期，种植业发达，牛耕逐渐普及，铁制农具出现并逐步被推广使用。随着农业生产水平的提高，商品性农业也得到一定程度的发展。《汜胜之书》是由西汉末期农学家汜胜之编写的一部农书，该书反映了汉代以关中地区为代表的北方黄河流域发达的农业生产技术水平，也记载了一些农业经营和商品生产方面的内容。书中记载了生产瓠的投入、产出和余利核算情况，这是我国古代最早的关于生产成本核算的记录。

据《汜胜之书》记载：“种瓠法，以三月耕良田十亩……一本三实，一区十二实，一亩得二千八百八十实，十亩凡得五万七千六百瓠。瓠值十钱，并值五十七万六千文。用蚕矢（粪）二百石，牛耕、功力，值二万六千文。余有五十五万。肥猪、明烛，利在其外”。可以看出生产瓠需要施肥和牛耕，还要考虑人力费用，种植十亩瓠的总生产成本为2.6万文钱；卖商品瓠可得收入为57.6万文钱，收支相比较，收入远高于支出，从成本核算角度进行考察说明种瓠是获利很高的生产项目。

现在看来，《汜胜之书》中的生产成本核算项目很不完全，其成本支出项目仅包括蚕矢、牛耕和功力，而没有计入地租、自己家庭成员投入耕作的劳动力费用，也未把种子、农具折旧费用考虑进去；收入项目也只考虑了出售商品瓠的收入，而没有把农副产品肥猪和制烛的收益计算在内。《汜胜之书》中有关成本论述的特点是收支项目分明，初步以收入和所投入的工料成本来衡量生产活动的盈亏，已具有现代意义上成本核算的雏形，标志着中国会计史上成本核算思想的萌芽，在成本会计史研究中具有重要意义。

（二）《齐民要术》的成本核算思想

《齐民要术》是北魏农学家贾思勰撰写的一部论述家庭经营管理的综合性农书。书中介绍了丰富的农业生产技术知识，也部分涉及农业经济和经营管理问题。《齐民要术》汇集和吸收了司马迁《史记·货殖列传》中的商品经营思想和桑弘羊的均输思想，主张发展商品性农业生产，注意降低生产成本以提高经济效益，把经济核算推广应用于蔬菜、林木等多种农业生产活动，并把成本核算项目扩展至劳动力费用和销售费用项目，从而继承和发展了《汜胜之书》中的成本核算思想。

首先，重视降低农业生产活动中的劳动力费用开支。《齐民要术》把减少雇佣劳动的货币支出作为增加盈利的重要途径，主张雇用廉价的临时性雇工，以减少劳动力费用开支。进行规模经营的商品生产时，需要比较多的人力，为了降低劳动力成本，农忙季节，除了自家“儿女子七岁以上，皆得充事”外，还需要大量临时性短工。《齐民要术》卷五十二载：“一顷花，日须百人摘，以一家手力，十不充一。但驾车地头，每旦当有小儿僮女十百为群，自来分摘；正须平量，中半分取。是以单夫只妇，亦得多种”。雇佣临时性小工，能够节省一半的劳动报酬，同时，对劳动报酬采用采摘成品的对分制，有利于调动雇工的积极性。通过利用廉价劳动力可降低劳动费用支出，以最大限度地提高生产收益。

其次，把销售运费合理摊入生产成本之中加以核算。《齐民要术》卷三载：“近州郡都邑有市之处，负郭良田三十亩……止须一乘车牛专供此园。耕、劳、辇粪、卖菜，终岁不闲”。即安排一辆牛车专门承担整个园子的农业生产和蔬菜销售工作，以降低耕作、施肥和销售运输等环节的劳动投入与销售费用，从蔬菜种植、管理到销售，一年没有空闲，充分发挥人、牛和车各生产要素的作用。《齐民要术》中提出要根据市场需求安排农产品生产，要选择靠近都市城邑的地方发展商品生产，这样可以密切注意市场行情，同时也可以节省运费和降低成本，以获得较好的经济效益。

（三）《补农书》的成本思想

明清时期随着商品经济的发展，在江浙地区开始出现经营地主雇工进行农业生产的经济关系。经营地主热衷于从土地经营中获取利润，在农业生产活动中非常重视成本和盈利核算，并从发展多种经营和综合利用的角度，把农业生产同其他家庭副业联系在一起通盘考虑，以获取最大经济效益。《补农书》分上、下两卷，为清代初期张履祥所作。书中反映了明末清初浙江嘉、湖地区的农业生产状况，以及比较完整的多种经营和经济核算思想，其中重视成本核算的思想在《补农书》中反映得十分明显。

经营地主从事农业生产活动的目的是收益最大化，有着明确的目的性。这决定了他们在经营过程中必然要注重人工成本核算和控制，以获得尽可能多的经济效益。《补农书》涉及的人工成本有雇工和使用奴婢从事织绢生产两种情况。

关于雇工成本支出。据《补农书·运田地法》记载：“长年（长工）每一名工银五两，吃米五石五斗，平价五两五钱，盘费一两，农具三钱，装酒一两二钱，通计十三两。计管地四亩，包价值四两；种田八亩，除租额外，上好盈米八石，平价算银八两。此外又有田壅（肥料），短工之费，以春花、稻草抵之。俗所谓‘条对条’，全无赢息。”可以看出，雇工成本包括口粮、工资、盘费和柴酒，每一名雇工一年要支出白银十二两七钱，另外还有短工支出，若考虑农业生产中的其他成本，则雇工耕种的劳动成本远远高于自己耕种，表明当时雇工经营收益有限。

关于使用奴婢织绢的成本开支。据《补农书·蚕务》记载：“酌其常规，妇人二名，每年织绢一百二十匹；每绢一两，平价一钱，计得银一百二十两，除应用经丝七百两，该价五十两；纬丝五百两，该价二十七两；赞丝钱，家伙、线蜡五两；妇人口食十两；共九十两数，实有三十两息”。即雇佣两名妇女织绢，只计饭食，不给工资，每名一年支付饭食米五石，约合白银五两。成本项目包括经丝、纬丝和工具，以及设备、口食，共计92两银。与收入相抵后，每年的盈利接近30两银。如果农户自己养蚕缫丝，则盈利还要多一些。

总体来看，《补农书》十分重视收支核算，降低农业生产成本的思想贯穿于全书始终，而且从家庭总收入的角度通盘考虑，而不是单纯局限于每一生产项目。在《补农书》中明确把成本和收入联系起来，几乎每一农业生产项目都要进行成本核算，处处精打细算，力求尽量节约成本。如人工成本及稻米价格、养蚕和买桑叶的收支对比，织绢成本与利润的计算，以及养鸡、鸭、鹅、羊、猪等，连购买肥料的种类、价格、地点、时间都有经济效益的比较。这充分表明成本核算思想在我国明清时期的商品性农业生产活动中已占据重要地位。

三、中外古代成本核算思想的比较分析

农业是古代社会起决定性作用的生产部门，农业的进步对古代社会经济的发展具有举足轻重的作用，成本核算问题也是古代农业经济发展中的一个重要方面。下面以古罗马奴隶制农业庄园和中世纪欧洲封建庄园中的成本控制问题为例，对中外古代社会成本核算思想进行简要对比分析。

庄园经济是古罗马社会经济的重要基础，其特点是大规模使用奴隶劳动进行专业化、商品化的园艺、畜牧和谷田经营，形成了古罗马帝国独特的以庄园结构为特征的农业社会。古罗马人注意到庄园经济与市场的密切联系，在庄园管理及成本控制方面有许多创新，这些创新维护了庄园经济在较长时期内的繁荣。据农学家加图的《农业志》记载，购置庄园“首先不要注意土壤的肥力，而要注意近处是否有大城市，靠海或交通方便的地方，以便运销产品”，而且“劳动力供应必须很充裕”；农学家瓦罗《论农业》也认为“在靠近城市的地方，大规模地经营花园，比如紫罗兰园和玫瑰园，或是城市欢迎的其他东西，是有利可图的”。这表明在古罗马的农业生产活动中已初步意识到降低劳动力成本和运输成本的重要性。

封建庄园是中世纪欧洲封建社会农业生产的基本组织模式，庄园的一切经济活动主要是为了满足封建领主生活上的需要。中世纪欧洲的农书多以庄园管理为主，其中以13世纪英国《亨莱的田庄管理》的影响最大，书中主要论述了农业生产技术和庄园经营管理问题，其中也有许多收支比较和成本核算方面的内容。《亨莱的田庄管理》记载了两类成本核算项目，一是牲畜喂养成本。每匹马一年的喂养成本包括每夜0.5便士的燕麦，整个夏季12便士的牧草，以及每周大约1便士的蹄铁费用，总计是12先令5便士；每头牛一年的喂养费用则为3先令1便士（包括每周1便士的燕麦，整个夏季12便士的牧草），即养马的成本比养牛至少高出4倍。此外，马衰老后除了皮再无可用之处，而牛再喂上10便士的牧草就可以长肉作食品，或者按成本价卖掉而不会亏本，这说明养马拉犁耕地的成本比养牛的成本高。二为

小麦种植成本。书中详细列出了播种1英亩小麦的费用：犁耕三遍每遍要用6便士，耙一遍要用1便士，种子最少需12便士，除草用0.5便士，收割用5便士，搬运需1便士，脱粒费用可用麦秸抵偿，耕地是自己的不计入总成本。可见，庄园的管理者除重视先进农业技术的使用和推广外，还关注了成本核算问题。

可以看出，随着重视农业管理、提高经营收益思想的出现与发展，古代社会在农业生产活动中重视成本核算方面有着共同之处，但中西方的农业成本核算水平存在一定差异。导致这种差异的原因是：一则，古罗马庄园经营以发达的奴隶制为前提条件，而大量的奴隶劳动几乎是无偿被役使，因而劳动力成本核算意识较弱；二则，由于庄园极端封闭的性质以及文化衰落的影响，中世纪欧洲封建庄园有着自给自足的典型封建社会经济基本特征。封建庄园的管理相对比较落后，导致庄园主不像近代工业资本家那样具有强烈的利润动机，庄园经营依据的是“保值”而不是“增值”原则来进行。中国古代农书中的成本核算思想，是当时社会商品化程度和农业商品经济发展的客观反映，中国古代“追求财富增值”的封建地主经济与中世纪欧洲“消费现成的东西”的典型领主经济存在着一定的差异，这些客观因素使中国古代社会的成本核算思想在当时世界上处于领先地位。

四、研究结论与启示

本文系统分析了中国古代农书中的成本核算思想，并对古罗马与封建时代欧洲农业庄园的成本核算问题进行了对比分析。本文认为，古代社会的成本核算思想，在宏观方面是融合于社会制度的发展演进之中的，只是囿于社会生产方式和经济水平的制约，它在具体层面的表现则相对简陋，体现为十分质朴的“将本求利”的思想。在这种思想的支配之下，在各种农业经营活动中，大都是把成本问题与利润取得问题混同地联系在一起。从本质上来讲，这时人们仅仅意识到了成本与收入之间的联系，而对成本与费用的认识则是混而不分的。虽然古代农书中的成本思想并没有涵盖所有的成本要素，具有历史局限性，但这些注重劳动成本核算和发展商品农业的思想和理念，为中国古代农业文明的发达奠定了基础，对现代农业管理和商品经济的发展也仍有借鉴意义。

参考文献

[1] 查特菲尔德. 会计思想史［M］. 北京：中国商业出版社，1989.
[2] 陈恒力. 补农书研究［M］. 北京：中华书局，1958.
[3] 郭道扬. 会计史研究（第3卷）［M］. 北京：中国财政经济出版社，2008.
[4] 加纳. 1925年前成本会计的演进［M］. 上海：立信会计出版社，2014.
[5] 林万祥. 成本论［M］. 北京：中国财政经济出版社，2001.
[6] 刘云柏. 中国管理思想史（第1卷）［M］. 上海：上海人民出版社，2014.
[7] 路兆丰. 中国古代农书的经济思想［M］. 北京：新华出版社，1991.
[8] 石声汉. 齐民要术［M］. 北京：中华书局，2015.

［9］宋小明. 成本会计史研究［M］. 上海：立信会计出版社，2014.

［10］万国鼎. 氾胜之书辑释［M］. 北京：农业出版社，1980.

［11］许涤新，吴承明. 中国资本主义发展史［M］. 北京：社会科学文献出版社，2007.

［12］拉蒙德，坎宁安. 亨莱的田庄管理［M］. 北京：商务印书馆，1995.

［13］张履祥. 杨园先生全集［M］. 北京：中华书局，2002.

［14］周邦君. 补农书新解［M］. 成都：巴蜀书社，2011.

长沙尚德街东汉简牍账簿与商业问题探讨

陈敏　廖一波　曾颖

（湖南大学）

摘　要：2016年出版的《长沙尚德街东汉简牍》一书首次披露了一批长沙出土的东汉简牍的新材料，本文利用这些新史料整理出的简牍中的账簿记录22件，这批账簿性质为东汉时期的官厅会计记账，具有明细分类、结账标识、货币交易和实物计量的记账特征。账簿记录商品交易品种超过50余种，反映了东汉中晚期活跃的商品交易和繁荣的货币经济特征。

关键词：长沙尚德街东汉简牍　账簿　东汉商业

2011年3月，考古工作者在长沙国际金融中心大厦建设工地发现一群古井，地址位于湖南长沙尚德街，从这些古井中发掘出200多枚简牍。部分简牍上有纪年“熹平二年”及“光和四年”等记录，均为东汉灵帝年号，结合同时出土的文物形制、特点分析，这批简牍的时代应为东汉中晚期至三国东吴早中期，以东汉中晚期为主，因此这批简牍命名为“长沙尚德街东汉简牍”[1]。这批简牍虽然数量不多，但意义却很重大，尤其是其中有许多账簿记录，反映了东汉时期的记账特点以及当时的商品交易情况，为分析我国古代账簿发展情况及东汉时期的社会经济状况提供了珍贵的史料支持。

一、长沙尚德街东汉简牍账簿释文

尚德街出土的东汉简牍材质大部分为木牍，也有少部分竹简，总计263枚，其中，账簿简大约20～30枚。根据《长沙尚德街东汉简牍》提供的记录整理出账簿简22枚，释文如下，记录内容依次为“考古整理号（标本号）”、“简牍释文”及“简牍出土编号”：

1.【049正】十一年，仓□□入簿（2011CSCJ531：3-1）

2.【085正】上事奏卅五束；殼奏廿九束；□絮五枚；上事囊二枚；檠八束；上事繩未……☑（2011CSCJ482②：8-9）

3.【086正】出钱卌市卵；出钱六十市胡梁；出钱九百市竹（2011CSCJ482②：2-1）

4.【086背】六月九日取（？）钱一千二百；出钱五十市生鱼；出钱卅市鮀鱼三斤；出钱廿八市鲶四斤；出钱六十市粟；出钱十六市粟（2011CSCJ482②：2-1）

5.【087正】▱缣钱良糗钱（2011CSCJ482②：2–2）

6.【088正】（出）▱；出钱八市梅子；出钱十市粟；出钱廿一市鮀鱼；出钱廿與卒（2011CSCJ482②：2–3）

7.【088背】取六百；五月廿五日；取钱二千一百市臘字□卅斤；出钱二百五十市肉一百廿六□；出钱四百市连汉绳钱（2011CSCJ482②：2–3）

8.【089正】▱出钱六十▱▱钱。出钱卅市▱（2011CSCJ482②：2–4）

9.【091正】出钱廿一市□；……取钱□□出钱▱（2011CSCJ482②：2–6）

10.【098正】出钱廿市□□斤；出钱卅市□五斤（2011CSCJ482②：4–2）

11.【098背】取钱二千▱（2011CSCJ482②：4–2）

12.【101正】夷一千乙；缣七百五十乙；缣七百六十乙；□千八十。桷二千八十乙；□千三百乙；竹六千五十乙；市吴财用三千乙；上事囊弗财用五百五钱；早二丈四尺五百六十四乙；缣五尺百七十五乙；黄□四百八十乙；德八尺。小席十枚。直四百十五；蓬三白；凵尺、桂、竹直六百八十；□、刀、斧，直百五十钱；白膏四百八十乙；黄布□（襦）卅五乙（2011CSCJ482②：7–1）

13.【101背】帣五十枚，百七十五；糞處菠十一；伍佰□□取二百作诺笋軔石；市買鱼鲊二千□箕用二百卌二；廿六日计所用二万一千八百八十钱已计（2011CSCJ482②：7–1）

14.【113正】出钱市张文水□□□□直□六百已入钱还；子□市张文水□□□□八十未雇（?）钱；市张文水□事繩□，直钱二百……▱（2011CSCJ482②：8–4）

15.【113背】▱市缣一匹，直钱八百廿□钱；六月十九日，市缣一束直钱四千二百□□□钱▱（2011CSCJ482②：8–4）

16.【116正】▱廿二（?）半雇钱□▱▱缣□□钱……（2011CSCJ482②：8–7）

17.【117正】出钱廿五，市生鱼；出钱廿，市□；出钱廿四，市□（2011CSCJ482②：8–8）

18.【118正】▱三尺，深四尺五寸，广四尺，直钱二千四百，约合二［百］▱▱钱。曾四他如券书，民有私约，时往者龙□□▱（2011CSCJ482②：8–9）

19.【198正】十二月六日□□蔡……；□□□钱七千一百……；□□□五百……（2011CSCJ482②：23–3）

20.【198背】蔡□□□千六百六十；十二月六日共计……（2011CSCJ482②：23–3）

21.【228正】▱；▱六两。肉松容六……▱（2011CSCJ482②：29–3）

22.【231正】鱼三头（2011CSCJ482②：29–3）

这批账簿简除例1（标本049正）外，其余均为交易账簿记录。例1释文“十一年，仓□□入簿”，是某仓入簿，应是记录财产物资收入的账簿。尚德街东汉简牍的年代为东汉时期，此简书写纪年“十一年”，东汉和帝“永元”有“十一年”（公元99年），东汉献帝“建安”也有“十一年”（公元206年），考古学家结合简牍书法风格及同一井中的出土器物分析，例1的“十一年”为东汉晚期即“建安十一年”的可能性更大。

例2中“上事”即上书言事。《后汉书·隗嚣传》中：“嚣宾客、掾史多文学生，每所上事，当世士大夫皆讽诵之。”此账中记录的“奏”“瑴奏”“絮”“囊”“檠”“繩（绳）”均为简牍书写编联成册需用器物，应是地方官府库中的备用物品，类似于现在的行政办公用品。

例3～例22均为财产及商品交易明细账，涉及各类生活物品和日用商品，包括食品、药材、纺织品、建材、土地等。

二、长沙尚德街东汉简牍账簿性质分析

中国古代账簿发展，有官厅会计与民间会计之分。官厅会计与国家财政、审计业务相关，如里耶秦简各类钱、粮、兵器账、云梦睡虎地秦简效律、居延汉简中的钱账、粮账、兵器账、敦煌悬泉置汉简账簿等。民间账簿则属于不同时期民间商业社会团体，如敦煌文书中的酒账、山西票号银账、各地民间契约文书等。由于明清之前民间账簿保存和管理不够完善，因而大部分唐宋及先秦两汉出土文献所发现的账簿均为官厅账簿。

长沙尚德街东汉简牍发掘地位于长沙市中心五一广场附近（如图1所示），截至目前在这一区域共出土了五批次古代简牍，年代自西汉、东汉至三国时期，从内容上看，这些简牍均为官府档案、文书及往来书信等，尚德街东汉简牍的出土位置与此前出土的其他批次简牍位置相近，应同属地方官府行政区域所在地。

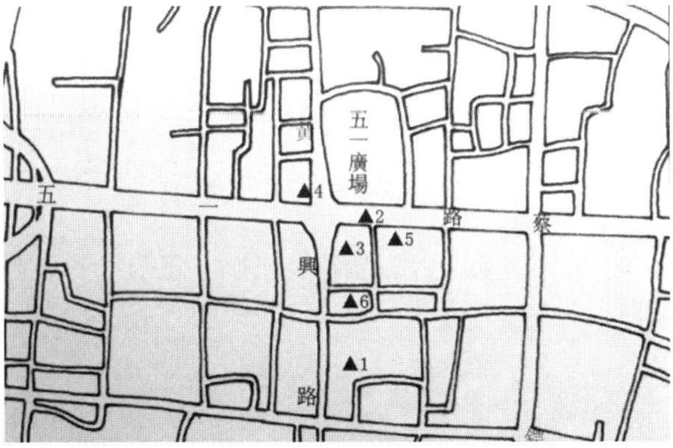

图1　尚德街东汉简牍周边出土文献位置[1]

注：1.尚德街东汉简牍；2.五一广场东汉简牍；3.走马楼三国吴简；4.科文大厦东汉简牍；5.湖南省供销社西汉简牍；6.长沙东牌楼东汉简牍。

这些出土的简牍大都位于古井中，其弃置填埋原因尚不明确，但内容多为官府文书档案。尚德街出土的这批东汉简牍，除账簿外，另有诏书、函封、名刺、私信等，是很典型的官府档案。官府档案的一个标志是档案内容中大量涉及官职名称，如标本084（2011CSCJ482②：1-1）“诏书：庶人不与父母居者，为仕伍，罚作官寺一年”，此处“官寺”，即为“官署”，《汉书·成帝纪》记“广汉男子郑躬等六十余人攻官寺，篡囚徒，盗库兵，自称山君。”[2] 又如标本212（2011CSCJ482②：

25-2）“弃书官印以上，司寇”，意思是毁坏官府文书上的封泥，要受司寇刑罚。《后汉书·显宗孝明帝纪》“死罪入缣二十匹，右趾至髡钳城旦舂十匹，完城旦舂至司寇作三匹。”[3] 此外，尚德街东汉简牍文书档案记录中还出现诸如“典职”（标本026）“奉常”（标本027）“守、监”（标本111）“太守”（标本205）“待史”（标本235）“府君”（标本179）“府卿”（标本243）“丞”（标本235）等官职名称，可见简牍所记为官府档案文书不虚。

尚德街东汉简牍账簿记录也可见官府日常活动特征。如上述例1（标本049正）“十一年，仓□□入簿”，此处缺失“仓”名，但有“入簿”字样，长沙走马楼三国吴简中有三州仓“入米簿”，记录了三州仓税米入账过程，如“入都乡嘉和二年邮卒限米三斛嘉和二年九月廿七日唐中秋文湛官邸阁李嵩付仓吏黄讳史潘虑受”（吴简8-3940）[4]，里耶秦简中也有“岁田官从簿”（里耶秦简8-18）[5] 的记录。尚德街东汉简牍账簿中的“仓□□入簿”，应是官府赋税征收入仓的记录。

再看上述简牍账簿中例2（标本085）、例12（标本101）所记“上事奏卅五束”“上事囊二枚；椠八束；上事繩未……”“上事囊弗财用五百五钱”等，“上事”，即为“上书言事”。“上事奏”，意指上书奏事的册数，汉刘向《说苑·指武篇》：“建已有成奏在其怀，遂上奏以闻。”宋司马光《辞修起居注第五状》：“臣四曾上奏，乞更择人。”“椠”，书版，王充《论衡·量知》：“断木为椠，析之为板，力加刮削，乃成奏牍。”这几例中的“奏”“殼奏”“囊”“椠”“繩（绳）”“竹”等均为官府编联简牍所需用物，简牍编好之后，存放备用于书写文书档案。

以上分析可见，尚德街东汉简牍账簿性质为官厅会计，是官府记录赋税、收入、开支及日常用度的账簿。

三、长沙尚德街东汉简牍账簿的记账特征

长沙尚德街东汉简牍涉及账簿内容不多，但从有限的账簿记录中，仍可看到东汉时期官厅记账的特点。

第一，建立了明细分类账。如前例1：【049正】“十一年，仓□□入簿”（2011CSCJ531：3-1）（如图2所示）。“入簿”，即收入账，“仓□□”，很可能是某仓的名称。

图2 长沙尚德街东汉简牍049正

从形制上看，简牍049是一枚封检。封检是古代官府用于封缄文书的方式，覆盖在简牍上，也就是现代的书籍期刊封面。王国维说“书函之上，既施以检，而复以绳约之，以泥填之，以印按之，而后题所予之人，其事始毕”。[6]既然是封面，封面下面的内容也就是封检上所书，所以049这枚封检说明这是一本记录收入的明细分类账“入簿”，而且是某仓入簿。

自有记账历史以来，总账和明细账的思想就有体现，最早可追溯到公元前8000年中东地区的黏土标志：“若干个简单黏土标志，通常被封闭在一个‘黏土球壳’之内，如同某个经济事项的‘总数’。这种直径约为10厘米的球壳，犹如若干年代以后人们为记录某一类账目的账簿封面。”[7]尚德街东汉简牍049号封检正是起着账簿封面的作用，既然有“入簿”，应该也有“出簿”，虽然尚德街东汉简牍中未见，但是同时期其他汉代简牍中多有发现，如居延汉简“始元三年三月丙申朔▨士奉出入簿一编，敢言之”（284.3），以及“甲渠候官甘露五年二月谷出入簿”（82.6）[8]。因此，长沙尚德街东汉简牍虽然只发现一枚“入簿”封检，但是当时分类记账的思想还是表现得非常明确的。

第二，账尾记账结束标识“乙”。见上述例12【101正】（如图3所示）：

图3　长沙尚德街东汉简牍101正

释文：

纟夷、一千乙

缣七百五十乙

缣七百六十乙

□千八十

桷二千八十乙

□千三百乙

竹六千五十乙

市吴财用三千乙

上事囊弗财用五百五钱

早二丈四尺五百六十四乙

缣五尺百七十五乙

黄□四百八十乙

德八尺。小席十枚。直四百十五

蓬三百

□尺、桂、竹直六百八十

□、刀、斧，直百五十钱

白膏四百八十乙

黄布□（襦）卅五乙

从简牍图片上看，每行账末的“乙”字并不是一个字，而是一个符号，置于账尾表示记录结束，起防止账目记录修改的作用。账尾记账标识的用法战国时已有，如郑韩故城考古发现战国时期韩国牛肋骨账中记录[9]：

▲七十九：吂舒卤三束，方束三蚤，讫。

▲吂□卤二十束，卤十九束，蚤六束，蚤分。

▲八十四：蜀虎卤十六束，四蚤分，六蚤三十四束，讫。

▲五十九：全□卤二十束，讫。

每条记录后的“讫”，骨简原文为“⺄”。居延汉简中账目记录中使用“卩”表示账目记录结束，如：

尉史李祟，十月禄大黄布十三枚，十二月辛未自取卩（EPT59：194）

尉史吕普，十月禄大黄布十三枚，十二月辛未自取卩（EPT59：195）

士史张桐，十月禄大黄布十三枚，十二月辛未自取卩（EPT59：196）

走马楼三国吴简中也有此类记账符号，如：

右承馀钱一千八百已（壹・5316）

右承馀钱一千八百已（壹・ 5331）

右承馀新入口算钱四千已（壹・5195）

右承馀新入口算钱　五十已（壹・5200）

郑韩故城牛肋骨账中的“⺄”、居延汉简中的“卩”、走马楼三国吴简中的“已”与长沙尚德街东汉简牍记账符号“乙”的作用是一致的，是古代记账时用于结账或表示账末标识的符号。这一用法其实一直沿用至今，现代手工账簿或发票登记中仍有使用。

第三，货币交易，实物计量。长沙尚德街东汉简牍账簿中所记录的商品交易，几乎都是货币结算，如上例中：

【086 正】出钱卌市卵；出钱六十市胡梁；出钱九百市竹（2011CSCJ482②：2-1）

【086 背】六月九日取（?）钱一千二百；出钱五十市生鱼；出钱卅市鮀鱼三斤；出钱廿八市鲶四斤；出钱六十市粟；出钱十六市粟（2011CSCJ482②：2-1）

【088 背】取六百；五月廿五日；取钱二千一百市臘字□卅斤；出钱二百五十市肉一百廿六□；出钱四百市连汉绳钱（2011CSCJ482②：2-3）

账簿中的“钱”指铜钱，即当时的货币。长沙尚德街东汉简牍考古发掘报告中列示了出土的铜钱拓片（如图4所示）。

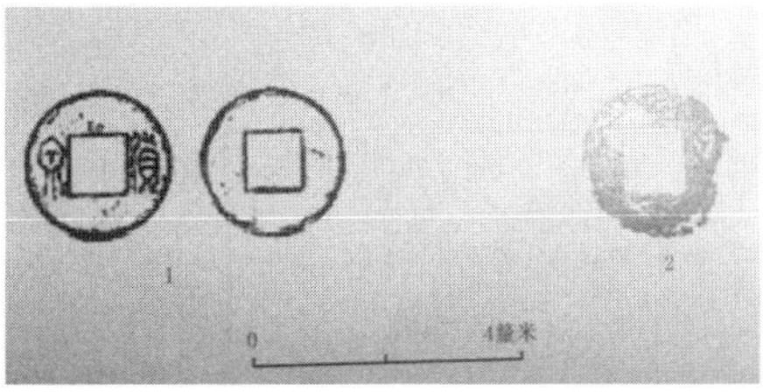

图4　尚德街古井出土铜钱拓片[1]

其中，上图1号是“货泉”币。《汉书·食货志下》“货泉径一寸，重五铢，文右曰「货」，左曰「泉」，枚直一，与货布二品并行。”货泉为王莽时期造币，至汉光武帝建光十六年（公元40年）才改复五铢钱。长沙尚德街东汉简牍所处时期为东汉中、晚期，当时货泉币已停止流通，为何会出现在东汉中晚期的古井中，原因尚不得知。从上述账簿记录来看，百姓及官府采办交易均使用铜钱，如按简牍年代来看，应是汉灵帝时期的五铢钱。

单式记账的特点是只记钱财出入，不考虑对应关系。尚德街东汉简牍账簿记账亦有这个特点，凡有交易记录，均登记钱物出入数，如“出钱卌市卵”“出钱六十市胡梁”“取钱二千一百市臘字□卅斤”等，“出钱”“取钱”均表示支出，钱数表示支出金额，但实际计量单位并不是货币，而是实物。如“出钱卅市鮀鱼三斤”“帋五十枚，百七十五”，“鱼三头”等，其中“鮀鱼三斤”“帋（纸）五十枚”“鱼三头”都是采用的实物计量方式，以“金额”+“物品名”+“数量”+“计量单位”的顺序记账。

四、尚德街简牍账簿反映的东汉中晚期长沙商业情况

关于东汉时期的商业贸易经济情况，学界有观点认为东汉时期社会经济衰退，社会商品购买力急剧下降，商品经济也处于衰退状态。[10] 而杨际平认为：“我们现在尚无足够证据证明东汉商业比西汉萎缩、衰退，相反却有许多资料说明东汉商业仍长盛不衰。”[11] 朱德贵根据长沙五一广场出土东汉简牍分析认为东汉中期的商品交换异常活跃，货币经济异常发达且商业繁荣。[12] 长沙尚德街东汉简牍账簿记录的商品交易情况可为揭开东汉时期商品经济状况提供更多的分析材料。尚德街东汉简牍账簿数量虽然不多，但所记大都为商品交易，涉及公务开支、日常生活、土地交易等各个方面，真实地反映了东汉中晚期商品贸易及物价情况。

按商品品种，账簿中记录的商品大致可分为食品、纺织品、公务用品、建材工具、药品等。食品有肉、蛋、鱼、粟等。鱼的品种比较多，有生鱼、鲶鱼、鮀鱼、鱼鲊等，其中生鱼、鲶鱼、鮀鱼是新鲜的活鱼，也是湖南地区常见的淡水鱼。鱼鲊是熏制过的腊鱼，腊鱼的价格比新鲜活鱼要高很多，尚德街东汉简牍账簿中记录的鱼的交易有：

【086背】出钱五十市生鱼；出钱卅市鮀鱼三斤；出钱廿八市鲶四斤

【088正】出钱廿一市鮀鱼

【101背】市買鱼鲊二千

【117正】出钱廿五，市生鱼

【231正】鱼三头

买鮀鱼三斤只需要三十块钱，每斤十块钱；鲶鱼四斤二十八块钱，每斤七块钱；而鱼鲊的价格是两千，比生鲜活鱼的价格高出很多倍。因为制作腊鱼的过程比较复杂，又可长期保存，现在仍是湖南地区老百姓的餐桌美食。

腊肉的价格也比生肉高，“取钱二千一百市臘字□卅斤；出钱二百五十市肉一百廿六□”（088背），一百二十六斤生肉只需要二百五十块钱，每斤肉不到二块钱，腊肉（臘）却花了二千一百块钱，价格差异很大。

粟是中国古代主要农作物之一。《汉书·韩彭英卢吴传第四》“项王南走阳夏，越复下昌邑旁二十余城，得粟十余万斛，以给汉食。”[2]《旧唐书·食货志下》“其粟麦粳稻之属各依土地，贮之州县。”[13]尚德街简牍账簿记录两处“粟”的交易：“出钱六十市粟；出钱十六市粟”（086背），“出钱十市粟”（088正），可见粟也是东汉时期南方地区百姓粮食之一，且价格不高，应是百姓日用的基本粮食作物。

纺织品品种也很多，有缣、绳、德、黄布、襦、纟夷等。缣是一种双丝的细绢，属于较为高档的丝织品，尚德街简牍账簿记录“缣”的交易比较多，“缣钱良粡钱”（087正），“缣七百五十乙；缣七百六十乙”（101正），“缣五尺百七十五乙”（101正），“市缣一匹，直钱八百廿□钱；六月十九日，市缣一束直钱四千二百□□□钱”（113背）。《汉书·外戚传》“媪为翁须作缣单衣，送仲卿家。仲卿教翁须歌舞，往来归取冬夏衣。”[2]“纟夷、”疑读为“绨”，“纟夷一千”（101正）。绨是厚缯，《说文》：“缯，帛也”。还有“早”，读为“皂”，“早二丈四尺五百六十四”（101正），皂是黑缯，黑色的织物。“黄布□（襦）卅五”（101正），襦是汉服中的短衣。《汉书·匈奴传》中记载“使者言单于自将并国有功，甚苦兵事。服绣袷绮衣、长襦、锦袍各一，比疏一，黄金饬具带一，黄金犀毘一，绣十匹，锦二十匹，赤绨、绿缯各四十匹，使中大夫意、谒者令肩遗单于”[2]，其中，“襦”“绨”“缯”应都属于当时的服装织物，而且是质量较好的纺织品。

基建物品及工具有□尺、桂、竹、白膏、蓬、韧石、□、桷、胡梁、刀、斧等（101正、086正），交易量大，支付金额高，可见当时土建工程的规模和数量。此外还有公务用品，即用来制作简牍的原材料和工具如奏、觳奏、囊、椠、绳、竹等（085正、101正）。还有药品“肉松容”（228正），《本草纲目》说：“肉从容、肉松容、黑司命”，李时珍注“此物补而不峻，故有从容之号”。尚德街简牍账簿中还记录了“纸”的交易，“帋五十枚，百七十五”（101背），长沙东牌楼东汉简牍中也有“纸”的账目，“行帋五十枚”（标本111）[14]，账簿记录中纸的购买数量极少，且价格偏高。按照《后汉书》中的记载，蔡伦造纸术在东汉永平（公元58年）至建光（公元121年）之间，尚德街东汉简牍的时间为东汉中晚期，应是造纸术出现之后，根据账簿记录的纸的交易数量和价格，笔者认为尚德街东汉简牍账簿中记录的“纸”应为蔡伦造纸术所产的“树肤、麻头及敝布、鱼网以为纸”[3]，而不是造纸术出现之前的帛纸。

长沙尚德街东汉简牍账簿中记录的商品品种多达50多种，涉及食品、服装、织物、建材、行政办公用品、药品等公务、生活各个方面，从这批简牍账簿记录可见商品交易是比较活跃的，货币经济也很繁荣。但由于尚德街东汉简牍账簿记录数量不多，还不能充分说明东汉时期商品经济发展的全貌，若结合近期公布的其他出土文献资料，如长沙五一广场东汉简牍、长沙东牌楼东汉简牍等更多材料综合分析，或可在东汉时期社会经济及商业贸易研究领域产生更多新发现和新成果。

参考文献

［1］佚名. 长沙尚德街东汉简牍［M］. 长沙：岳麓书社，2016.

［2］班固. 汉书［M］. 长沙：岳麓书社，2008.

［3］范晔. 后汉书［M］. 北京：中华书局，1982.

［4］长沙简牍博物馆，中国文化遗产研究院，北京大学历史学系，故宫研究院古文献研究所. 长沙走马楼三国吴简·竹简捌（下）［M］. 北京：文物出版社，2015：747-748.

［5］长沙市文物考古研究所. 湖南出土简牍选编［M］. 长沙：岳麓书社，2013：20-21.

［6］郑曙斌，等. 王国维简牍简署考校注［M］. 上海：上海古籍出版社，2004：50-51.

［7］郭道扬. 会计史研究（第一卷）［M］. 北京：中国财政经济出版社，2008：65-66.

［8］李天虹. 居延汉简簿籍分类研究［M］. 北京：科学出版社，2003：49-71.

［9］陈敏. 郑韩故城战国牛肋骨会计账考论.会计研究［J］. 2015（10）：15-22.

［10］冷鹏飞. 中国古代社会商品经济形态研究［M］. 北京：中华书局，2002：60-61.

［11］杨际平. 秦汉财政史（下）［M］. 长沙：湖南人民出版社，2015：606-608.

［12］朱德贵. 长沙五一广场东汉简牍所见商业问题探讨. 中国社会经济史研究［J］. 2016（4）：8-25.

［13］赵莹. 旧唐书［M］. 长沙：岳麓书社，1997：277-278.

［14］长沙市文物考古研究所. 长沙东牌楼东汉简牍［M］. 北京：文物出版社，2006.

原始社会至秦汉时期云南会计史料研究

曾军　陈红　余根亚

（中南财经政法大学　云南财经大学）

摘　要：云南会计史研究是云南历史研究的一个重要分支，也是我国少数民族会计史研究的重要内容。从云南历史和中国会计史研究现有成果史料体系来看，原始社会至秦汉时期云南会计的发展历程经历了原始计量记录、管理职能确立和会计制度建设三个阶段，其中原始社会阶段基本符合原始计量记录的发展路径和规律，先秦时期与中原地区存在显著差异，而秦汉时期逐步与封建中央政府的相关制度体系对接，建立了规范的会计制度。

关键词：原始社会　先秦时期　秦汉时期　云南会计史

传统历史研究主要集中于史料的收集、整理和考证，体例包括编年体、纪事本末体、主体叙述体等形式，方法上主要采用史料学、考据学等定性研究方法，偶尔采用定量分析方法作为辅助。傅斯年在《史学方法导论》中说："史料的发现，足以促成史学之进步，而史学之进步，最赖史料之增加"，可以认为史料的扩充是史学进步的重要条件。从其观点可以看出，传统史学研究的基本对象和核心对象是史料，主要工作是整理史料，研究的进步依赖于史料的增加。从历史学研究的发展历程来看，历史研究成果的价值主要取决于史料的可靠性，要探讨历史的本质和规律就必须从收集史料、掌握史料、分析史料入手，对史料进行比较甄别，再由此及彼、由表及里地进行剖析和抽象，在此基础上进行创新性研究。因此，史料研究是史学研究的基础，只有在可靠的史料基础上才能进行研究方法的创新，这是历史研究领域的一般性规律。

由于云南省历史环境和地理位置的特殊性，作为中国会计史研究的一个分支，云南会计史的史料体系和研究内容具有很强的边疆民族特征，是少数民族会计史的重要研究范围。作为人类的发源地之一，云南地区为人类社会的发展保存留下了众多文物史料。近代以来，在云南历史、云南民族历史、云南经济历史等研究领域取得众多研究成果，产生了《云南通史》《云南民族通史》《云南各民族经济发展史》等系统性研究云南区域历史的代表性成果。云南会计史以云南各族人民在不同历史阶段中的会计行为及其发展规律为研究对象，具体包括在生产生活、发展经济过程中运用的计量记录工具与方法、财物管理方法、民族政权管理中建立的财计体系以及经济组织运营中运用的会计管理与会计方法等内容，是云南历史研究的一个重要分支，因此也符合史学研究的规范程序要求。本文借鉴《云南通史》《云南民族通史》《云南各民族经济发展史》《云南史料目录概说》《会计史研究》等现有研究成果中的史料体系，按照云南地区历史发展的特征进行历史划分，分析和梳理了原始社会至秦汉时期云南会计史研究的相关史料，并对史料进行了符合性删选和整理分析，为进一步开展云南会计史研究奠定了基础。

一、原始社会时期的云南会计史料

从整个历史发展规律来看，原始社会的经济和文化肯定是处于较为落后的水平，“落后的计数方法总是伴随着落后的社会制度、落后的生产和落后的文化”。随着历史的发展，落后的文化形态逐步被其他较为先进的文化形态所取代，留存至今可以直观感受到很少，只能从原始社会时期的远古人群遗址和氏族遗址的考古发现来寻找该时期原始会计思想和行为的蛛丝马迹。此外，云南省各民族的发展历史呈现出较大差异，不同区域、不同民族的经济发展层次大为不同，甚至存在从原始社会直接过渡到社会主义社会的“直过民族”，这些民族在近代时期依然保留着众多原始社会时期的文化形态，为研究原始社会时期云南经济历史发展和会计思想行为提供了重要支撑。

（一）旧石器时代云南远古人群遗址的考古发现

“维持人类生存的基本生活水平是衡量原始会计行为产生的基本前提条件”，在蒙昧时代，人类的生存还无法得到保障，原始会计行为不可能发生，到旧石器时代初期，人类简单生产活动还不能全部满足生存需求，原始会计行为是没有必要的，而旧石器时代中晚期出现了生产工具的改进和取火方法的应用，使得生产水平得以提高，有了一定的生产剩余，居住条件得以改善，在保障人类生产生活的同时还出现了储备物，从而产生了最早的计量、记录观念和行为。

云南禄丰腊玛古猿和开远腊玛古猿是猿向猿人的过渡阶段，元谋人是旧石器时代初期的典型代表，以上两阶段均不具备原始会计行为产生的条件，而1960年在丽江漾弓木家桥发现的“丽江人”遗址中，出土的伴生物有鹿、牛、犀牛等动物化石和穿孔角器一件，其地址和年代属于旧石器时代晚期，具备计量、记录观念和行为的产生条件，这点在伴生物化石的摆放规律及穿孔角器的简单磨琢与刻记痕迹上得到了验证。此外，云南西畴人遗址、江川县甘棠箐文化遗址、保山塘子沟文化遗址、富源大河遗址、沧源硝洞遗址以及在路南、呈贡、马关等地区的远古人群的考古发现都是该时期计量、记录观念产生的重要支撑史料来源。

（二）新石器时代云南氏族遗址的考古发现

新石器时代人类社会组织最大的特点是形成了氏族社会，各成员集体劳作、共同生活、平均分配，经历了母系氏族社会和父系氏族社会两个阶段。在此历史时期，生产资料和食物的分配是该时期氏族社会发展中最核心的问题，很多氏族的食物分配存在一个汇总记录再进行分配的过程。管理生产和交换活动、安排和管理部落成员的生活催生了人类原始会计行为与方法。新石器时代的云南氏族遗址具有普遍性特征，迄今为止在全省1/3以上的县市发现了100余处新石器时代的遗址、墓葬或零星采集点。这些遗址主要分布于省内5大核心区域，包括环滇池区域的江川光坟头、江川太平地、江川螺蛳山、禄丰金山茅草洼、宣威尖角洞、安宁王家滩和通海海东等遗址；金沙江流域的鲁甸马厂、昭通闸心场、鲁甸野石、永仁菜园子和元谋大墩子等遗址；环洱海区域的大理马龙、宾川白羊、昌宁营盘山和保山蒋台寺等遗址；澜沧江流域的景洪曼蚌囡、云县忙怀、澜沧大凹子、维西戈登、龙陵大花石、勐腊大树脚、孟连老鹰山和双江红后山等遗址；红河流域的麻栗坡小河洞、新平漠沙、元江它克等遗址。新石器时代已经出现了物物交换，主要为食物、工具和手工制品的交换，并伴随着财产积累与传承出现了刻符计量与记录、绘图计量与记录的会计行为与方法。云南地区的大量新石器时代遗址的考古发现对于研究该时期云南氏族会计思想与行为的发展具有重要价值。

（三）“直过民族”生产生活情况的文献记载与记录

直过民族是从原始社会和奴隶社会直接过渡到社会主义社会的民族群体。云南省实行“直接过渡”的民族有景颇族、傈僳族、独龙族、怒族、佤族、布朗族、基诺族和德昂族等8个民族，再加上拉祜族、苗族、瑶族、布依族、纳西族、阿昌族、哈尼族、彝族、傣族、白族、藏族等民族以及尚未确定族属的“克木人”的少数群体，最初人口约66万。直过民族的一个重要特征是未经民主改革，并且在近代时期依然处于原始社会或奴隶社会，与外界的交流非常少，很长时期内处于孤立状态。正是由于这个原因，直到近代时期，云南独龙族、怒族、基诺族、布朗族、佤族和景颇族都还在使用刻木或刻竹记事、计数。从20世纪初期以来，国内部分专家学者对云南少数民族地区进行了深入的调查形成的《云南的土著人种》《罗罗族的文献发现》《罗罗文明源流探讨》《云南民族调查报告》等代表性研究成果和部分口述历史记录，是研究解放前直过民族生产生活状态的重要史料和文献来源。

二、先秦时期的云南会计史料

中国考古学权威苏秉琦教授从中国历史和考古研究的实际出发，提出了中国文明演进的“古文化-古城-古国-方国-帝国”模式。这成为研究中国文明历史的理论依据，云南高原区域的演进模式也基本符合这一范畴。夏商时期，云南地区完成了人口的聚集和古代文明的建立，产生了青铜文明，标志着云南进入了青铜时期社会，开始了云南的古国时代。青铜文明的产生与发展伴随着云南古国以及哀牢国、昆明国、滇国等方国的建立与发展的全过程。

（一）夏商时期云南遗址的考古发现

青铜文明是先秦时期云南地区最重要的时代特征，洱海地区的剑川海门口遗址是云南早期的青铜遗址，为夏商时期，出土文物有铜礼器、精细磨制的穿孔石质工具、玉饰、青铜鱼钩、木器、动物遗骨及农作物遗存，也证明了该遗址在当时处于较为发达的程度，种植业是经济主体，捕捞和畜牧业在当时已经成为经济发展的重要补充，这还可以证实在当时财产和食物分配已经出现了明显的分化，标志着私有制的形成。在海门口遗址出土木器上有明显的砍刻痕迹，陶器上有规范的刻绘纹饰，出土的“干栏式”房子中的“井”字架构并没有榫卯痕迹，应当是采用绳索捆绑固定，由此亦可以推测出该时期生产工具的使用水平。从海门口遗址综合来看，人口的聚集增加了社会经济活动的复杂程度，财产私有化促进了社会变革，生产的发展促使会计工具的载体形成，整体上必定使得会计行为和方法发生重大变化。除海门口遗址外，洱海贝丘遗址的考古发现也对夏商时期云南青铜文明中的会计行为和方法研究提供了一定的史料支撑。

（二）西周时期云南遗址的考古发现

夏商时期，洱海地区的剑川是西南氐族与西北少数民族先民交往、融合、迁徙的重要地点，并向东南方向延伸至滇池区域。到西周时期，云南青铜文明发展呈现出多区域发展的局面，并且出现了区域文明体，其社会结构已经较为完备，代表性形式为中心聚落演变为早期城邦与周边的普通村邑。在滇池区域目前所发现的遗址中，昆明王家墩遗址、昆明天子庙遗址、晋宁石寨山遗址、西园贝丘遗址是典型代表，出土了众多的陶器、石器以及农业、捕捞和畜牧业的生产工具，还出土了石纺轮，出现了手工纺织。滇东北乌蒙山区的马厂遗址、闸心场遗址出土了部分陶器、石器和铜器，部分器物上出现了点、线一体化符号刻记，还有铜质的各类武器和工具。洱海地区剑川西湖遗址也是西周时期青铜文化的代表。“上古结绳而治，后世圣人，易之以书契”，综合西周时期的云南遗址来看，手工纺织的出现进一步提升了经济发展的水平，会计工具有了新的选择，并且出土器物上的点线符号为会计计量记录符号的统一奠定基础。此外，西周时期已经出现了云南“古国”与中原王朝及西北地区的交往与交流，“濮人曾入商王朝献短狗，向周王朝献丹砂”，氐羌民族、巴蜀、西蜀等地的人们亦将各地的先进思想传播到云南地区，在一定程度上也促进了云南地区会计思想的发展与形成。

（三）春秋战国时期云南遗址的考古发现

在春秋战国时期，云南的青铜文明得到很大发展，云南“古国”的城邦与村邑的关系已经发展成为统治与从属的关系，产生了带有强制性的公共权力机构或管理机构，出现了族邦首领、贵族阶层和基层村民等分化的社会等级，这点可以从楚雄万家坝遗址、剑川鳌凤山遗址、德钦县纳古石棺墓地、楚雄大海波遗址、昭通营盘遗址等处的考古发现中予以佐证，并且还可以分析其社会分工的逐步细化过程。在该时期，“手工业开始从农业中独立出来，出现了脱离农业生产的专业手工匠人”，其结果是财富日益集中到少数人手中。祭祀权和军事指挥权的掌握使得族邦首领逐步控制了普通民众，从而产生了早期的方国，以哀牢国、昆明国、滇国为典型代表。方国是春秋战国时期云南地区较为成熟和发达的国家形态，“已经形成了都、邑、聚三级以上金字塔式统属结构，并有基本明确的统治范围，农业和畜牧业成为社会经济的支柱，手工业已经区分出了许多不同的门类”。祭祀制度、贡赋制度、军事制度是方国统治者统治民众的基本制度形式，而要执行以上制度，特别是祭祀和贡赋制度，就必须有相关计算、记录和开支考核的规定，也必然要有不同级别统领的经济执掌差异与相关收支核计。另外，祭祀活动也成为重要的交易场所，可以在出土的铜器上发现相关场景。因此，保山地区的系列青铜遗址、苍洱及滇池地区的昆明国遗址、滇池南部及玉溪地区的古滇国系列遗址等春秋战国时期的云南遗址考古发现，对于该时期云南经济社会发展制度和会计发展水平的研究具有重要佐证价值。

（四）关于先秦时期云南历史的文献记载

除考古发现外，文献记载是史学研究的另一个重要史料来源。文字的记录始于记事，在中国古代社会，文、史不分，但凡一切文字之记录，皆可称为史（翦伯赞，1946）。经、史、子、集四部作为传统文献分类方式，各部均有反应特定历史时期经济状况或社会环境的文献史料，所谓“六经皆史”“诸子亦史”就是这个道理。古代文献史料对先秦时期云南历史的记载不多，涉及经济与会计的更少。

1.历史背景文献。在背景文献中，《诗经》《史记・西南夷列传》《史记・五帝本纪》《汉书・武帝纪》《汉书・地理志》《后汉书・哀牢传》《后汉书・郡国志》《墨子》《淮南子・原道训》《荀子・议兵》《韩非子・喻老》《华阳国志・南中志》等传统四部类文献中均有云南氏族、族系、哀牢国、昆明国、滇国等范畴的重要历史事件和族群文化的记载。先秦时期，云南最重要的事件就是“庄蹻入滇”并“滞滇为王”，也因此各部中对滇国的历史记载相对其他范畴要多些。背景文献对云南的地理位置、氏族分布、族邦层级、国家形成、行政建制、制度例法等内容有众多列述，并且相关历史文献研究成果也较为丰富，可作为背景梳理的重要文献来源。

2.经济与会计层面的文献。《山海经》中对云南地区的农业发展状况有具体描述，《史记》《后汉书》《华阳国志》中记载了滇国时期的铜器及金属器物的交易情况，滇国内部的交换和外部的交换均存在，至于其交易方式和贝币的使用还有待考证。但可以确定的是，在先秦时期，云南已经产生了贝币并将其应用于经济活动中，还将贝币作为财富的象征。《后汉书・西南夷传》记载：“滇人之地有盐池田渔之饶，金银畜产之富”，“滇人奴隶主性豪怯，居官者皆富及累世”，相关文献记载与出土文物考证皆相吻合，由此亦可以确定在该时期，滇国的铜器生产制作工艺具有严密的组织和明确的分工，存在相应的管理机构和制度。

三、秦汉时期的云南会计史料

秦汉时期是云南发展历史上的一个重要时期，实现了民族统一和郡县统治。秦王朝对云南的治理始于公元前316年秦惠文王灭蜀取巴后，依托设置的巴郡、蜀郡实施的“巴蜀徼外”开发治理。公元前310年左右，分布在云南东北部的丹、犁两个民族群体开始接受秦的统治。其后，蜀郡太守李冰开拓僰道、疏通岷江河道，开发僰道以南的西南夷地区。公元前221年，秦始皇统一中国，为加强少数民族地区的开发治理，开始在西南夷分布地区修筑五尺道，“秦时常頞略通五尺道，诸此国颇置吏焉”，并与庄蹻开滇行用的西南夷内部通道交会，构成西南边疆纵横相交的早期交通要道，为加强西南边疆与内地的联系和商贸往来、促进民族统一发展、巩固中央集权发挥了重要作用。公元前206年，汉朝建立，从汉高帝到汉景帝，迫于安定内乱，无暇顾及边疆的经营，直至汉武帝时期，对西南边疆的开拓才纳入国家议事范围。因此，在此后近200年的时期内，云南地区的滇、哀牢、昆明、劳浸、靡莫、僰、同并等诸多民族古国或方国均散列分布，延续依托祭祀、贡赋及军事制度进行行政管理的发展格局，形成了各民族群体的内部社会组织机构，并拓展各古国、方国之间以及与蜀地的商贸往来，贝币和铜器成为商贸交易的重要媒介，经济得到较大发展。

元狩元年（公元前122年）张骞出使西域至大夏归，上书请通蜀至身毒国道。元鼎五年（公元前112年）南越王相吕嘉反，杀汉朝使者及其王、王太后，汉遣多路兵马合击。公元前109年，滇国降汉，云南正式归入祖国的版图。此后，“汉承秦制”，延续了秦王朝对西南民族地区开发治理的政治路线，并不断完善郡县制度和经济发展政策，“设郡县、封土长、厚赏赐、薄赋敛、开屯田”，建立完整的政治、经济制度体系。值得一提的是，汉朝对西南民族地区的治理也并不是顺利无阻的，需要克服集权统一与民族分散割据的矛盾，也经历了王莽篡汉时各民族大起义，但随着东汉时期永昌郡的建立和民族政策的优化，汉朝的西南民族统一政权终得持续并随社会历史不断向前发展。

（一）秦汉时期云南遗址的考古发现

中华人民共和国成立后，云南地区出现了大量秦汉时期的考古遗址，很多遗址覆盖了战国至西汉的整个历史时期。秦汉时期云南地区主要经历了少数区域归属统治时期、部分郡县建制时期和全面郡县建制时期等三个主要衍变阶段，这在此时期的考古发现和历史文献记载中可以得到验证。

1.昆明国遗址考古发现。据《史记·西南夷列传》记载，“西自同师以东，北至叶榆，名为嶲、昆明，皆编发，随畜迁徙，毋常处，毋君长，地方可数千里”。秦汉时期，昆明国以洱海为中心进行开拓，存在游牧民族和农耕民族两类群体，游牧民族崇尚火葬，故没有发现任何墓葬和遗址，因此在环洱海地区的主要遗址为农耕民族遗址，以祥云县刘厂大波那村遗址、红土坡遗址及楚雄万家坝遗址为代表。目前史学界可以确定的是昆明国“无大君长制”，虽有族群首领和贵族阶层依托祭祀和贡赋进行区域管制，但缺乏分级治理结构，整体军事力量较弱。昆明国区域内的青铜器物并非外地输入，而是本土较为落后的冶炼技术产品，农业和畜牧业为主要经济产业。因此，其计量、记录方法还是采用较为普通的方法，无统一的管理要求，仅仅作为经济事项的一般性载体。

2.哀牢国遗址考古发现。“永昌府，古哀牢国”，哀牢直到东汉时期才纳入郡县制建制范围，族群治理上强调王权、神权、军权的相互交合，祭祀、贡赋及军事依然是民族统治的主要工具，存在“总王”“邑王”的分级治理结构，“哀牢大中小王林林总总绝不下于百”。哀牢国属于青铜文明，以昌宁白沙坡、昌宁坟岭岗、昌宁达丙乡三甲村、云龙漕涧坡头村、腾冲曲石乡张家寨等地的墓葬遗址和龙陵、腾冲、昌宁、云县、澜沧等地的青铜冶铸遗址为代表性遗址，考古发现主要为青铜器物。到东汉时期，哀牢国是云南地区一个强盛的方国，从墓葬遗址出土青铜器物及随葬品的精良程度和纹饰结构可以看出该墓主的地位和层级，而冶铸遗址所反映的工艺差异与管理差异也可以对该时期经济发展程度进行分析，从出土的生产工具上还可以分析该时期农畜业、手工业的发展情况，但总体上这些考古发现仅仅是该时期奴隶社会治理下会计环境层面的特征体现，缺乏具体的会计管理证据和实际场景展现。

3.滇国遗址考古发现。滇国实际存在的历史定为公元前276年至公元前86年，共190年，跨越了战国至西汉，都城在今日昆明市晋宁县。从整体上看，滇国的经济发展程度较昆明国、哀牢国更为发达，形成了集中的、脱离民众的决策和管理机构，并且存在一定的分工和考核。具体可从晋宁石寨山、江川李家山、昆明羊甫头、呈贡天子庙等墓葬群遗址的考古发现来考证。

（1）贡赋管理。石寨山出土的青铜贮贝器中有集体纳贡、征粮上仓的场景，这也证实了滇国的贡赋制度是基本完备的，形成了按照等级聚集、分配和管理社会财富的贡赋制度，场景图中管仓执事具有明确的分工，其职责包括核计收发仓粮、管理与督守仓库等内容。此外，各墓葬群遗址中很多的青铜器存在跨区域同类器物的特征，并且很多铜器形制、纹饰均相同，可以说明该类铜器为滇王统一制作后分配或奖励给各级统治者的。此类贡赋和再分配制度也可以证明滇国社会管理制度的成熟，也必然会有与之相适应的计量、记录、考核方法及制度。

（2）手工业管理。滇国的农业、畜牧业在先秦时期得到了较快发展，使得相当数量的族人可以脱离农业生产而成为专业的手工业者。从出土的文物可以看出，青铜器、纺织、漆器、金银器、陶器、玉石、玛瑙、房屋建筑等领域都形成了专业化的规模，达到了专业化水平。在手工业作坊中，从原料的采集、挑选到制作有多个工序，存在专业工匠和明确的分工，而奴隶主一般以监督角色存在，这种监督势必会有数量的考核过程。另外，漆木器的制作由木工、漆工和画工协作完成，需要较为精确的测量工具，此时测量和记录在整个生产过程中发挥着重要的管理角色。此外，出土的文物中还存在珠襦、大型建筑等复杂的器物，这也可以说明在该时期肯定存在一个组织严密、分工清楚、计算精确的机构，而此类机构往往由统治者所掌控。

（3）商贸管理。社会生产和分工的发展必然产生交换与贸易，从出土青铜贮贝器上的“诅盟”和“杀人祭柱”场景可以明显看出存在集市交易，交易物品包括粮食、牲畜、生活用品及饰品等类型，甚至还有来自南亚、印度洋地区的器物。滇国的工商业实行了与中原地区类似的“工商食府”制度，统治者控制了工商业并为其服务。在场景中，还可以发现，物物交换在民间交易中依然存在，但出土的贝币、五铢钱亦说明货币交易已经成为交换手段和贮藏手段，并且随着“滇国降汉”，五铢钱逐渐取代了贝币，成为主要货币。因此，在秦汉时期，云南地区的计量货币已经得到了广泛性应用和普遍性接受，为财计组织、财物计量奠定了重要基础。

（4）冶炼管理。秦汉时期是云南青铜文化的鼎盛时期，滇国青铜器内容丰富、器型繁多、工艺精湛。特别需要指出的是，滇国青铜器在冶炼中有非常精确的专业计算和判断过程，大多数青铜兵器中锡的含量为20%左右，祭祀铜鼓含锡量为15%左右，而铜饰品中含锡量为6%左右，这种铜锡配合比与中原地区的“六齐”之法相似，具有很高的科学性。该数据表明，秦汉时期滇国的青铜冶炼过程必然有严格的管理流程和精确地工具，从而进行科学的测算和实验，还有严格的把关和考核。这也证明了该时期重量的计量单位已经产生并且得到了普遍性应用。此外，祭祀铜器中还有一些几何线条和空间图形，出现了空间数据计量的观念，也产生了容器的计量单位，而铜器上的款识代表着生产者信息和产品标志，有利于核算、考核和贸易推广。

（二）关于秦汉时期云南历史的文献记载

秦汉时期云南地区比较重要的历史事件包括“滇王降汉”“郡县制建制”“民族起义”“设立永昌郡”等内容。《史记》《汉书》《后汉书》《墨子》《淮南子》《荀子》《韩非子》《华阳国志》《水经注》《蛮书》《汉纪》《后汉纪》《两汉会要》等文献延续性地记载了秦汉时期云南地区的人文地理、历史事件、族群衍变和经济社会发展情况。特别是益州郡、永昌郡设立之后，云南各民族地区真正意义上纳入了封建王朝统治范围，相应的记载明显多于以前的各个历史时期。从会计发展的角度纵观各类对秦汉时期云南的相关文献记载及文献研究成果，其主要涉及行政治理、财政收支、行业发展、经济管理制度等方面。

1.行政治理层面。在“滇王降汉”以前，云南只有东北部的少部分族群接受了封建统治，大部分古国、方国均延续“都—邑—聚”、“王—邑—聚”的分级治理结构，而益州郡设立之后，除郡太守及部分府衙人员由朝廷直接任命之外，纳入郡县制统治下辖的全部区域则在旧式分级治理结构的基础上做了一定的改革，采用“土长（王）—侯邑—邑长（聚长）”的行政治理结构，各少数民族酋长被赐封为朝廷官员，并服从朝廷的政令。依据汉制，云南区域各郡守一般有五官掾、功曹史、主簿、户曹史、主记史等属吏，形成完整的行政、民事、税赋、财计管理体系，并依托该行政体系对各民族区域的贡赋、屯田、商贸进行管理，建立了“钱粮分开核算”的簿书系统，而下辖各民族区域虽然封号有所变化，但其内部的社会治理结构与过去的治理方式并无本质变化。

2.财政收支层面。封建统治者对民族地区进行征服统治，除扩大疆土外，主要目的还是在经济层面。秦汉时期，封建政府主要采用征收贡赋和屯田垦殖的方式对西南少数民族地区进行统治，这也是治边政府财政收支的主要来源，但是从《史记》《汉书》《后汉书》等史料的记载来看，封建政府不像内地地区一样征收银钱或粮食，而是采取“以其故俗治，毋赋税”的治理思想，大多以“皆献土珍”形式征收少量的赋税，赋税总额较少，但由于地广肥沃，适于发展农牧，因此屯田垦殖是当时郡县的重要财政收入来源。屯田制采取“募豪民田南夷，入粟县官，而内受钱于都内”的方式，并“募奸豪以实益州”。屯田制有“民屯”“商屯”和“军屯”等不同形式，带来了中原地区先进的生产方式和技术，并衍生出屯田管理和凭票在内地城市结算的管理制度，极大地改善了各郡县的财政收入情况，促进了该时期财政收支结算的发展。在支出方面，各郡县中各级官吏及驻军士卒的俸禄和食粮开支、府衙的行政事务开支、农牧水利交通建设开支与对各王侯、邑长的奖赏是主要的支出项目，相关登记、数量及内容在部分史料中有记载。“百僚用度各有数”，各项费用开支亦分类、分项予以核算，分级管理，从而实现收支良性循环。

3.冶矿业发展层面。在滇王降汉以前，青铜器的冶炼由统治者所掌握，发展较为成熟，可以从出土文物与《史记》《后汉书》《华阳国志》中记载的滇国时期铜器及金属器物的交易情况和农牧业生产工具的使用情况中得到印证。益州郡设立后，云南矿冶业得到全面发展。《汉书·地理志》《续汉书·郡国志》分别对西汉和东汉时期的矿产、冶矿情况进行了详细地记载。特别要强调的是，秦汉时期云南的铸铜、铸金、铸银和冶铁不仅改变了生产工具的使用情况，还改变了经济结算的计量计价方式和载体，云南地区的铸铜、铸金、铸银自西汉末期开始成为全国的货币，《汉书》中的“朱提银”、《后汉书》中的“永昌太守铸金”等记载均证明了当时云南地区矿冶业的发展程度及其对全国经济发展的重要性。

4.工商业发展层面。滇国时期，云南其他手工业和商业属于初步发展时期，其他手工业以纺织、漆木器、玉石器加工为代表形式，商业以民族活动的集市交易为主要形式，只能从出土文物中得以验证，缺乏相关历史文献的记载。汉武帝设立益州郡后，加大了对云南的技术输入和商贸支持，确立了工商业的计量单位和计量标准，“布尺”“盐斛”“铢钱”“米斗”“银两”等逐步成为通用词汇。“益州西部，金银宝货之地，居其官者，皆富及十世”，作为西南丝绸之路的重要驿站，益州郡和永昌郡建立了早期的西南地区商业中心，并“文以钱市”。在此辐射下，各交通要道上重要城郭的都尉驻地、邑长聚落均依托有利条件建立了集市，盐利、铁利、商税等赋税的征收与管理成为各县、邑的财政收入管理的重要方面，并且还存在“六百万钱”规模大宗采购的记载。

四、云南会计史的史证讨论

云南高原是我国古代的一个典型区域，其秦汉以前的历史演进过程与文明演进历史符合聚落至国家的演进模式，整体演进过程呈现出较强的独立性，与国内其他地区文明发展进程有着较大差异，存在多种不同的社会形态和历史特征。这些特征在经济与会计发展历史上得到充分反映，从原始社会至秦汉时期的史料梳理可以看出，云南地区的经济与会计发展特征在方法与思想、行为与管理、对象与制度等方面有重要体现。

（一）会计方法与思想的史证讨论

旧石器时代中晚期，云南的原始人类出现了生产剩余和储备物，从而产生了剩余物品和储备物的计量、记录观念和行为，表现为规律性摆放和刻记标记。到新石器时代，随着族群的扩大和部落成员的增多，生产活动日趋频繁并产生了交换活动，伴随着对部落内部的生产活动、生活事项和交换活动的管理出现了独立的计量与记录分工，产生了刻符计量与记录、绘图计量与记录的会计行为与方法，而生产工具使用水平的提高，也为会计行为提供了更多的工具形态和选择，刻木、刻竹、结绳、结藤等计量与记录方式也逐步出现，并产生了会计计量、记录的符号。先秦时期的云南青铜文明促使了社会经济的分化和私有化的形成，使得会计行为和方法发生重大变化，出现了交换媒介和财富象征，产生了一定区域内统一的计量单位。根据相关的书契文献史料记载，当时已经产生了反映经济活动中价值计量行为的会计思想观念。当祭祀权和军事指挥权成为政治统治工具时，相关计算、记录和开支考核等会计思想与方法被赋予管理职能。随着秦汉时期封建经济的建立和郡县制制度在云南地区的实施，相关会计思想与方法逐步在赋税管理、手工业管理、商贸管理和冶炼管理领域得到普遍性使用，确立了计量单位和标准符号，基本形成了与封建经济相适应的早期会计思想和方法体系。

（二）会计行为与管理的史证讨论

新石器时代的氏族社会出于部落生产、生活和交换活动的需要，产生了最早的计量、记录再分配的会计行为与方法，也是会计行为从生产、分配、交换等活动中独立体现的具体形式。生产领域的分化与私有化的形成，使得会计行为也出现了分化，形成了不同的工具和目的，也出现了不同的符号形式。国家形态的建立，使得会计行为成为权力机关统治民众的管理工具，并为权力机关的管理工作服务。随着行政分级治理结构的建立，会计行为成为逐级管理的重要依据，并逐步形成了集中的管理机构，进而制定了计量、记录标准和程序，产生了统一的计量单位和符号，成为封建经济制度下社会整体管理的重要内容。

（三）会计对象与制度的史证讨论

会计的对象是经济活动，原始社会落后的计数方法反映出该时期的经济活动是较为单一和落后的。原始族群内部的生产活动和物品分配是早期会计行为的主要对象。会计观念的产生具有偶然性，这种偶然性体现在储备物的交换活动过程中，当这种偶然性逐渐被多个交易对象所接受后，则形成了一种必然的默契，从而影响更大范围的交易行为。农业、畜牧业、手工业、商贸等经济社会分化活动使得会计对象日趋复杂，进而产生了较为先进的会计方法、工具和符号。奴隶社会的国家形态下，会计对象除一般经济活动外还涉及祭祀、贡赋、军事等活动，在各级统治结构下建立了与会计行为相对应的管理人员和制度。秦汉时期云南实行郡县建制后，社会管理进一步分化，汉制行政从属结构与民族区域内部分级治理结构并存，形成了完整的行政、民事、税赋、财计管理体系，会计对象涉及财政、贡赋、屯田、商贸、冶炼、工业等系统性经济活动，建立了规范的会计制度，并与封建中央政权的相关制度体系相适应。

综合来看，原始社会至秦汉时期云南会计的发展历程经历了原始计量记录、管理职能确立和会计制度建设等三个不同阶段。原始社会时期云南会计的发展历史与当前原始计量研究的观点相一致，基本符合原始计量记录的发展路径和规律。先秦时期云南会计的发展程度与中原地区存在显著差异，整体上处于较为落后的水平，并且缺少相关的直接文献史料记载。而秦汉时期，随着封建国家的统一进程和封建经济的不断渗透，云南会计逐步与封建中央政府的相关制度体系对接，建立了规范的会计制度体系，是少数民族会计发展历史的重要阶段。

参考文献

[1] 傅斯年. 史学方法导论 [M]. 北京：中国人民大学出版社，2011：29.

[2] 郭道扬. 中国会计史稿（上册）[M]. 北京：中国财政经济出版社，1982：11-199.

[3] 郭道扬. 会计史研究（第一卷）[M]. 北京：中国财政经济出版社，2004：28-58.

[4] 杨毓才. 云南各民族经济发展史 [M]. 昆明：云南民族出版社，1989：73-146.

[5] 何耀华. 云南通史（第一卷）[M]. 北京：中国社会科学出版社，2011：122-317.

[6] 苏秉琦. 中国文明起源新探 [M]. 北京：生活·读书·新知三联书店，1999：156.

[7] 翦伯赞. 史料与史学 [M]. 北京：国际文化服务社，1946：21.

[8] 何耿镛. 经学简史 [M]. 厦门：厦门大学出版社，1993：64.

[9] 李树华. 古滇国文化研究论文选集 [M]. 昆明：云南人民出版社，2009：286.

[10] 何耀华. 云南通史（第二卷）[M]. 北京：中国社会科学出版社，2011：52-55.

[11] 方国瑜. 云南史料丛刊（第一卷）[M]. 昆明：云南大学出版社，1998：3-89.

[12] 耿德铭. 哀牢国与哀牢文化 [M]. 昆明：云南人民出版社，2003：31.

[13] 黄懿陆. 滇国史 [M]. 昆明：云南人民出版社，2004：142.

[14] 彭长林. 云贵高原的青铜时代 [M]. 南宁：广西科技出版社，2008：274.

[15] 杨根. 云南晋宁青铜器的化学成分分析 [J]. 考古学报，1958（3）：75-77.

【基金项目】国家社会科学基金项目“中国少数民族会计史研究”（14XMZ087），云南省会计文化研究与传播基地研究项目、云南财经大学校级科研基金项目“云南少数民族会计文化发展的历史沿革”（YC2013B41）阶段性成果

超然主计制度：民国政府反腐除弊的创新探索

李百兴　王博

（首都经济贸易大学）

摘　要：本文以“反腐”这一视角为切入点，探究了南京国民政府超然主计制度的背景、原理及实施过程，并从正反两个方面对该制度的运行效果进行了客观评价，分析了超然主计制度实施受阻的原因。“联综组织”与超然主计制度作为民国政府反腐除弊的大胆尝试，虽然最终实施效果并不算理想，但其体现的权力制衡、分工牵制的组织设计思路在今天仍然具有重要的参考价值，为我国制度反腐提供了的理论支持。

关键词：南京国民政府　超然主计制度　反腐　制度创新

腐败行为不仅浪费国家的行政资源，降低政府的行政效率，严重时甚至会危害国家的经济利益，使政府丧失公信力，增加社会的不安定因素。中国共产党第十九次代表大会提到：“只有以反腐败永远在路上的坚韧和执着，深化标本兼治，保证干部清正、政府清廉、政治清明，才能跳出历史周期率，确保党和国家长治久安。”1928年，随着“宁汉合流”，张学良“东北易帜”，国民党完成了对中国形式上的统一，中华民国进入所谓的“训政”时期。这期间，南京国民政府的腐败现象愈演愈烈。尽管政府在行政制度上进行了很多创造性的尝试，但由于官僚资本主义盘根错节的裙带关系，最后都以失败告终。事实上，就制度本身而言，许多制度在当时也具备一定的前瞻性，比如时任国民政府立法院财政委员的经济学家卫挺生所倡导的“超然主计制度”。该制度本身不仅仅是当时国民政府在反腐除弊方面的大胆尝试，其包含的会计制度思想更是对后世意义深远。

一、超然主计制度的时代背景

“军阀割据，是培育贪官污吏的温床，行政机关之混一组织，是贪官污吏得心应手之最佳工具，全民对于廉能政治之渴望，是促使政府必须改弦更张，另建新制之重大压力”。任何制度的建立都与社会和政治发展走向密切相关，不可能独立产生（付磊，崔新婷，2014）。因此，了解超然主计制度产生的时代背景对于理解该制度的意义有着至关重要的作用。

1928年，南京国民政府完成了对中国形式上的统一，成为民国的唯一合法政府。按照孙中山“五权分立”的政治主张，南京国民政府分设行政院、立法院、司法院、考试院、监察院五个权力机构，并设立政府主席一职对外代表国民政府。但是，由于当时时局动荡，加之孙中山明确提出在“训政”时期由国民党代表大会代国民大会行使中央统治权（傅荣校，2004），这就给了独裁政治天然的生存空间，所谓的五院制并没有发挥任何实质性作用，反而沦为了权力斗争的工具。中原大战结束后，随着蒋介石党内声望的提高，蒋介石集中央执行委员会委员、中央执行委员会政治委员、国民政府主席、中华民国陆海空军总司令、行政院院长五大职权于一身，架空其他四院，达到了权力的顶峰。

“一党训政”制度实施后，南京国民政府贪腐成风，官员借助公职权力非法侵占国家资产的行为屡禁不止，甚至到了蒋介石本人都无法收拾的地步。据统计，自1931至1937年，南京国民政府共处理贪污官员69 500人，但最终受到处罚的仅有54人，占比不足0.08%，这还不包括未发现、未查实的案件，犯罪成本微乎其微。

1931年，由于蒋介石与胡汉民之间的政治斗争引发了国民党内部矛盾，时任铁道部部长的孙科借助职务之便卷走了巨额的部门经费，使蒋介石充分意识到了健全财务制度、增强会计部门独立性的重要意义（陈宁骏，张晶晶，2013）。随后，在卫挺生、杨汝梅（予戒）以及张心澄等人的积极推动下，南京国民政府于1931年4月1日正式成立“主计处”，建立起一套以“联综组织”为基础的计政制度，即“超然主计制度”。

二、超然主计制度的理论与实施历程

（一）主计制度释义

“主计”一词是我国首创，任何一本外语字典都很难找到代替它的词汇，且当今世界使用主计制度的国家和地区（如台湾地区）做法并不完全一致，因此，现代财务会计领域并没有给出一个相对客观的定义。综合已有文献，台湾行政机构前主计长汪錕对“主计”一词的概括较为形象：“从文字之表面意义言，‘主’者主持也，‘计’者计算也。通常把维持一个人的生活，称为‘生计’；图谋一家之温饱，称为‘家计’；保持一个国家的生存与发展，称为‘国计’。所谓‘生计’‘家计’‘国计’，说穿了还不都是一大堆数字的计算而已……主计制度下，主计的主体是国家，主计的对象是数字，故主计是主持国家数字大计之谓也。”这种提法实际上强调了会计的计量属性，试图通过数字整合独立实现财政监督职能，即学者们所言“计政”制度。显然，就这一角度来看，主计制度并非一种单纯的会计制度，而是具备和审计工作类似的监督核查机制，只是主计实施财政监督的角度与审计监督有所不同，并非事后审查，而是试图通过职能设计实现国家对财政权力的把控。

然而，即使是财政监督体系，民国时期的“计政”制度也与现在大多数国家的财政监督体系不同，更不同于我国现行的财政监督体制。在卫挺生的制度设计中，民国政府的主计制度包含岁计（预算）、会计和统计三大职能，彼此衔接，恰与“事前设计、事中执行、事后考核”的“三联制”政府行政体系相对应（梁海燕，刘立佳，2015）。岁计系统主要负责预算调查、各机关单位预算编制、决算编制等工作；会计系统主要负责各机关单位会计人员的聘用考核、会计报告的核实以及总报告的汇编；统计系统主要负责统计人员的聘用考核、实施各项统计工作和年度统计报告的编制。但是，由于当时南京国民政府内部的腐败已经十分严重，如何保持岁计、会计和统计三项工作的“超然独立”同时实现三项工作的动态衔接就成了一大难题。为此，当时财务领域较有声望的几位专家提出了一种新的政府机关组织形式——联综组织，以打破当时国民政府组织权力过度集中的弊病。

（二）联综组织与超然主计制度

南京国民政府的超然主计制度是以“联综组织（Liaison Organization）”为基础建立的，更进一步说，“联综组织”是保证主计制度“超然性”的必要保证。所谓“联综组织”，就是与财政和计政合二为一的“混一组织”相对应的一种政府公务机关组织形式，其创制动机是为了规避“混一组织”中各机关单位的权力膨胀（在混一组织中，政府各机关单位可以同时管理公共事务和财务收支），使行政系统（行政）、主计系统（主计）、公库系统（出纳）和审计系统（审计）在相互牵制下实现内部合作，关联综合，避免权力腐败。当时，卫挺生、胡善恒等会计学大师都是“联综组织”的有力支持者。1928年，在甘末尔等美国财政专家的推动下，国民政府就“联综组织”的科学性最终达成共识。

事实上，“联综组织”仅仅是一个财政学术语，并非一个正式的法律组织，南京国民政府颁布出台的任何财政法规中均没有正式提到过这一概念（武乾，2015）。但是，“联综组织”中所体现的权力制衡思想，的确是我国近代政府会计理论发展中的一大进步。在南京国民政府成立之初，其采用的“混一组织”使得会计人员根本无法保持其应有的独立性，尽管国民政府曾试图通过财政部会计司统一考核调配各机关单位的会计人员，以维护会计独立性，但效果并不理想，究其原因主要有如下三点：第一，混一组织的本质就是“计政”归“财政”调配。在“混一组织”中，就算会计人员的任命权直接归属于财政部会计司，但许多财政机关长官的行政级别甚至高于财政部会计司司长，尤其是在南京国民政府部门内部存在严重的派系划分，如果会计人员始终“秉公办事”，就会开罪其他部门更高级别的长官，而会计人员自身却难以得到制度的保护。第二，会计主任并非异于常人，其行动必定受自利原则支配。开罪于人在很多时候不但不能使会计信息得到公正披露，反而会受到机关内部各种各样的阻挠。因此，相比于实事求是，很多时候“顺势而为”不但能疏通工作，也能使会计人员在机关单位内的自身利益得到保障；第三，“混一组织”时期，南京国民政府并未建立起一套行之有效的国家审计制度，大部分审计工作都流于形式。这种情况下，一旦机关单位出现财务状况，会计主任若秉公进行披露就无法得到审计人员提供的第三方证据支持，处于孤立无援的状态。一旦其披露的会计信息遭到质疑，责任也必将由会计主任自己承担。而在“联综组织”体系下，行政、主计、出纳和审计四大职能相互牵制，“计政”从“财政”中独立出来，同时强调了审计监督的实际权力。拥有了独立监督权的主计部门直接归属国民政府管辖，不但级别上有了质的提升，同时也为审计工作的开展提供了相对公允的制度环境，主计制度的“超然性”就有了可靠保证。

（三）超然主计制度的机构设置争议

按照“三联制”行政体系建设的要求和联综组织的设计原理，实施超然主计制度最简单易行的方式就是将岁计、会计和统计工作归为同一部门，同时将该部门直接划归国民政府管理，使其不受存在利益冲突部门的辖制。当时，在卫挺生为代表的一部分学者的主张下，国民政府于1931年4月1日正式成立主计处，主管全国的主计工作，主计处直接归国民政府领导。但是，这一做法在当时引起了极大的争议。同为“联综组织”倡导者的胡善恒认为，超然主计制度割裂了财政部的职权，使得预算的制定和执行分属主计处和财政部两个部门，不利于整体协调（宋丽智，2007）。而且，超然主计的思想根本上是对“联综组织”概念的误用。胡善恒在《财务行政职权之完整与脱节》一文中提到：“联综组织不是新名词，在政治制度中有联邦、联立内阁，我国有联省自治……然从无在单一组织之中，对于同一治权之行使，而可裂为数载，成立联立对待者也。”（方圆，2012）

胡善恒的观点其实不无道理。比如，美国也存在主计的概念。在1921年以前，美国在财政部下设有主计官，协调国家的预算和会计工作。而1921年以后，美国政府新设联邦审计总署，将包含预算和会计在内的主计工作划归审计总署管理。审计总署的长官即被称为“主计长”，不仅包含之前财政部主计官的全部职权，还拥有创制机关会计制度以及向国会提出审计报告和财政建议等职权（杨曙光，2006）。但无论如何变更，主计工作要么归属于财政部门，要么归属于审计部门，而绝无独立的先例。另外，由于当时中国动荡的时局，南京国民政府组织机构混乱臃肿，庞大无章，30年代初就已经有人建议要精简政府机构，提出“导淮委员会、禁烟委员会、赈灾委员会等应归入内政部，侨务委员会应归入外交部，建设委员会应归入实业部，国民政府主计处应归入财政部或审计部，财政部在各省之税收机关应归入相关省的财政厅”（傅荣校，2004）。此时在各部之上单独另设一主计处，的确存在政府行政效率下降的可能。基于种种问题，1936年，胡善恒和卫挺生在《东方杂志》上展开了激烈的辩论。

卫挺生认为，只有“主计超然”，主计人员才不怕开罪他人，明确了超然主计制度的优越性。其次，对于胡善恒所提出的主计处归属问题，卫挺生指出“胡先生之错误乃在于根据旧有事实以评判新立制度”，若新制度尚未实施，尚且有理由接受质疑，但现已证明新制度并未严重威胁到其他政府部门的工作，则主计处的归属问题就不应该成为真正的问题，主计处“超然独立”于各部之外是主计工作体现价值的保证，不能因为是没有使用过的新制度就一味批判。这场超然主计制度机构设置的辩论一直延续到抗战前夕，并没有谁取得了绝对的胜利。但从这场辩论中我们可以看到，那个年代学术思想碰撞的火花，正是推动我国财会研究进步的重要推动力。超然主计制度于1931年被国民政府接纳，于1948年被实质性废除。今天的台湾地区虽然还保留着主计处的机构设置，但从行政级别上已隶属于行政机构。要探究超然主计制度搁浅的原因，就有必要关注这17年间超然主计制度的实施效果。

三、民国超然主计制度实施评价

事实上，超然主计制度在实施之初，取得了相当良好的效果。其一，在未设立独立的主计处时，各机关单位的长官除了要负责本机关单位的日常事务，还要对各项财务工作一一经手，这无疑减少了各机关单位长官的领导决策时间；而在主计处设立后，机关单位里的各项财务工作都由主计处指派的专员负责，不但提高了行政效率，而且使得各机关单位的财务处理更趋专业化。其二，主计处的设立使得主计人员的选拔更加专业、严格。在主计处成立以前，各机关单位的会计、统计人员存在大量滥竽充数的情况，机关长官“任人唯亲”的现象屡屡发生，甚至许多主计人员根本无法胜任分内的工作；而在主计处设立以后，各机关单位的主计人员由主计处统一考核调配，集中培训，大大提升了业务人员的专业素质，也间接刺激了我国财会高等教育的发展，使会计、统计成了当时的热门专业（王秋娜，2012）。其三，也是最重要的一点，由于主计人员获得了超然性，既不受长官恩惠，也不受长官威胁，在工作中也就没有必要“看长官脸色吃饭”，尽可依法办事，从某种程度上确实起到了抑制腐败滋生的作用，是中国会计史上的一大创举。

然而，在南京国民政府执政后期，超然主计制度却变得形同虚设。以至于之后马寅初评价其“制度驾理想王国之上，事实沦十八层地狱之下”（宋丽智，2007）。那么，抛开战争这一不可抗力，究竟什么是超然主计制度实施的桎梏？

（一）政治斗争破坏了主计制度的“超然性”

一个本身腐败的政府不可能根治腐败。虽然超然主计制度尽可能维护了财政监督体系的独立性，但在国民党的官僚体系下，任何公平合理的制度建设最终都会依附于个人，成为政治斗争的牺牲品。1932年，为了遏制宋子文财政部的权力，立法院长胡汉民向蒋介石推荐陈其采出任主计处长，并同时兼任主计处岁计局局长。胡汉民推荐陈其采的动机不是为了维持主计工作的独立性，而是为了制衡其他部门的权力；而蒋介石最终能够同意这一任命，则很大一部分原因是出于陈家与蒋家的私人关系。由此看来，主计处长官表面上是服于国民政府，实质上是依附于蒋介石本人。主计处长官并非选举产生，而是直接任命，也就是说，主计处从设立之初就已经丧失了政治上的独立性。

在主计处内部的三个关键部门中，除了陈其采兼任岁计局局长外，会计局和统计局的长官也均由CC系控制。虽然蒋介石曾任命财政部会计司司长秦汾出任会计局局长，潘序伦出任副局长，以平衡财政部丧失的权力，但随着权力更迭，二人大权旁落，主计处最终由民国政府的主计处，变成了“陈家”的主计处。在这样的组织架构下，尽管主计人员的独立性有所提升，但国民党某一派系权力的提升更大。一旦在日常工作中遇到了与CC系直接关联的业务，主计人员就会处在两难境地，独立性的维持就变得十分脆弱。

（二）“多头领导”下的制度安排矛盾

主计处派遣到各机关单位的主计人员，一方面是主计处的分派职员，直接受主计处监督指挥；另一方面又为所在机关单位办理各项预算、决算、会计和统计等事务，对其所在机关单位的长官负责，这种组织形式本质上符合管理学中的矩阵制组织结构。这种组织结构一个鲜明的特点就是“多头领导”，一旦在制度设计上有所疏漏，“多头领导”就会成为限制组织工作效率的枷锁，使得组织职能无法顺利实现。

虽然南京国民政府成立了“主计处”，但并没有对各机关该如何配合主计工作给出制度调整，各机关单位的会计处规定主计人员仍应依法受所在政府长官之指挥（庞俊峰，2013），使得主计人员不知该听命于主计处还是各机关长官，无法保持其应有的独立性。而且在中国传统的官本位思想下，许多政府官员都认为像会计、出纳这等“庶务人员”由长官亲信担任“为天经地义之政治理论”，本部门的财务由主计处统一调配人员管理根本就是“耻辱之事”，在这种情况下，主计人员要想工作进展顺利就得依附于各机关单位长官，无法超然独立于既有制度之外。

（三）财务专业人员缺乏

尽管大学为国家培养了大量的财务专业人才，但在当时，以复式记账法为基础的西方会计制度传入中国尚不足20年，整个国家都没有形成统一的会计核算体系，会计学教育与西方国家相比也十分落后。尽管我国早有“龙门账”“四角账”等复式记账的方法存在，但这些方法使用起来并不系统，很多科目设置不够科学，因此并不适宜大面积推广。超然主计制度始于20世纪30年代，但在40年代末西方的会计制度才逐渐被实务界接受。落后的会计体系建设造成了财务专业人员整体素质较差，超然主计制度推行自然显得十分困难。

综上所述，尽管超然主计制度的实施在一定程度上起到了规范政府财政监督体系，抑制腐败滋生的作用，但由于民国政府当时内忧外患的政治环境，该制度最初的许多设想并不都能顺利实现。另一方面，在高度集权的南京国民政府中，“法西斯主义”肆意蔓延，领袖意识、长官意识被过分强调，政府部门缺乏服务意识，这与“联综组织”分权制衡的思想是相矛盾的。在这种情况下，仅仅改良财会体系只是治标不治本，换汤不换药，以至于在战争爆发后，超然主计制度的执行只能流于形式，而主计处则实际上成了“中统”的特务机关。

四、结论与启示

任何制度的诞生都与它所处时代的政治社会环境密不可分。作为民国政府的一项财政举措，超然主计制度增强了当时民国政府的行政效率，也确实在一定程度上震慑了腐败行为，起到了不可忽视的积极作用。在当时中国现代财会思想不成熟、不健全的情况下，超然主计制度的诞生是我国会计学学者们在制度设计上的大胆尝试，前无古人，后无来者，推动了现代财务会计理念在中国的发展，同时提高了财会专业的学科地位。

健康的制度是约束权力滥用的利器。习近平总书记在十八届中央纪委二次全会上指出：“要加强对权力运行的制约和监督，把权力关进制度的笼子里，形成不敢腐的惩戒机制、不能腐的防范机制、不易腐的保障机制”。尽管民国政府实施超然主计制度的结果最终失败，也未能根除腐败行为，但其中体现的会计独立、分工牵制等思想在今天仍然具有十分重要的参考价值，包括如何实现组织中各部门的分工合作，如何缓解领导与下属之间的摩擦，如何规范财政监督等，都是科学管理思维的集中体现。与南京国民政府相比，今天我国政府无论是从组织设计、专业化水平、法制化水平还是执政效率上看都更加成熟先进，在这种良好的发展势头下，更加合理的制度安排无疑将成为提升国家综合实力的重要保障。

参考文献

[1] 付磊，崔新婷. 开展会计法制史研究 促进会计法制建设——关于中国近代会计法制史（1900—1949）研究的若干思考［J］. 会计之友，2014（32）：31-34.

[2] 傅荣校. 南京国民政府前期（1928—1937年）行政机制与行政能力研究［D］. 杭州：浙江大学，2004.

[3] 陈宁骏，张晶晶. 国民政府主计处揭秘［J］. 江苏地方志，2013（3）：75-77.

[4] 汪锟. 中华民国主计制度之建立与发展——八十四年四月二十三日于保险事业发展中心专题演讲一［J］. 保险专刊，1995（6）：1-23.

[5] 梁海燕，刘立佳. 民国超然主计制度下的财政统计制度［J］. 财会月刊，2015（5）：95-98.

[6] 武乾. 论南京国民政府的财政监督制度体系［J］. 法学评论，2015（5）：60-68.

[7] 宋丽智. 国民政府时期超然主计思想变迁研究［J］. 财经研究，2007，33（8）：108-131.

[8] 方圆."联综组织"建设倡导者：胡善恒［J］. 财会通讯，2012（31）：114-116.

[9] 杨曙光. 管窥美国联邦审计总署［J］. 经济师，2006（1）：246-247.

[10] 王秋娜. 南京国民政府时期超然主计制度探析［D］. 湘潭：湘潭大学，2012.

[11] 庞俊峰. 南京国民政府时期主计制度探析［J］. 财会通讯，2013，33（3）：184-187.

改革开放四十年的回顾与思考
——中国会计学会第十届会计史学术研讨会综述

李百兴　付磊　陈敏

（首都经济贸易大学）

纪念改革开放四十年：历史回顾与思考暨中国会计学会第十届会计史学术研讨会于2018年8月21-22日在黑龙江农垦建三江管理局召开。这次会议由中国会计学会会计史专业委员会主办，黑龙江农垦总局和首都经济贸易大学联合承办。会议突出对改革开放的纪念和历史总结，展示了一批新的历史资料，提出了一些有见地的认识或观点，取得了预期的成果。

一、改革开放四十年的历史回顾

回顾改革开放十四年的历程，总结改革开放的经验，是本次会议的核心内容。中国会计学会的杨敏在会上指出，"一带一路"倡议为会计工作带来了新的挑战，要抓紧研究"一带一路"倡议相关会计标准建设问题；"供给侧结构性改革"对会计工作提出了新的要求，要从会计的角度研究、思考会计为经济转型升级服务的问题；国家治理体系和治理能力现代化建设对会计监管、内部控制等明确了新的任务，要创新会计相关理论和方法，服务各个层次、各类主体的治理要求；建设现代化经济体系对会计与资源优化配置、会计与创业创新、会计与中国市场经济地位、会计与社会主义市场经济体制完善等问题指出了新的研究方向，要在深入实践的基础上，拿出会计解决方案，做出会计行业贡献。信息化浪潮下区块链、大智移云等技术持续进步，经济活动日趋复杂，会计实务工作和会计理论研究的环境快速变化，对会计功能的拓展、会计理论和方法的创新提供了广阔空间，也提出了更高要求，广大会计人员不断学习新知识、掌握新规则。中国会计学会的王鹏回顾了中国加入WTO以后会计准则及内部控制制度建设的情况，总结了我国行政事业单位内部控制建设的特点，包括全面建成内部控制体系、覆盖五级政府部门、九类行政事业单位以及行政事业单位六大业务等。他认为，在中国会计准则与制度建设、小企业会计准则建设、企业内部控制规范体系建设、小企业内部控制规范体系建设及行政事业单位内部控制制度建设等方面，体现了中国会计规范建设的自信；并指出未来新的会计工作的特点是大会计、大市场、大国际和大监管。中国财政科学研究院的王世定认为，中国会计改革紧跟国际会计改革的步伐。1992年会计改革的最大成绩是赋予会计人员确认、计量的权力，会计人员得以从固定的会计思维模式中解放出来，从而能够更好地为企业创造财富和价值。他指出，会计改革要紧密配合国家经济体制改革，改革中应该允许不同的意见、不同的声音，在争论中前进并不断取得新成就。中国财税博物馆的李玉环将改革开放后中国会计的发展分为三个阶段，以参与会计准则建设的亲身经历，回顾了中国会计准则的建设历程和重大事件，并对会计证的历史作用、会计准则建设中存在的问题提出了自己的认识。财政部会计准则委员会的狄愷回顾了2000年《企业会计制度》的制定背景及作用，认为在当时的环境和形势下，建立全国统一的、打破行业界限的、集财务与会计制度于一体的核算标准十分必要，并归纳了会计标准改革要符合国家法律法规并与经济发展水平相匹配、会计核算标准的改革要保留以往行之有效的做法、会计核算标准的改革要适应新形势和新业态的挑战与要求等历史经验。中国人民大学的荆新回顾了20世纪90年代自己受聘担任企业具体会计准则外国专家组研究员，参与预算会计和政府会计改革、民间非营利组织会计制度起草、企业基本会计准则制定的经历，指出在政府会计改革上，仍存在如何确定政府会计的基本边界、国有企业是否应归位政府会计范围、国有事业单位是否属于政府会计范畴、政府会计规范模式是否等于财务会计+预算会计+成本会计等问题。他还认为，会计思想史的研究是指导会计制度、会计方法的更高层次的学术研究，会计思想史研究要建立在会计发展史、会计制度史研究的基础之上。南京大学的陈冬华指出，人类历史和改革开放历程说明，会计的本质与所有科学追求一样，是致力于人类思维的学问。会计与会计实践是不完全相等的，前者远远大于后者；无论在经济学意义上还是在哲学价值观层面意义上，会计学都至关重要，如果说经济学提供了了理性的思维方式，哲学提供了正确的价值信念，会计学则提供了在世俗生活中从理性通往价值的桥梁。当下运用最为普遍的企业会计，显然并不代表着会计学在世俗社会中最普遍的运用，只不过是其截至目前最为程序化、数量化的去蔽式呈现。重庆大学的辛清泉分析了2007年之前对会计规则和实践有着直接影响的重大经济事务和2007年与IFRS等效之后的中国会计准则，认为现行的准则复杂、难理解、变化快，导致实务界和教育界疲于应付，且会计数字的纵向可比性、可验证性被削弱，没有看到明显的收益。他还指出，会计是一种演化的经济制度，会计响应了经济需要，助推了经济发展，自身也在随之演化。南京财经大学的李连军认为，会计的前景与发展没有止境，会计要为国家和社会服务；目前的会计研究过于关注方法与数字，对会计之道关注不够，会计研究要按照会计发展的原理逻辑，探究并遵循会计之道。首都经济贸易大学的付磊认为，改革开放以来会计史研究取得了很多成就，会计史研究要在现有研究的基础上，加强对会计思想史或会计理论史的研究。目前中国会计史学界对新中国会计史的关注度不够，应加强对近现代会计史的研究，并更多地吸引青年学者的加入。会计史的研究有必要加大与经济史、历史学等学科的交流与合作，采用新方法，以新角度扩大会计史研究的领域。

二、行业会计发展演变研究

对行业会计的研究是本次会议的主题之一，也是代表们讨论的重点。首都经济贸易大学的付磊从政府经济管理职能的角度对行业会计形成、废除的原因做出了新的解释，认为计划经济体制下政府业务主管部门根据其经济管理职能对企业实施直接管理，拥有所属行业企业会计制度的制定权，是形成部门会计的直接原因。部门会计制度围绕主管部门财务计划的执行、统计与考核运转，而各部门的财务计划有所不同，导致了为财务计划服务的部门会计制度之间的差异。改革开放后政府职能的转变，为废除行业会计最终形成统一的企业会计制度提供了行政管理机制的基础和可能性。从我国行业会计制度演变的历史过程中可以得到的结论和启示是：政府行政职能是形成和废除部门会计的直接原因；统一会计制度，提高会计信息可比性是会计发展的大势所趋；会计制度的改革需要与国家整体改革相适应；会计制度的改革需要循序渐进。黑龙江农垦总局的刘光润等人总结了农垦财会的特色，归纳出具有中国特色的“会计准则（财务通则）＋财会制度”农垦财会体系，以及实施“互联网＋农垦财会融合制度”的新型核算模式。中南财经政法大学的康均等人将中华人民共和国成立以来商业银行会计规范的演进过程分为四个阶段，重点对改革开放以后商业银行会计规范的发展做了回顾，总结出政府是我国会计规范的制定主体、规范演变适应了会计主体经营目的的变化、满足全球市场需求不断提高信息质量、渐进式变迁降低摩擦成本等四点商业银行会计发展规律。上海立信会计金融学院的宋小明以大量第一和第二手文献资料为基础，探讨了增减记账法推广及退出过程中政治性因素的影响，认为增减记账法在其推广与最终退出使用的各个环节受到各种政治性因素的影响，说明政治是会计环境因素的一个重要部分，政治性的考虑是会计发展中的必然性因素。首都经济贸易大学的王海林以1990年至2014年我国内部控制缺陷研究的学术文献为样本，利用知识图谱法对我国内部控制缺陷研究的热点、趋势和具有高影响力的成果进行了梳理和分析，发现可以将内部控制缺陷研究分类为内部控制、公司治理、风险管理、会计控制、信息披露、内部控制有效性与质量、内部控制信息披露、内部控制审计八个相关的热点研究主题群，且整个研究时段可以清晰地划分为三个阶段，不同阶段相关研究的热点均有部分改变。云南财经大学的吕祎茜等人以云南楚雄供销合作社相关资料以及各年颁布的《供销合作社会计制度》为主要研究对象，通过对该供销社在改革开放前后会计核算制度的对比，说明了改革开放对促进供销社会计发展的作用。西安交通大学的王海民等人探讨了社会保险基金会计制度的历史沿革，提出了做好防范社会保险基金风险、完善社会保险基金管理体系、加强社会保险基金投资运营管理水平等建议。首都经济贸易大学栾甫贵认为，我国企业破产会计制度的发展经历了三个阶段，每项制度均既体现出规范内容、重心、信息披露等方面的特点，是相关环境背景的产物。破产会计依赖于破产法的规范、经济管理的需要和多学科的融合。河南省公路工程局集团有限公司的李勇义梳理了施工企业会计制度的变迁历史，指出施工企业会计核算应特别注意处理好理论和实践的关系、照搬和借鉴的关系、传统手工和智能财务的关系。天津财经大学的张涛等人从历代经济改革的视角，归纳了政府会计在其中发挥的作用和功效。云南财经大学的余根亚等人对云南纳西地区1974年和1975年农村生产队的会计资料进行分析，梳理和评判了生产队会计在当时社会环境下的业务处理方式，认为当时生产队会计的特点是：记账方式与社会发展相适应；会计科目根据业务所需自行编制，因而具有一定的创造性；记账中存在一些相对随意的习惯。黑龙江八一农垦大学的董淑兰等人回顾了改革开放40年中国农业会计历史演变过程，指出目前大部分中国农业企业存在历史计量模式有待进一步完善、公允价值模式难以取得、相关法律法规不健全等问题。华东理工大学的王尧对建筑业会计制度的演变进行了梳理，提出了加强对相关人员的培养、企业应积极参与新收入准则的评估、监管部门应加强监管的建议。邯郸学院的冯小红等人通过对行山文书的研究，考察了中华人民共和国成立前后北方村庄账本形制的变化。陆军勤务学院的张兴等人分四个主要发展阶段回顾了改革开放以来的军队审计发展历程，认为经过30多年的发展历程，军队审计从恢复到走强，为强化党对军队的绝对领导，促进反腐倡廉建设，提高军费使用效益提供了保障。云南财经大学的邱琪等人通过对改革开放以来，我国土地一级开发的不同阶段和土地一级开发的不同模式的梳理，以及不同模式下成本、收入的处理方式的对比，认为目前土地一级开发相关会计核算方法的理论说明及实践探索的受重视程度都相对欠缺。

三、会计教育史研究

天津财经大学的张云等人对我国行业会计教育的基本历史进行了梳理和分析，认为行业会计教育是我国会计教育的组成部分，行业会计教育的弱化乃至逐步退出，反映了我国会计教育人才培养目标由培养应用型人才，向培养理论与实务并重的综合型高层次人才的转变，是会计教育尊重社会经济发展规律的体现。云南财经大学的徐缤鹤以中华人民共和国成立前、仿效苏联教育模式、“文化大革命”之后的恢复发展三个时间段，从专业设立、课程设置、培养方式等角度讨论了我国高等教育会计学专业的发展，并从中得出学校发展应有特色、课业设计应联系实际、教学内容应结合社会发展等启示。湖北经济学院的谈多娇等指出，通过与国际会计组织的联系，中国会计教育不断融入国际会计教育体系，中国会计教育需要在内容安排和课程设置上进行调整，以适应市场对会计师职业能力需求和培养学生的综合能力。东北财经大学的王棣华回顾了1949—1976年我国会计教育从借鉴苏联的会计教育到建立起与我国计划经济相适应的会计教育体系的过程，以及其中经历的曲折和磨难。山东财经大学的吴大新等认为，《会计史》课程具备通识课的某些重要特征，学界应为会计史研究提供政策支持，并在会计史研究与教学中强化通识因素。

四、会计史文献、古代会计、现代会计史研究

上海交通大学的俞俊利以北美、欧洲、澳洲的15种刊物自21世纪以来发表的会计史研究文献为基础，比较了不同国别法系和制度差异下的会计史文献，发现：

①在刊文方面，传统领域发文量较高，但不同领域差异并不明显，发达国家研究成果较为丰富，但合作研究不如其他学科明显。②在内容方面，会计被认为起源于商业发展和寺庙文化，并促进了会计全球化发展；会计实务发展演变受制于国内外政治、经济、贸易、制度和社会因素；资本市场发展受到经济（金融）危机、企业股份制改革、公司治理与社会责任研究兴起等方面影响；思想史集中于西方资本主义各派思想和东方儒家思想，以及意识形态的影响；方法论关注档案数据库建设发掘、研究方法和技术手段应用。③未来研究应中西兼容并包，同时凸显出中国特色，加强国际资源共享或合作研究，挖掘新的研究话题和证据，为解释“中国之谜”和其他国家相关研究提供历史借鉴。西南财经大学的戴则伟等人基于工业革命时期的经济史料，根据“斯密—杨格—杨小凯”的经济演化框架和诺思的经济史分析范式，解释了市场范围扩展、企业资产结构变化、资本结构变化和持续经营假设崛起的内在关联，并对资产计价假设从破产清算假设转变为持续经营假设做出了解释。

审计署审计科研所的陆晓晖总结了中央革命根据地第一任中央审计委员会主任阮啸仙的审计思想：主张政府接受民众监督，群众参与国家管理；要进行调查取证，查实问题并提出切实措施；加强反贪污反浪费审计，维护财经法纪；重点对单位领导的错误进行纠正和问责；审计不仅要揭示问题，也要表扬先进；实行审计结果公开，提高审计的影响力。首都经济贸易大学李百兴等探究了南京国民政府超然主计制度的背景、原理及实施过程，认为“联综组织”与超然主计制度作为民国政府反腐除弊的大胆尝试，虽然最终实施效果并不十分理想，但其体现的权力制衡、分工牵制的组织设计思路在今天仍然具有重要的参考价值。南京财经大学的王开田认为，中国会计学人负有以中国式的语言解释会计现象、主导国际会计准则制定、体现中国会计意志与文化、发挥中国IT领先优势等责任。

湖南大学的陈敏等人认为，最近披露的长沙尚德街东汉简牍中的账簿记录是东汉时期官厅会计记账，具有明细分类、结账标识、货币交易和实物计量的记账特征，反映了东汉中晚期活跃的商品交易和繁荣的货币经济特征。首都经济贸易大学的杨世忠等人根据我国先秦时期的经典文献记载，认为对自然资源的核算以及环境责任的明确可以追溯到夏代。《山海经》《尚书・禹贡》《管子・地言》《周礼・天官》《荀子・王制》提供了很好的佐证。前三者从技术层面描述了自然资源，后两者则从人文层面明确了责任分工和处理好人与自然关系的正确理念。河南大学商学院的王遂昆等人考证了中国古代农书中的成本思想，并将其与古罗马奴隶制农业庄园和封建时代欧洲农业庄园经营中的成本思想进行了比较，认为中国古代农书尤其是明清时期《补农书》中的成本思想与欧洲封建时代农书中的成本思想相比处于相对领先地位，古代农书中的成本思想对现代农业经营仍具有借鉴意义。中南财经政法大学的曾军等人的研究显示，云南少数民族会计在先秦时期与中原地区存在显著差异，而秦汉时期逐步与封建中央政府的相关制度体系对接，使云南少数民族会计建立了规范的会计制度。

黑龙江八一农垦大学的徐素波等人通过对国内外环境会计理论的梳理，提出我国需要在环境会计领域应进一步完善相关法律规范、健全环境会计理论体系，明晰环境会计研究领域，确定环境会计核算要求、方法等建议。首都经济贸易大学的杨鹃通过对GAAP的演进过程内在逻辑梳理，分析了其形成的必然性，得出GAAP是经济环境发展的必然结果、GAAP处于不断演进与细化之中、应立足本国吸收并借鉴GAAP经验的结论。